建设用地节约集约利用研究丛书

U0652749

天津市建设用地节约集约利用评价的实践与反思

金丽国　江曼琦　张　宇　著

南开大学出版社

天　津

图书在版编目(CIP)数据

天津市建设用地节约集约利用评价的实践与反思 /
金丽国，江曼琦，张宇著. —天津:南开大学出版社，
2015.7

(建设用地节约集约利用研究丛书)

ISBN 978-7-310-04150-3

Ⅰ.①天… Ⅱ.①金… ②江… ③张… Ⅲ.①城市土
地－节约用地－研究－天津市②城市土地－土地利用－
研究－天津市 Ⅳ.①F299.272.1

中国版本图书馆 CIP 数据核字(2015)第 115766 号

南开大学出版社出版发行
出版人:孙克强
地址:天津市南开区卫津路 94 号   邮政编码:300071
营销部电话:(022)23508339 23500755
营销部传真:(022)23508542   邮购部电话:(022)23502200

＊
天津午阳印刷有限公司印刷
全国各地新华书店经销
＊

2015 年 7 月第 1 版   2015 年 7 月第 1 次印刷
230×155 毫米 16 开本 16.25 印张 2 插页 230 千字
定价:45.00 元

如遇图书印装质量问题,请与本社营销部联系调换,电话:(022)23507125

建设用地节约集约利用研究丛书编委会

主　编：刘子利　蔡云鹏

副主编：路　红　张志升　张志强

编委会成员：张晓洁　马廷富　赵元强　李红军

阮柏林　张振东

序

随着工业化和城镇化进程的不断加快，我国人多地少、资源相对稀缺的基本国情使得建设用地的供给与需求两者之间的矛盾日益尖锐。尤其在生态环境日益脆弱的今天，节约集约利用土地资源是化解这一矛盾的必然选择，也是摆在我们面前的重要课题。

国家高度重视土地资源的节约集约利用问题，2004年《国务院关于深化改革严格土地管理的决定》（国发〔2004〕28号）提出"实行强化节约和集约用地政策"，2008年《国务院关于促进节约集约用地的通知》（国发〔2008〕3号）指出"切实保护耕地，大力促进节约集约用地"，同年，《中共中央关于推进农村改革发展若干重大问题的决定》（党的十七届三中全会通过）中明确提出实行最严格的耕地保护制度和最严格的节约用地制度。为了更好地落实国家的战略部署，国土资源部开展了大量工作，包括积极建立土地利用评价考核制度，定期开展开发区土地集约利用评价和城市建设用地节约集约利用评价等，这些工作成果已经作为科学用地管地、制定相关用地政策的重要依据。

近年来，天津市先后开展了3轮开发区土地集约利用评价和2次城市建设用地节约集约利用评价工作，为摸清开发区和中心城区建设用地集约利用情况奠定了坚实基础。更重要的是，在上述实践过程中，天津市围绕节约集约利用土地，不断进行理论思考、实践探索和总结提升。天津市国土资源和房屋管理研究中心组织骨干力量完成的"建设用地节约集约利用研究丛书"，就是其近年来理论思考和实践研究的结晶。

该套丛书以科学发展观为指导，以经济学分析为基础，揭示了建设用地节约集约利用的内在机理、实现路径，探究了建设用地节约集约利用评价和潜力测算的理论与方法，通过天津实践，系统总结和反思天津市建设用地节约集约利用评价实践经验，并进一步尝试研究构建了城市建设用地节约集约利用的制度建设体系。丛书由 4 本构成，分别是《建设用地节约集约利用机理研究》《建设用地节约集约利用评价和潜力测算的理论与方法研究》《天津市建设用地节约集约利用评价的实践与反思》以及《城市建设用地节约集约利用制度体系建设与实践》，既包括建设用地节约集约利用的基础理论研究，也涉及相应的评价实践工作，并系统研究了制度保障和体系建设问题，彼此间既相对独立又互为联系。整套丛书所呈现的理论研究和实践成果不但有效呼应和验证了国家系统部署开展的建设用地、开发区土地节约集约利用评价工作，也结合天津实际系统地、理性地进行探索实践，既承接国家要求，又体现地方特色。

作为最早开展建设用地节约集约利用评价的试点城市之一，天津市积累了大量的实践经验，通过本套丛书系统性地探索和反思土地节约集约利用的相关理论和方法，对我国指导建设用地节约集约利用实践和研究具有重要的意义。衷心希望该套丛书出版，能够吸引更多有识之士投身到土地节约集约利用的理论与实践研究中来，在全国范围内涌现出更多的优秀成果。

林　坚

于北京大学

2015 年 2 月 8 日

目　录

序 ……………………………………………………………………… 1

第1章　天津市建设用地节约集约利用评价背景与概况 ……………… 1

1.1　天津市建设用地节约集约利用评价的背景和历程 ………… 1

1.2　天津市建设用地节约集约利用评价范围和评价时点 ……… 3

1.3　天津市建设用地节约集约利用评价原则和目标 …………… 5

1.4　天津市建设用地节约集约利用评价任务和评价内容 ……… 7

1.5　天津市建设用地节约集约利用工作评价依据 ……………… 9

1.6　天津市建设用地节约集约利用评价工作流程与技术思路 12

1.7　天津市建设用地节约集约利用评价工作的数据资料采集 .. 16

1.8　天津市建设用地节约集约利用评价工作成果 ……………… 20

第2章　天津市社会经济发展与土地利用的概况 ……………………… 21

2.1　自然资源 …………………………………………………… 21

2.2　行政区划 …………………………………………………… 22

2.3　经济社会 …………………………………………………… 23

2.4　城市发展规划 ……………………………………………… 29

2.5　天津市土地开发利用的历史与现状 ……………………… 32

第3章　天津市区域建设用地节约集约利用状况评价 ……………… 48

3.1　天津市区域建设用地节约集约利用评价的工作程序与技术
步骤 ………………………………………………………… 48

3.2　天津市建设用地利用现状与变化态势 …………………… 51

3.3　天津市建设用地节约集约总体水平的变化趋势 ………… 54

3.4　天津市区县建设用地节约集约利用趋势和类型 ………… 55

3.5　天津市区县建设用地利用状况判定 ……………………… 65

3.6　反思与建议 ………………………………………………… 84

第4章 天津市城市建设用地集约利用状况的评价·············95
  4.1 天津市城市建设用地集约利用状况评价概述·············95
  4.2 天津市城市用地状况评价范围与对象·············98
  4.3 天津市城市用地状况评价的定性分析·············102
  4.4 天津市城市用地状况评价的定量分析·············130
  4.5 反思·············164
第5章 天津市建设用地节约集约利用潜力测算·············168
  5.1 建设用地潜力测算的理论与方法·············168
  5.2 天津市区域建设用地利用潜力分析·············171
  5.3 天津市城市建设用地集约利用潜力测算·············182
  5.4 天津市建设用地节约集约利用潜力实现的途径·············205
  5.5 反思·············209
第6章 天津市建设用地节约集约评价工作的体会与建议·············211
  6.1 工作体会·············211
  6.2 评价成果的应用前景与方向·············212
  6.3 相关建议·············215
附 录·············218
后 记·············250

第1章 天津市建设用地节约集约利用评价背景与概况

1.1 天津市建设用地节约集约利用评价的背景和历程

随着我国工业化、城镇化快速发展，人口不断增长和各行业快速发展对建设用地的需求量不断增加，我国人多地少、土地资源稀缺的基本国情使得建设用地的供给与需求两者之间的矛盾更加尖锐。因此，如何提高土地使用效率，挖掘现有土地利用潜力，科学管理、合理规划有限的土地资源，成为解决建设用地供需矛盾的重要课题。

为此，国务院和国土资源部高度重视土地资源的节约集约利用问题，2004 年《国务院关于深化改革严格土地管理的决定》(国发〔2004〕28 号)提出"实行强化节约和集约用地政策"，2008 年《国务院关于促进节约集约用地的通知》(国发〔2008〕3 号)指出"切实保护耕地，大力促进节约集约用地"，同年，《中共中央关于推进农村改革发展若干重大问题的决定》(党的十七届三中全会通过)明确提出实行最严格的耕地保护制度和最严格的节约用地制度，并且要求建立土地利用评价考核制度，定期开展开发区土地集约利用评价和城市建设用地节约集约利用潜力评价，作为科学用地管地、制定相关用地政策的重要依据。

目前我国相当一部分城市的土地利用效率不高，用地结构不合理，土地处于一种粗放经营的状态。但由于缺乏对城市土地利用状况明确的、量化的认识，使得各级管理部门对城市用地扩展缺少宏观调控的依据，而进行土地资源节约集约利用的基础是了解土地资源利用的状况。对城市土地集约利用潜力进行评价，可以促进城市土地合理利用，防止用地浪费，使城市经济发展与城市用地扩展走上一条良性循环的轨道都具有重要意义。根据评价结果，如果城市土地目前已达到集约利用的状态，则应该适当增加新增建设用地的供应量；而如果目前城市土地还处于低度利用状态，则应该控制城市新增建设用地的供应量，促使城市发展向内涵式的挖潜改造方向转变。这为各类规划制定合理的用地规模、用地结构、建设控制指标等规划内容提供了更加科学的依据。为此，1999年10月至2006年2月，国土资源部开展了以城市土地集约利用潜力评价为重点的理论探索与试点试验。从理论研究入手，围绕城市土地集约利用的内涵，提出城市土地集约利用潜力评价指标体系、方法与评价标准，并开展了两批城市的试验工作，天津市有幸成为第二批6个试点城市之一，也是唯一的一个直辖市。随着试点工作的深入，国土资源部于2008年和2010年分别开展了各级开发区范围内的土地集约利用评价和评价成果更新工作，为全面开展建设用地节约集约用地评价积累了宝贵的经验。2011年国土资源部印发的《国土资源调查评价"十二五"及长远规划框架》又提出"十二五"期间"全面落实耕地保护目标，落实资源节约优先战略"和"土地资源数量、质量、生态全面管理"的重要任务。2011年12月国土资源部办公厅下发《关于部署开展部分重点城市建设用地节约集约利用评价工作的通知》（国土资厅函〔2011〕1148号），部署启动了北京、天津、石家庄、太原、上海、南京、杭州、合肥、福州、南昌、济南、郑州、武汉、广州和海口等16个重点城市的建设用地节约集约利用评价工作。2012年3月天津市建设用地节约集约利用评价工作在天津市国土资源和房屋管理局领导下全面启动，对市级以上的开发区的土地利用状况、用地效应、管理绩效、典型工业企业、土地供应与保障等展开调查，有针对性地提出进一步提高开发区节约集约用地水平的措施和建议。同时，完成了建设用地节约集约利用评价工作。

　　建设用地节约集约利用评价是重要的国土资源调查评价工作，是贯彻落实土地节约集约利用工作、严格土地管理制度、切实保护耕地的重要举措，是科学制定城市发展规划的重要依据，是落实科学发展观，确保城市可持续发展的关键所在。通过系统的基础调查和评价，全面掌握天津市建设用地利用状况、节约集约利用程度、潜力规模与空间分布，制定促进节约集约用地的对策和措施，为科学管理和合理利用建设用地、提高土地利用效率，为土地的利用规划、计划及相关规划的制定，为强化土地政策参与宏观调控、构建最严格的节约用地制度、促进城市建设用地节约集约利用等提供了重要依据。同时，通过初试土地节约集约利用潜力的评价，探讨一套从土地管理角度对城市发展、城市建设中的土地使用效率进行评价、认识的方法，使土地管理工作能够从另一个更综合的角度对城市发展的全过程进行监督、控制、管理。

　　天津作为两次节约集约评价的试点城市，而且是为数不多的几个特大城市和唯一的直辖市，在评价工作的过程中，从基础理论研究、指标体系设计、技术手段运用到具体的工作成果表现等各个方面，都有突破和创新，丰富和完善了城市土地集约利用潜力评价技术体系。全面总结天津市评价工作中的经验和教训，能够为类似城市今后开展此项工作提供或多或少的借鉴和参考，使本次工作更好地发挥示范意义。鉴于天津市第一次土地集约利用评价较第二次评价的范围小、内容少，本书以第二次评价工作为重点，辅以第一次评价工作为对比，对建设用地节约集约的实践进行总结和反思。

1.2　天津市建设用地节约集约利用评价范围和评价时点

1.2.1　评价范围

　　考虑到天津市城市发展状况及此项工作的实际工作量，同时也为了与有关层次的规划尽可能衔接，2001 年 11 月份①天津市开始的第一次城市土地集约利用潜力评价工作的地域范围确定为：外环线以内规

---

① 以下将天津市 2001 年 11 月份开始的中心城区土地集约潜力评价工作简称为 2002 评价，2012 年 3 月开始的天津市建设用地节约集约评价工作简称为 2012 评价。

划的城市建设用地，包括和平区、河西区、河东区、南开区、红桥区、河北区 6 个区的全部，以及北辰、津南、东丽、西青 4 个区的部分土地，总面积约为 340 平方公里。在此次工作中，外环线以外的绿化带及生态环境调节区没有作为评价的工作范围。

依据中华人民共和国国土资源部《建设用地节约集约利用评价规程》①（以下简称《规程》），区域建设用地节约集约利用状况评价是以行政区范围内的全部建设用地作为评价对象，在特定时间点或特定时间段内，通过对相同或相近类型的区域建设用地利用现实状况进行评价和比较，揭示其节约集约利用总体状况及差异的过程。2012 年开展的第二次评价工作，区域建设用地节约集约评价范围为天津市域，评价对象包括和平区、河西区、南开区、河东区、河北区、红桥区、滨海新区、东丽区、西青区、津南区、北辰区、武清区、宝坻区、宁河县、静海县、蓟县共 16 个区县，是针对天津全市范围的首次建设用地节约集约利用评价。其中，城市建设用地集约利用潜力评价中的中心城区工作范围，也与第一次的中心城区评价范围有所不同，比第一次确定的中心城区范围扩大了一倍。

1.2.2 评价时点

2002 年评价以 2000 年底数据为基础进行评价。

依据《国土资源部办公厅关于部署开展部分重点城市建设用地节约集约利用评价工作的通知》（国土资厅函〔2011〕1148 号），2012 年区域建设用地节约集约评价时点为 2011 年 12 月 31 日，评价过程中所使用的社会经济和土地管理方面的数据均以评价时点的官方统计数据为基础。同时，为了更加清晰地揭示天津市近年来社会经济发展与土地利用的变化趋势，这次评价还特别调查了 2008 年至 2011 年四个年度的社会经济发展资料以及土地开发利用的详细资料，通过对这些数据的整理分析，以求对天津市近年的发展状况有更准确的把握，客观评价天津市土地节约集约利用状况和发展态势。

---

① 中华人民共和国国土资源部. TD/T1018-2008 建设用地节约集约利用评价规程[S]. 2008：2.

1.3　天津市建设用地节约集约利用评价原则和目标

1.3.1　评价原则

两次评价工作由于开展的背景和内容有差异，其工作基本原则也存在一定的差异。

2002 年评价工作由于处在试点阶段，评价工作特别提出来要遵循创新的原则，使得评价工作从基础理论研究、指标体系设计、技术手段运用到具体的工作成果表现等各个方面，都能够有所突破和创新；示范性和典型性的原则，从各个方面能够为类似城市今后开展此项工作提供或多或少的借鉴和参考，使本次工作具有示范意义；协调性原则，与同期开展的各项相关工作（如中心城市综合交通规划、土地开发潜力调查等）保持一致性和协调性，使评价结果更全面和更客观，也使评价工作更具实践指导意义；地域性原则，注意到不同城市共性的同时，在技术路线、评价指标等工作过程中体现天津城市特点。

2012 年评价工作的原则有以下几个方面：

（1）政策导向性与科学性原则

评价工作以符合有关法律、法规、规划为前提，贯彻国家节约集约用地的政策，充分体现城市的定位和发展方向。评价研究的技术路线与研究方法遵循科学研究的一般逻辑和方法，评价指标体系和技术标准必须遵循《建设用地节约集约利用评价规程》的要求，客观、准确地表达出土地节约集约利用评价的本质性要素，体现土地集约利用和可持续发展的管理理念与发展方向。

（2）综合性与现势性原则

评价工作从土地利用趋势和土地利用状况两个方面，采用利用强度指数、增长耗地指数、用地弹性指数、贡献比较指数和管理绩效指数，来综合反映土地的利用趋势和土地的集约利用程度。评价所采用的调查方法、评价指标理想值、权重的确定都必须符合城市的实际，符合城市的发展定位，反映土地利用特点。要针对当前城市建设用地利用中普遍存在的问题，突出重点，使评价结果体现土地利用的现势性特征。

（3）协调发展和可持续利用的原则

评价工作应充分考虑土地利用社会效益、经济效益和生态效益的统一，克服用地安排上的片面和短期行为，通过差异化的土地引导和管控政策，确保区域的主导功能得以实现，土地利用的空间分配与各区域、各部门的用地需求统一协调，实现各区域的统筹协调、可持续发展。

1.3.2 评价目标

2002 年评价工作，由于我国开展这项工作刚刚起步，评价任务和目标尚不十分清晰。根据国土资源部相关工作的技术要求，开展这项工作的主要目标是：在第一批试点城市工作成果的基础上，继续探讨影响城市土地集约利用的主要因素，进一步研究和完善土地集约利用潜力评价的技术路线，建立不同层次（宏观、中观、微观）土地集约利用潜力评价方法和评价模型，使天津市中心城区土地集约利用潜力评价的方法、建立的指标体系、运用的技术手段等能够在类似城市的评价工作中进行推广和应用。

随着节约集约评价工作研究的深入，2012 年评价工作目标回归评价工作的本质，希望通过系统的基础调查和评价，掌握天津市建设用地利用状况，分析评价各区域的土地利用趋势类型和土地利用状况类型，制定促进节约集约用地的对策和措施，为强化土地政策参与宏观调控、构建最严格的节约用地制度、促进城市建设用地节约集约利用等提供依据。

1.4　天津市建设用地节约集约利用评价任务和评价内容

1.4.1　2002 年评价工作

2002 年评价工作根据国家有关部门对本项工作的具体技术要求，并结合天津城市的实际情况，只对中心城区土地集约利用潜力进行评价，主要工作内容包括如下几个方面：

（1）调查中心城区土地利用现状情况；

（2）研究和探讨评价城市、特别是特大城市土地集约利用的理论、方法；

（3）选择、建立土地集约利用的评价指标体系；

（4）确定土地集约利用程度的评价标准；

（5）中心城区范围内宏观层次土地集约利用的总体评价；

（6）中心城区范围内中观层次如不同区位分区（如核心区、中心区、外围区等）和不同用地功能分区（如商业区、居住区、工业区等）的土地集约利用评价；

（7）微观层次的评价，即不同用地功能分区一些典型地块土地集约利用程度的评价，摸清存量土地中潜力用地的数量和类型，提出切实可行的挖潜改造措施；

（8）充分利用地籍调查、地价评估、土地出让（划拨）、城市规划等方面的成果资料，建立城市土地利用动态监测系统，为城市规划、建设、管理提供决策依据。

1.4.2　2012 年评价工作

1.4.2.1　主要任务

根据国土资源部要求和《建设用地节约集约利用评价规程》（TD/T1018-2008）（2008 年 12 月），2012 年评价工作不仅评价的范围大，而且工作内容涉及节约、集约两个方面，评价的内容更全面、更深入，主要任务包括五个部分：

（1）基础资料收集

根据评价工作目标的要求，收集、整理天津市区域和城市功能区建设用地土地利用现状、经济社会发展、土地利用规划、城市规划、城镇土地分等定级等相关数据资料以及各类统计年鉴、土地利用变更调查成果、城市建设统计年报等资料，为建立评价成果数据库提供支持。

（2）建设用地状况调查

针对评价对象，在充分利用地籍调查、土地出让（划拨）、城市规划等资料的基础上进行建设用地的现状调查，通过开展实地考察、校核等工作，全面掌握天津市建设用地现状。

（3）建设用地集约利用程度评价和潜力测算

依据《建设用地节约集约利用评价规程》，采用定性和定量方法，确定评价对象、定性分析评价对象基本情况、建立评价指标体系并确定相应权重、计算评价指数值并分析。主要分为三个层面：一是对天津市区域建设用地节约集约利用水平进行综合评价；二是针对城市功能区，对不同功能区建设用地集约利用水平进行评价；三是测算城市建设用地集约利用潜力，明确城市建设用地潜力空间分布，拟定城市建设用地潜力利用的时序配置方案，制定相应的挖潜途径。

（4）建设用地节约集约用地政策制定

注重不同层次土地利用和管理主体行为的规范和协调，合理利用法律、经济、行政、社会和技术等在内的多种手段，制定促进土地节约集约利用的保障措施，保证国家土地利用规划和相关政策的有效落实。

（5）基础数据库建设

根据数据库建设相关技术标准，对评价过程中涉及的各类原始数据、指标、指数数据以及样本区图斑数据等，建立评价成果数据库，提高成果管理信息化水平。

1.4.2.2　工作内容

本次建设用地节约集约利用评价工作内容由区域建设用地节约集约利用状况评价、城市建设用地集约利用状况评价和城市建设用地集

约利用潜力测算三部分构成:

（1）区域建设用地节约集约利用状况评价

评价范围为天津市全部建设用地。主要内容是通过前期资料搜集整理，掌握区域的人口、经济和建设用地状况；依据区域用地状况评价指标体系表，选择评价指标及评价方法，分别测算评价对象的指数分值；通过评价指数分值的分析对比，确定建设用地利用趋势和利用状况，评价土地集约利用水平，同时找到集约利用挖潜区域，确定潜力值，提出有效的潜力释放途径和措施。

（2）城市建设用地集约利用状况评价

评价范围为天津市中心城区的城市建成区。主要内容是收集评价区域的地形、规划等各类基础图件，划分城市居住、商业、工业、教育和特别功能区，调查各功能区的建设情况、社会经济情况、基础设施状况等，选定样本片区，确定评价指标体系，评价样本片区的土地集约利用水平，从而揭示不同类型功能区的集约利用水平。

（3）城市建设用地集约利用潜力测算

对集约利用程度被确定为低度利用区、中度利用区的区域，针对不同用地类型，进行城市用地规模潜力测算和经济潜力测算，汇总城市用地及各功能区规模潜力、经济潜力、潜力利用时序，分析土地利用潜力分布的特点及规律、差异原因、存在的主要问题及对策建议，说明城市潜力测算成果的应用前景、应用方向以及城市建设用地潜力挖潜的政策建议。

1.5　天津市建设用地节约集约利用工作评价依据

建设用地节约集约利用评价，不仅要有科学的理论基础，更需要以国家相关法律、法规为依据，准确把握国家土地管理政策方向。评价中所采用的技术路线、技术方法应符合国土资源部关于建设用地节约集约利用评价的相关技术要求。两次评价的依据主要由法律、法规及部门规章，技术标准和其他相关资料三部分构成。但是第一次评价的范围小，各种法律法规相对不完善，明确提出的工作依据相对较少。

1.5.1　2002 年评价工作

（1）《城市土地集约利用潜力评价技术方案及验收标准》。

（2）《天津市土地利用总体规划（1996～2010 年）》。

（3）《天津市城市总体规划修编（1996～2010 年）》。

（4）《天津市中心城区分区规划》。

（5）《天津市中心城区控制性详细规划》。

（6）其他有关城市土地管理、规划管理的法律和法规。

1.5.2　2012 年评价工作

1.5.2.1　法律、法规及部门规章

（1）《中华人民共和国土地管理法》（中华人民共和国主席令第 28 号）。

（2）《天津市土地管理条例》（天津市人民代表大会常务委员会公告第 86 号）。

（3）《天津市国有土地有偿使用办法》（津政发〔2003〕51 号）。

（4）《闲置土地处置办法》（国土资源部令第 5 号）。

（5）《闲置土地处置办法》（国土资源部令第 53 号）。

（6）《国土资源部办公厅关于部署开展部分重点城市建设用地节约集约利用评价工作的通知》（国土资厅函〔2011〕1148 号）。

（7）《关于促进节约集约用地的通知》（国发〔2008〕3 号）。

（8）《国土资源部关于贯彻落实<国务院关于促进节约集约用地的通知>的通知》（国土资发〔2008〕16 号）。

（9）《国土资源调查评价"十二五"规划》。

（10）《工业项目建设用地控制指标》（国土资发〔2008〕24 号）。

1.5.2.2　技术标准

（1）土地基本术语（GB/T 19231-2003）。

（2）土地利用现状分类（GB/T 21010-2007）。

（3）全国土地分类（试行）（国土资发〔2001〕255 号）。

（4）《建设用地节约集约利用评价规程》（TD/T 1018-2008）。

（5）《建设用地节约集约利用评价制图规范》（试行稿）。

（6）《建设用地节约集约利用评价数据库标准》（试行稿）。

（7）《城市居住区规划设计规范》。

（8）《天津市城市规划管理技术规定》。

（9）《开发区土地集约利用评价规程》（TD/T 1029-2010）。

1.5.2.3　其他资料

（1）天津市国民经济和社会发展"十一五"规划纲要（2006～2010年）。

（2）天津市国民经济和社会发展"十二五"规划纲要（2011～2015年）。

（3）《天津市城市总体规划（2005～2020年）》。

（4）《天津市土地利用总体规划（2006～2020年）》。

（5）《天津市中心城区控制性详细规划》。

（6）2008～2011年天津统计年鉴。

（7）天津市土地交易统计台账。

（8）天津市城镇土地分等定级（2008）。

（9）天津市工业项目建设用地控制标准（津国土房规〔2009〕392号）。

（10）2011年中心城区1:2000地形图。

（11）2011年中心城区宗地信息图。

（12）中心城区2011年第四季度遥感影像图。

（13）《天津市东丽区城市总体规划（2005～2020年）》。

（14）《天津市西青区城市总体规划（2005～2020年）》。

（15）《天津市北辰区城市总体规划（2005～2020年）》。

（16）《天津市津南区城市总体规划（2005～2020年）》。

（17）实地调查收集的资料。

1.6　天津市建设用地节约集约利用评价工作流程与技术思路

天津市建设用地节约集约评价遵循《建设用地节约集约利用评价规程》，结合天津市实际工作情况，综合运用土地经济学、系统科学的相关理论，采用现状调查与资料分析相结合、定性分析与定量分析相结合、动态分析与空间分析相结合的研究方法，努力准确地反映出天津市各区县建设用地利用趋势和利用状况，系统评价土地集约利用水平，挖掘土地集约利用潜力，提出科学的改进途径和有针对性的对策措施。

1.6.1　2002 年评价工作

2002 年评价是针对天津市中心城区土地集约利用潜力的评价，技术路线设计上以国土资源部《城市土地集约利用潜力评价技术方案》为基础，结合当时工作的实际情况，以城市现代化理论和可持续发展理论为指导，根据工作开展的时间要求和可预见的任务量，分以下步骤进行：

第一步，前期准备阶段，包括制定工作计划、安排技术人员等。在前期准备工作中，工作承担单位与天津市规划和国土资源局相关部门走访了国土资源部土地规划院等单位，并邀请土地规划院的专家来津进行了技术培训。

第二步，开展基础理论研究。由于当时的城市土地集约利用潜力评价是一项全新的工作，基本上还没有形成一套明确、通用的技术规范、指标体系和技术方法等，特别是对城市土地集约利用的内涵界定还不是特别清楚，因此，在工作的开始阶段，加强了对城市土地集约利用的基础理论研究。

第三步，在理论研究的基础上，根据天津中心城区的特点，选择恰当的评价方法，设计评价的指标体系，合理地确定各评价指标的权重关系，深入研究城市现状并预测在一定时段内城市发展的状况，确定各评价指标的现状值和合理值，以使评价结果能够最大程度地反映城市开发建设的真实情况。

第四步，根据所设计的指标体系有的放矢地进行现状调查。由于城市发展建设包含非常繁杂的数据资料，而土地集约利用潜力评价显然不可能、而且也没有必要对这些现状资料进行非常完整的收集。同时，受数据资料的限制，强化了规划评价单元的微观、中观和宏观层次的反馈，针对一些在指标体系设计中存在而现状调查确实无法收集的资料，在总体不影响评价结果的前提下，反过来对评价指标体系进行适当的调整和修改。

第五步，划分评价单元。按国土资源部开展此项工作的技术要求，结合城市发展的特殊性和土地管理、规划管理的现实要求，确定宏观、中观和微观三个评价层次的界限。

第六步，进行宏观、中观和微观三个层次的评价。

第七步，对评价结果进行汇总，并在专家咨询的基础上对不同层次评价结果进行校核、调整，使评价结论更加符合城市的现实状况。

第八步，开展评价成果的应用研究。

具体技术路线如图 1-1 所示。

1.6.2　2012 年评价工作

天津市建设用地节约集约利用评价工作于 2012 年 3 月全面启动，第二次评价时，《建设用地节约集约利用评价规程》已经颁布，增加了区域用地状况评价，这次的评价工作以定量评价为主，注重定性分析与定量分析相结合，总体分析与典型分析相结合，统计分析与空间分析相结合。依据天津市的发展特点，将建设用地的节约集约评价分为区域和城市两个层面，在区域、城市用地状况评价中，采用多因素综合评价法，包括指数指标标准化采用极值标准化法，指数权重值确定采用因素成对比较法，土地利用类型判断采用数轴法和总分频率曲线法，校核采用聚类分析法、专家咨询法；在城市建设用地集约利用潜力测算中，采用目标逼近法、聚类分析法等，相对于 2002 年评价内容更全面、方法更多样、工作步骤更细致。具体的工作流程如下。

```
┌─────────────────────────────────────┐
│  制定工作计划、人员、技术准备           │
└─────────────────────────────────────┘
              ↓
┌─────────────────────────────────────┐
│  基础理论研究——土地集约利用潜力内涵的界定 │
└─────────────────────────────────────┘
         ↓                    ↓
┌──────────────┐      ┌──────────────┐
│  评价指标体系设计 │      │  评价技术方法研究 │
└──────────────┘      └──────────────┘
  ↓    ↓    ↓            ↓    ↓    ↓
┌──┐ ┌──┐ ┌──┐      ┌──┐ ┌──┐ ┌──┐
│规││经││环│      │多││统│ │……│
│划││济││境│      │目││计│ │  │
│指││社││指│      │标││分│ │  │
│标││会││标│      │决││析│ │  │
│  ││指││  │      │策││方│ │  │
│  ││标││  │      │方││法│ │  │
│  ││  ││  │      │法││  │ │  │
└──┘ └──┘ └──┘      └──┘ └──┘ └──┘
         ↓                    ↓
      ┌──────────────────────┐
      │       调查研究          │
      └──────────────────────┘
              ↓
      ┌──────────────────────┐
      │      划分评价单元        │
      └──────────────────────┘
   ↓          ↓          ↓
┌────┐ 反馈 ┌────┐ 反馈 ┌────┐
│宏观 │←────│中观 │←────│微观 │
│层次 │     │层次 │     │层次 │
│评价 │     │评价 │     │评价 │
└────┘     └────┘     └────┘
              ↓
      ┌──────────────────────┐
      │      评价成果汇总        │
      └──────────────────────┘
              ↓
      ┌──────────────────────┐
      │      评价成果应用        │
      └──────────────────────┘
```

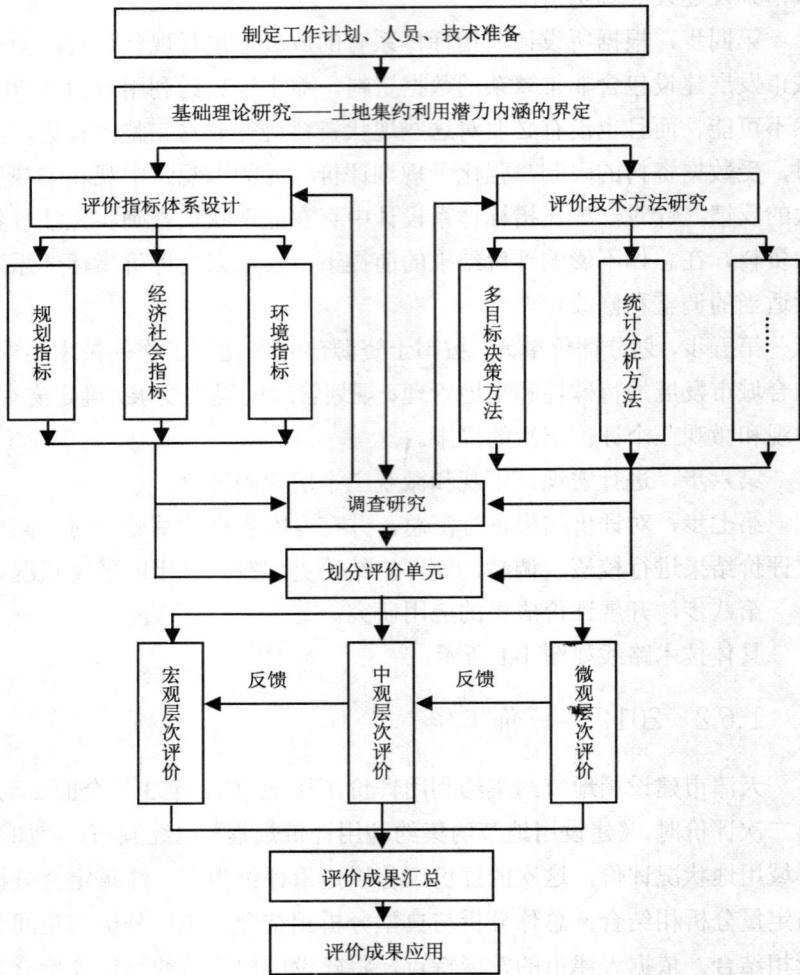

图 1-1 天津市 2002 年中心城区土地集约利用评价工作流程图

1.6.2.1 基础准备阶段

主要工作内容包括：

（1）编制建设用地节约集约利用评价工作方案、工作计划和技术细则，落实工作组织与人员安排，成立项目组；编制调查工作方案及资料清单，设计工作表格，准备工作底图。

（2）召开评价工作部署会议，就调查和评价工作进行技术培训，明确技术要求和成果要求。

（3）根据区域、城市用地状况评价工作需要，收集统计年鉴、土地利用变更调查成果、城市建设统计年报等资料。

1.6.2.2　基础资料整理、分析阶段

根据建设用地节约集约利用评价工作要求，对搜集的基础资料进行分类汇总，开展基础数据的调查和整理分析工作，形成统一的数据库。

（1）基础数据调查。根据评价工作要求，调查全市的人口发展和经济发展状况，建设用地状况和功能区的建设情况，基础设施状况，地价、人口、产值等数据；对调查的基础数据进行汇总、初步筛选，核实后剔除掉一些错误的数据，确保数据真实可靠；同时，开展实地考察和数据校核工作，形成补充调查成果。

（2）基础数据整理。对调查数据进行汇总分析，按符合空间对应原则进行数据剥离，确保人口、经济数据与评价范围内的用地空间相对应。经过对核实和剥离后的各类数据进行分类汇总，对矢量数据、表格等数据进行整理，形成前期基础资料汇编，检查数据缺漏情况。按照数据整理情况，适当采用补充问卷、实地调查等方式，开展补充调查，对当前缺失或核实否定的各类数据和资料进行补充收集和整理。

（3）建立数据库。对城市建设用地集约利用状况评价和城市建设用地集约利用潜力测算建立统一的数据库。根据数据库标准和调查成果，对数据库进行建设。

1.6.2.3　指标权重和理想值的确定

（1）确定评价指数体系

依据《建设用地节约集约利用评价规程》的区域、城市用地状况评价指标体系表和前期调查整理的数据资料，选择确定区域用地状况评价指数体系和城市用地评价居住功能区、商业功能区、工业功能区、教育功能区、特别功能区等的评价指标体系。

（2）确定指标权重

根据《建设用地节约集约利用评价规程》采用德尔菲法、因素成对比较法、层次分析法中的一种或几种确定指标权重值。

（3）确定指标理想值

本次建设用地节约集约利用评价中指标理想值的确定采用目标值法、专家咨询法等多种方法相结合，依照节约集约用地原则，在符合有关法律法规、国家和地方制定的技术标准、土地利用总体规划和城市总体规划等要求的前提下，结合天津市各区县和功能区的实际用地情况确定理想值。

1.6.2.4　建设用地节约集约评价

本次天津市建设用地节约集约评价分为区域建设用地节约集约评价、城市建设用地集约利用状况评价及城市建设用地集约利用潜力测算三部分进行，各部分的技术路线见后面的详述。

1.6.2.5　成果整理与专家论证

天津市建设用地节约集约利用评价工作完成后，由天津市国土资源与房屋管理研究中心将完成的最终成果提交集约利用评价工作办公室。

由集约利用评价工作办公室组织专家对提交的评价报告、成果图件、基础资料汇编与数据库等进行论证、评审，作出预检意见。

天津市国土资源与房屋管理研究中心根据预检意见对评价成果进行修改完善，并将最终成果印制、上报和存档备案。

整个工作流程如图 1-2 所示。

1.7　天津市建设用地节约集约利用评价工作的数据资料采集

开展评价范围内的基础数据采集，是建设用地节约集约利用状况评价的前期性和基础性工作。

```
┌─────────────────────────────────┐
│      制定工作计划、安排技术人员        │
└─────────────────────────────────┘
                 │
                 ▼
┌─────────────────────────────────┐
│  确定评价对象、评价方法，明确需要收集的数据  │
└─────────────────────────────────┘
                 │
                 ▼
┌─────────────────────────────────┐
│          基础数据的收集整理           │
└─────────────────────────────────┘
```

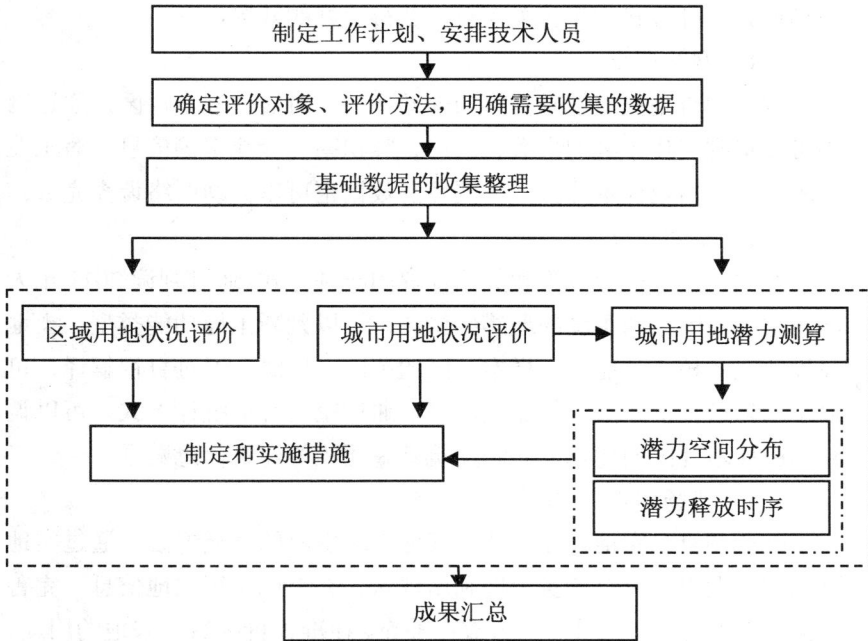

图 1-2　2012 年天津市建设用地节约集约利用评价工作流程图

1.7.1　2002 年评价工作

2002 年的评价工作按照工作要求，重点通过资料收集、填报表格、实地踏勘等方式，对天津市中心城区 1999～2001 年的社会经济发展与用地状况进行调查。本次调查涉及的范围比 2012 年要小，内容也少许多。

1.7.2　2012 年评价工作

1.7.2.1　数据资料采集的方法

按照评价工作要求，此次评价主要是通过资料收集、空间影像判识、填报表格、实地踏勘等方式，对天津市 2009～2011 年的社会经济发展与用地状况进行调查。特别是在城市建设用地集约利用评价和潜力测算中，由于样本片区数目较多，我们通过网络调查、空间判读和现场调查三种方式收集相关资料，获得较好的效果。

（1）网络调查

网络调查是搜集基础资料的辅助环节。对居住样本片区，通过网络可搜集到居住小区的户数、人口、容积率、绿地率等信息；对工业样本片区、商业样本片区，一些经济数据也可以借助网络调查完成。

（2）空间判读

空间判读是检验成果和数据提取的一种方式。通过判读 2011 年天津市中心城区第四季度的遥感影像图，可以判断土地功能类型、土地建设状况，核实功能区、样本片区的范围；同时，通过目视解译，可以手动勾绘评价范围内的建筑基底，通过空间叠加统计方式，可以调查相应样本片区的建筑面积和建筑基底面积等建筑信息数据。

（3）现场调查

外业调查、实地踏勘是获取其他需求资料的补充方法。通过实地踏勘进行调查，可以核实土地利用现状、补充或修正宗地信息，完善数据库。补充调查的重点应该放在补充、核准评价区域内宗地的用途、土地使用者、建设状况、供应状况、经济状况等。对居住样本片区，通过现场调查，我们主要搜集楼房的层数、每栋楼的单元数、每单元的户数、小区的入住率等信息；对工业样本片区，通过现场调查，主要搜集工业用房的楼层数，样本片区内企业名称、企业界限范围、企业经营状况等信息，并且，通过与企业的沟通，了解企业的固定资产总投资及生产总值等经济数据；对商业样本片区，主要搜集租金、地价、营业额、从业职工、楼房层数等数据。

1.7.2.2　数据资料采集的主要内容

评价工作数据资料采集的主要内容包括：社会经济情况调查、土地利用情况调查、城市用地情况调查，以及国家和天津市与节约集约利用相关的政策、法规、标准和规划等内容。

社会经济情况调查，主要包括人口和经济数据。人口数据主要有：常住人口、户籍人口；经济数据主要有：地区生产总值和全社会固定资产投资。从天津统计年鉴获取，为定性评价提供基础资料。

土地利用情况调查，主要包括土地面积数据、土地供应数据、土地市场数据、土地利用数据。土地面积数据主要有：农用地、建设用地、城乡建设用地、新增建设用地、新增城乡建设用地等；土地供应数据主要有：批准批次土地面积、实际供应城市土地总量；土地市场数据主要有：城市划拨用地、城市出让土地、城市土地供应总量。建设用地、城乡建设用地数据主要根据天津市中心城区 1:2000 地形图数据、天津市中心城区宗地信息图数据、天津市第二次土地调查数据、2006～2011 年批供地数据确定。

　　同时根据评价工作的需要，收集《天津市城市总体规划（2005～2020 年）》、《天津市土地利用总体规划（2006～2020 年）》、天津市国民经济和社会发展"十一五"规划纲要（2006～2010 年）、天津市国民经济和社会发展"十二五"规划纲要（2011～2015 年）、天津市中心城区控制性详细规划等相关规划和政策文件。通过这些规划和政策文件，了解天津市的总体概况，包括自然资源状况和经济社会概况；了解天津市的城市发展战略，城市性质、功能与规模，中心城区用地布局与规划，市政基础设施规划以及近期建设规划等内容；了解天津市的土地利用战略与近期土地利用安排。同时，分析天津市的建设用地现状和未来发展趋势，为潜力测算中的时序配置提供分析依据。

　　除了文字资料外，图件资料的收集也是资料收集的重要内容。我们收集的图件资料包括天津市城市总体规划图集、天津市土地利用总体规划图集、天津市中心城区控制性详细规划（最新版）等规划图件，2011 年天津市市内六区、环城四区第四季度的遥感影像图，天津市城镇土地分等定级（2008）成果。在评价中，通过土地利用总体规划图，对城市土地利用有一个宏观性的把握,同时对比总体规划和近期工作，为潜力时序安排提供指导；利用城市规划图集，除了解城镇用地、居住地、工业仓储用地等的现状分布和规划外，对供排水工程、电力工程、燃气供热、公共设施、生活服务设施及道路交通规划进行矢量化，确定各类基础设施在某区域的作用指数、水平系数及使用保证率，从而确定各区域的基础设施完备度和生活服务设施完备度；控制性详细规划图件，通过对各单元控制性详细规划的合并、配准和矢量化，可以得到中心城区各地块详细的规划用途，也即得到了基于规划用途的规模潜力测算的基础数据。

数据采集中区域用地状况中的区域基础数据调查详见附表 1。城市建设用地的基础数据采集分别见附表 2、附表 3、附表 4、附表 5 和附表 6。

1.8　天津市建设用地节约集约利用评价工作成果

天津市两次评价的评价成果均由评价报告、成果图件、基础资料汇编与数据库四部分内容组成。评价报告和基础资料汇编提交纸质报告及相应电子文件，成果图件提交纸质图件以及 E00 格式、JPG 格式的电子图件。

第 2 章 天津市社会经济发展与土地利用的概况

2.1 自然资源

2.1.1 地理位置

天津市位于北纬 38°34′至 40°15′、东经 116°43′至 118°04′之间，地处华北平原东北部，环渤海经济区的中心，东临渤海，北依燕山，与河北省的兴隆县、北京市的平谷县相邻；西靠北京，与北京市的通州区，河北省的三河、廊坊、霸州 3 市及文安、大城、香河 3 县交界；南与河北省的黄骅市和青县接壤；东北与河北省的丰南、丰润、玉田 3 县和遵化市毗邻。区位条件优越，对内辐射华北、东北、西北 13 个省市自治区，对外面向东北亚，是中国北方最大的沿海开放城市，欧亚大陆桥东部的桥头堡。

2.1.2 土壤类型及质地

天津市土壤分布从山地、丘陵、平原到滨海，依次为棕壤、褐土、潮土、湿土和盐土 5 个主要土类，17 个亚类，55 个土属，459 个土种。土壤质地由北向南依次为砾质、砂质、壤质和粘质，由西向东依次为砂质、壤质和粘质。

2.1.3 地形地貌

天津市地质构造复杂，大部分被新生代沉积物覆盖。地势北高南低，呈现由蓟县北部向南、由武清区西部永定河冲积扇向东、由静海县西南的河流冲积平原向东北呈逐渐下降的趋势。大部分地区地势平坦，海拔高度平均在 2~10 米之间（大沽高程），最高峰为蓟县和河北省兴隆县交界处的九山顶，海拔 1078.5 米。

全市境内地貌类型主要有山地、丘陵、平原、洼地、海岸带、滩涂等。山地和丘陵主要分布于蓟县北部，燕山山脉南侧，面积约 540 平方公里，是天津市重要的生态屏障和水源涵养地。平原和洼地面积约 11380 平方公里，占全市土地面积的 95.5%，均在海拔 20 米以下，其中 2/3 地区为低于 4 米的洼地。尤其在滨海地区，滩涂、沼泽洼地总面积达到 2730 平方公里，天津滨海湿地已成为我国北方乃至亚太地区最重要的候鸟迁徙中转站之一。

2.1.4 气候

天津位于北半球中纬度欧亚大陆东岸，面对太平洋，季风环流影响显著，是东亚季风盛行的地区，属暖温带半湿润大陆季风型气候。主要气候特征是，四季分明，春季多风，干旱少雨；夏季炎热，雨水集中；秋季气爽，冷暖适中；冬季寒冷，干燥少雪。

2.1.5 植被

天津市植被区系以华北成分为主，全市共有 11 个植被类型，以非地带性植被占优势，资源植物多集中分布于山区。植被类型分为山地自然次生植被、滨海盐生植被、沼泽水生植被及农业栽培植被 4 部分。大致可分为针叶林、针阔叶混交林、落叶阔叶林、灌草丛、草甸、盐生植被、沼泽植被、水生植被、沙生植被、人工林、农田种植植物等。

2.2　行政区划

天津市简称津，全市面积 11917.3 平方公里，2011 年常住人口 1354.58 万人。全市共有 16 个县级行政区划单位（其中：13 个市辖区、

3 个市辖县），243 个乡级行政区划单位（其中：108 个街道、115 个镇、18 个乡、2 个民族乡）。市政府驻河西区友谊路。13 个市辖区分别是：和平区、河东区、河西区、南开区、河北区和红桥区构成的市内六区；东丽区、西青区、津南区、北辰区组成的环城四区；另外还有滨海新区、武清区、宝坻区；3 个市辖县，包括静海县、宁河县、蓟县。

2.3　经济社会

2.3.1　人口

2011 年末，天津市常住人口 1354.58 万人，其中，城镇人口 1090.44 万人，城镇化水平为 80.50%；男性 725.92 万人，占 53.59%，女性 628.66 万人，占 46.41%。户籍人口 996.44 万人，其中，农业人口 382.50 万人，非农业人口 613.94 万人。全市人口出生率 8.58‰，人口死亡率 6.08‰，人口自然增长率 2.50‰，已经进入低速增长期。

（1）常住人口

天津市各区常住人口情况如表 2-1 所示。

表 2-1　天津市各区县常住人口数

	常住人口（万人）			2011 年各区县人口占全市比例（%）	2009~2011 年人口增长幅度（%）
	2009 年	2010 年	2011 年		
天津市	1244.02	1299.29	1354.58		8.89
和平区	35.77	27.39	30.31	2.24	−15.26
河西区	89.29	87.1	90.1	6.65	0.91
南开区	101.15	101.88	105.54	7.79	4.34
河东区	85.32	86.12	88.98	6.57	4.29
河北区	73.88	78.86	80.53	5.95	9.00
红桥区	58.5	53.23	54.69	4.04	−6.51
滨海新区	230.17	248.25	253.66	18.73	10.21
东丽区	54	57.08	63.54	4.69	17.67

	常住人口（万人）			2011 年各区县人口占全市比例（%）	2009~2011 年人口增长幅度（%）
	2009 年	2010 年	2011 年		
西青区	54.72	68.47	74.13	5.47	35.47
津南区	54.3	59.4	62.98	4.65	15.99
北辰区	54.77	66.91	70.43	5.20	28.59
武清区	91.41	94.99	100.51	7.42	9.96
宝坻区	76.28	79.93	83.12	6.14	8.97
宁河县	39.27	41.66	43.1	3.18	9.75
静海县	60.78	64.75	67.43	4.98	10.94
蓟县	84.41	83.27	85.53	6.31	1.33

　　从表 2-1 数据可以看出，天津市常住人口逐年增加，三年内增长幅度达到 8.89%；2011 年常住人口总量位于前三位的区县分别为：滨海新区、南开区和武清区，分别占全市常住人口总量的 18.73%、7.79% 和 7.42%；三年中常住人口增长幅度位于前三位的区县分别为：西青区、北辰区和东丽区，增长幅度分别为：35.47%、28.59% 和 17.67%；三年中 16 个区县的常住人口增长幅度平均为 9.10%。[①]

　　（2）户籍人口

　　天津市各区县户籍人口情况如表 2-2 所示。

表 2-2　2009~2011 年天津市各区县户籍人口数

	户籍人口（万人）			2011 年各区县人口占全市比例（%）	2009~2011 年人口增长幅度（%）
	2009 年	2010 年	2011 年		
天津市	977.28	982.27	993.85		1.70

---

　　① 需要说明的是，2011 年评价中采用的人口数据为常住人口；天津统计年鉴（2010 年）东丽区 2009 年常住人口为 79.49 万人，而天津统计年鉴（2011 年）东丽区 2009 年常住人口数为 54.00 万人，评价中采用的为 54.00 万人；2009 年各区县常住人口加和为 1244.02 万人，与天津统计年鉴（2010 年）的全市常住人口不一致，全市为 1228.16 万人。

续表

	户籍人口（万人）			2011 年各区县人口占全市比例（%）	2009~2011 年人口增长幅度（%）
	2009 年	2010 年	2011 年		
和平区	39.52	39.93	40.22	4.05	1.77
河西区	77.97	79.05	80.30	8.08	2.99
南开区	84.41	85.34	86.66	8.72	2.67
河东区	71.27	71.18	71.80	7.22	0.74
河北区	63.40	63.13	63.18	6.36	−0.35
红桥区	54.98	54.24	53.84	5.42	−2.07
滨海新区	109.93	110.79	112.81	11.35	2.62
东丽区	34.50	35.10	35.73	3.60	3.57
西青区	35.35	36.00	36.60	3.68	3.54
津南区	41.17	41.29	42.06	4.23	2.16
北辰区	36.37	36.50	37.37	3.76	2.75
武清区	84.42	84.70	85.55	8.61	1.34
宝坻区	67.05	67.19	67.59	6.80	0.81
宁河县	37.91	38.32	38.74	3.90	2.19
静海县	55.48	56.16	57.13	5.75	2.97
蓟县	83.55	83.35	84.27	8.48	0.86

从表 2-2 数据可以看出，天津市户籍人口 2009 年到 2011 年增长幅度为 1.70%。2011 年户籍人口总量位于前三位的区县分别为：滨海新区、南开区和武清区，分别占全市户籍人口总量的 11.35%、8.72% 和 8.61%；三年中户籍人口增长幅度位于前三位的区县分别为：东丽区、西青区和河西区，增长幅度分别为：3.57%、3.54%和2.99%；三年中 16 个区县的户籍人口增长幅度平均为 1.78%。①

---

① 需要说明的是，天津统计年鉴（2010 年）中滨海新区户籍人口为 118.57 万人，天津统计年鉴（2011 年）中滨海新区户籍人口为 109.93 万人，而此处采用 109.93 万人；2009 年、2010 年、2011 年各区县户籍人口加和后分别为 977.28 万人、982.27 万人、993.85 万人，与全市户籍人口数不一致，天津统计年鉴（2010 年、2011 年、2012 年）全市户籍人口分别为 968.87 万人、979.84 万人、996.44 万人。

2.3.2 地区生产总值和全社会固定投资

改革开发以来，天津市经济社会建设取得了显著成就，工农业生产持续稳定增长，城市综合实力明显提升。2011 年天津市地区生产总值达到 11307.28 亿元，比上年增长 22.58%。全市人均生产总值达到 85213 元，比上年增长 16.74%；社会劳动生产率达到 151586 元/人，比上年增长 15.51%。

（1）地区生产总值

全市各区县地区生产总值情况如表 2-3 所示。

表 2-3   2009~2011 年天津市各区县地区生产总值

	地区生产总值（万元）			各区县占全市比例（2011 年）（%）	2009~2011年增长幅度（%）
	2009 年	2010 年	2011 年		
天津市	82276000	101589800	122630300		49.05
和平区	4407800	5044900	5774700	4.71	31.01
河西区	4471800	5150500	5851300	4.77	30.85
南开区	3114700	3500500	4800100	3.91	54.11
河东区	2162000	2321100	2540600	2.07	17.51
河北区	2817400	3451800	2919800	2.38	3.63
红桥区	989500	1146800	1286800	1.05	30.05
滨海新区	38106700	50301100	62068700	50.61	62.88
东丽区	4511300	5401400	6028100	4.92	33.62
西青区	4559100	5263500	5955000	4.86	30.62
津南区	2416900	2906900	3799700	3.10	57.21
北辰区	3886900	4641300	5629900	4.59	44.84
武清区	2763100	3411200	4555100	3.71	64.85
宝坻区	1952000	2418200	3233300	2.64	65.64
宁河县	1542500	1692800	2249500	1.83	45.83
静海县	2811200	2782600	3436600	2.80	22.25
蓟县	1763100	2154700	2501100	2.04	41.86

从表 2-3 数据可以看出，2009 年到 2011 年天津市经济快速发展，三年中地区生产总值增长幅度为 49.05%，年平均增长幅度为 24.58%；2011 年地区生产总值位于前三位的区县分别为：滨海新区、东丽区和西青区，分别占全市地区生产总值的 50.61%、4.92% 和 4.86%；三年中地区生产总值增长幅度位于前三位的区县分别是：宝坻区、武清区和滨海新区，增长幅度分别为 65.64%、64.85% 和 62.88%；三年中 16 个区县的地区生产总值增长幅度平均为 39.80%，年增长幅度平均为 18.90%。①

（2）全社会固定资产投资

全市及各区县全社会固定资产投资情况如表 2-4 所示。

表 2-4　2009~2011 年天津市全社会固定资产投资情况

	全社会固定资产投资（万元）			各区县占全市比例（2011 年）（%）	2009~2011 年增长幅度（%）
	2009 年	2010 年	2011 年		
天津市	48484800	65704700	75004700		54.70
和平区	957600	1246900	1270800	1.69	32.71
河西区	827600	1183300	843300	1.12	1.90
南开区	867000	905500	953500	1.27	9.98
河东区	1040000	916300	953200	1.27	−8.35
河北区	872300	1004500	954500	1.27	9.42
红桥区	603600	869200	901900	1.20	49.42
滨海新区	25026600	33527100	37021200	49.36	47.93
东丽区	2315100	3369700	3963200	5.28	71.19
西青区	2868800	3537600	4360900	5.81	52.01
津南区	2654800	3801200	3827700	5.10	44.18
北辰区	2186400	3081000	4049100	5.40	85.19
武清区	2187800	3013300	3891600	5.19	77.88
宝坻区	1452100	2330900	3014000	4.02	107.56

① 需要说明的是，由于统计原因，2009~2010 年各区县地区生产总值的加和不等于全市地区生产总值，各区县地区生产总值的加和均大于全市地区生产总值。在进行指标计算时，直接采取由统计年鉴中提供的各区县地区生产总值，对于与全市地区生产总值不一致问题，不进行处理。

	全社会固定资产投资（万元）			各区县占全市比例（2011 年）（%）	2009~2011年增长幅度（%）
	2009 年	2010 年	2011 年		
宁河县	1601300	2208600	2765100	3.69	72.68
静海县	1559500	2303500	2927200	3.90	87.70
蓟县	1464300	2406100	3307500	4.41	125.88

从表 2-4 数据可以看出，2009 年到 2011 年天津市全社会固定资产投资额逐年增加，三年增长幅度为 54.70%，年平均增长幅度为 27.84%；2011 年全社会固定资产投资位于前三位的区县分别为：滨海新区、西青区和北辰区，分别占全市固定资产投资总额的 49.36%、5.81%和 5.40%；三年中全社会固定资产投资增长幅度位于前三位的区县分别是：蓟县、宝坻区和静海县，三年增长幅度分别为 125.88%、107.56%和 87.70%；三年中 16 个区县的全社会固定资产投资增长幅度平均为 54.20%，年增长幅度平均为 24.15 %。①

2.3.3 居民收入与消费

2011 年城镇单位从业人员人均劳动报酬 58635 元，增长 13.9%。城市居民人均可支配收入 26921 元，增长 10.8%；农村居民人均纯收入 11891 元，增长 15.5%。居民生活水平持续提升。2011 年城市居民人均消费性支出 18424 元，增长 11.2%。其中全年居民人均消费中服务性消费支出 4683 元，增长 8.9%；商品性消费支出 13741 元，增长 12.1%，快于服务性消费支出 3.2 个百分点。城市居民恩格尔系数为 36.2%。农村居民人均生活消费支出 6725 元，增长 19.96%，其中衣着、

---

① 需要说明的是，依据天津市统计年鉴（2011 年），滨海新区 2010 年全社会固定资产投资额的数据存在矛盾，在第 498 页滨海新区 2010 年全社会固定资产为 3352.71 亿元，而在第 514 页为 2900.25 亿元，此处选取的是 3352.71 亿元。另外，2009～2010 年各区县全社会固定资产投资额的加和不等于全市地区生产总值，且全市全社会固定资产投资额大于各区县全社会固定资产投资额的加和。在进行指标计算时，直接采取由统计年鉴中提供的各区县地区生产总值，对于与全市地区生产总值不一致问题，不进行处理。

交通通信支出分别增长 17.13%和 84.98%。

2.3.4　产业规模及结构

2011 年第一产业稳定发展,完成增加值 159.09 亿元,比上年增长
3.8%;第二产业仍为推动天津经济快速增长的主要力量,完成增加值
5878.02 亿元,增长 18.3%;第三产业发展提速,完成增加值 5153.88
亿元,增长 14.6%。三次产业对经济增长的贡献率分别为 1.42%、52.52%
和 46.05%;三次产业结构由 2005 年的 2.9∶54.6∶42.5 变化为 2011 年
的 1.4∶52.5∶46.1。

2.4　城市发展规划

2.4.1　天津市国民经济和社会发展"十二五"规划

天津市"十二五"期间全市经济社会发展的主要目标有以下几方
面。

(1)综合实力显著增强。主要经济指标增幅保持全国前列,全市
生产总值年均增长 12%。经济增长质量和效益进一步提高,地方财政
收入稳步增长。北方经济中心的地位和服务区域发展的能力明显提升。

(2)经济结构显著优化。高端化、高质化、高新化产业结构基本
形成,服务业增加值占全市生产总值的比重达到 50%。全社会固定资
产投资总量进一步增加,消费对经济增长的拉动作用进一步增强。自
主创新能力和经济增长的科技含量明显提高,创新型城市建设全面加
快,到 2015 年,全社会研发经费支出占全市生产总值比重达到 3%以
上,形成一批具有自主知识产权和知名品牌、具有较强国际竞争力的
企业,城乡区域发展更加协调。

(3)城市功能显著提升。独具特色的国际性、现代化宜居城市格
局基本形成,城市服务能力和综合保障能力全面增强,信息化水平全
面提升。生态环境质量大为改善,资源利用效率明显提高,国家园林

城市、国家卫生城市和生态城市建设取得明显进展，城乡面貌发生根本变化。万元生产总值能耗比"十一五"末降低 18%，单位生产总值二氧化碳排放和主要污染物排放总量下降，完成国家下达任务。

（4）社会建设显著加强。各项社会事业加快发展。教育发展水平不断提高，新增劳动力平均受教育年限超过 15 年。建成覆盖城乡居民的基本医疗卫生制度，每千人医院床位数达到 6.2 张。建成较为完善的公共文化和体育服务体系。形成高效有序的社会管理体制，市民文明素质和城市文明程度明显提高，法制建设全面推进，人民权益得到切实保障，社会更加和谐稳定。

（5）民计民生显著改善。覆盖城乡居民的基本公共服务体系逐步完善，人民生活质量和水平不断提高。全市常住人口控制在 1600 万人以内，人口平均预期寿命达到 81.5 岁。城镇登记失业率控制在 4% 以内。城乡居民人均收入年均分别增长 10% 以上。基本形成覆盖城乡、制度完善的社会保障体系，社会化居家养老服务体系基本建立。价格总水平保持基本稳定。

（6）全力推进滨海新区开发开放。紧紧围绕滨海新区功能定位，全面加快各功能区开发建设，深入推进综合配套改革，着力构筑领先优势，率先转变经济发展方式，不断增强对全市和区域发展的龙头带动作用，争创高端产业聚集区、科技创新领航区、生态文明示范区、改革开放先行区、和谐社会首善区，努力当好贯彻落实科学发展观的排头兵。

2.4.2 天津市城市总体规划（2005~2020 年）

国务院 2006 年批复的《天津市城市总体规划（2005~2020 年）》中确定了天津城市性质、城市职能、人口规模、城镇建设用地规模和市域空间布局等重大问题。

（1）城市性质

天津是环渤海地区的经济中心，要逐步建设成为国际港口城市、北方经济中心和生态城市。

（2）城市职能

城市职能定位于现代制造和研发转化基地，我国北方国际航运中心和国际物流中心，区域性综合交通枢纽和现代服务中心，以近代史迹为特点的国家历史文化名城和旅游城市，生态环境良好的宜居城市。

（3）人口规模

规划至 2020 年，天津市域常住人口规模为 1350 万人，其中户籍人口 1100 万人，居住半年以上的外来人口 250 万人。市域城镇人口规模为 1210 万人，城镇化水平达到 90%。中心城区和滨海新区核心区的城镇人口规模为 630 万人，其中中心城区城镇人口规模为 470 万人，滨海新区核心区城镇人口规模为 160 万人。

（4）城镇建设用地规模

规划至 2020 年，全市城镇建设用地规模控制在 1450 平方公里以内，人均城镇建设用地控制在 120 平方米以内；中心城区和滨海新区核心区的城镇建设用地总规模控制在 580 平方公里以内，人均城镇建设用地为 92 平方米左右。

（5）市域空间布局

加强区域协调，统筹城乡发展，保护生态环境。规划在天津市域范围内，构建"一轴两带三区"的市域空间布局，其中："一轴"是指由"武清新城—中心城区—滨海新区核心区"构成的城市发展主轴，"两带"是指由"宁河、汉沽新城—滨海新区核心区—大港新城"构成的东部滨海发展带和"蓟县新城—宝坻新城—中心城区—静海新城"构成的西部城镇发展带，"三区"是指北部蓟县山地生态环境建设和保护区、中部"七里海—大黄堡洼"湿地生态环境建设和保护区、南部"团泊洼水库—北大港水库"湿地生态环境建设和保护区。

2.4.3　天津市土地利用总体规划（2006~2020 年）

2009 年通过国土资源部审查的《天津市土地利用总体规划（2006~2020 年）》中确定的天津市土地利用规划的总体目标为：根据天津市全面建设小康社会的总体要求和经济社会发展的总体目标，努力实现耕地和基本农田严格保护，建设用地集约高效利用，土地利用结构和布局优化完善，土地生态保护积极有效，土地管理效率和水平明显提高的土地利用总体目标。具体为以下三方面。

（1）耕地保护目标

落实国家下达的耕地保护指标。规划至 2010 年，耕地保有量不低于 4420 平方公里，规划至 2020 年，耕地保有量不低于 4373 平方公里。规划期内基本农田保护面积不低于 3567 平方公里。

控制新增建设占用耕地规模。规划至 2010 年，新增建设占用耕地规模控制在 147 平方公里以内。

加大土地整理复垦开发力度。规划至 2010 年，补充耕地 147 平方公里。积极探索补充耕地的新途径。

（2）园地、林地、牧草地利用目标

推进园地、林地、牧草地综合利用。规划至 2010 年，园地面积 373 平方公里，林地面积 372 平方公里，牧草地面积 6 平方公里；规划至 2020 年，园地面积 373 平方公里，林地面积 423 平方公里，牧草地面积 6 平方公里。

（3）建设用地调控目标

合理控制建设用地总量。规划至 2010 年，全市建设用地总规模控制在 3747 平方公里以内。其中，城乡建设用地规模控制在 2350 平方公里以内，交通水利及其他用地规模控制在 1397 平方公里以内。

规划至 2020 年，建设用地总规模控制在 4034 平方公里以内，其中城乡建设用地控制在 2500 平方公里以内，交通水利及其他建设用地控制在 1534 平方公里以内。

2.5 天津市土地开发利用的历史与现状

2.5.1 土地开发利用的历史与结构变化

天津陆地是在漫长的历史过程中，经过多次海进海退交替变迁形成的。天津成陆最古老的陆地在蓟县东北角常州村一带，形成于距今 20 亿年前。天津土地开发历史悠久，早在商、周乃至新石器时期，古人已经在天津地域内活动。战国时代在今天津滨海平原上多定居贝壳堤上，利用其中的潜水，汉代开始对冲积扇和古河道做进一步的开发，为滨海西岸县、邑星罗棋布创造条件。[①]到西汉已成为富饶地区。宋辽时期，为防止辽军南侵，北宋朝廷在天津一带设置军事据点，这些据点成为天津都市的前身。自金朝起，统治者大都定都于今天的北京，天津因此成为首都的门户，政治经济地位明显提高。经过元、明、清三朝的发展，天津最终成为中国北方的军事经济重镇。近代，由于自身优越的地理位置和便利的交通运输条件，天津成为西方列强争夺的焦点之一，最终使天津成为中国租界最多的城市。新中国成立后，天津的行政区域不断扩大，建设用地的布局在政府指导下不断得到调整。

由于天津独特的自然地理条件，土地开发利用按照由北向南、从西向东的顺序逐步推进。早期土地开发的主要形式是"屯田"，变水患为水利是农田开发的前提，而河海航运又是促进城镇开发与发展的重要因素。

2.5.1.1　农田开发[②]

天津大规模的农业开发，始于明代的屯田。有军屯、民屯（包括移民屯和募民屯）、商屯。这种办法虽时兴时衰，但一直延续到清代。清康熙年间，天津总兵蓝理认为直隶沿海地旷丰润，奏请在津开垦水田，天津沽地及宝坻等地皆仿南方开为水田。清朝和民国时期，生产力又有了新的发展，土地开发也随之深化，当时官府提倡兴修水利，修筑堤防，疏浚河道，开挖减河减轻洪水之患。垦殖农田，并开渠灌溉，引水种稻，增加了土地开发的强度和广度。

辛亥革命后，北洋军阀、国民党政府、封理会馆及帝国主义侵华分子等相继在茶淀、军粮城、贯庄、张贵庄、小站、六里台一带侵占土地，经营农田。日本帝国主义侵占天津以后，更是大肆掠夺土地，勒索军粮，天津农业发展萧条，新中国成立前夕，除南、北运河和海河两岸稻田区及市区边缘的园田生产继续略具规模外，大片土地荒芜，

---

① 张道明. 天津土地开发历史图说[M]. 天津：天津人民出版社，1998：9.

② 本小节没注明的数据均来源于天津市地方志网的土地管理志：http://www.tjdfz.org.cn/tjtz/tdgl/tdzy/tdly/index.shtml.

天津的农业生产实际上已经濒于破产境地。[①]1949 年全市耕地面积为 52.70 万公顷。

1949 年天津解放，土地制度的变革和农业合作化运动的兴起，生产力得到空前的解放，经过土地改革、大兴水利、鼓励开荒，调动了广大农民的生产积极性。国民经济恢复时期，不仅使因长期战乱造成的农业生产下降、大片土地荒芜的局面得到恢复，并且还开垦了大面积的生荒地。1949 年至 1952 年，全市开垦生熟荒地近 3.33 万公顷。到 1954 年，耕地增加到 56.89 万公顷。后来由于受各种因素的影响，土地开发不仅陷入徘徊不前的状态，而且还增加了不少撂荒地。1975 年至 1982 年的 8 年间，全市共减少耕地 4.69 万公顷。其中，国家建设征用耕地 13.12 万亩，兴修水利占用耕地 29.53 万亩，修建道路占地 3.68 万亩。

1978 年后，农村实行多种形式的联产承包责任制，极大地调动了广大农民对土地自主经营的积极性，使土地开发进入了一个新的历史时期。1979 年至 1995 年，全市共开垦荒地 38667 公顷。同时完成荒山绿化 42667 公顷。1995 年，全市辖区未利用土地为 73745.4 公顷，占全市辖区土地的 6.19%，土地利用率达 93.81%。但同时耕地大量减少，1982 年至 1994 年的 12 年中，各区县共减少耕地 3.37 万公顷，平均每年减少 0.28 万公顷，年均递减率为 1.10%。近郊 4 个区减少幅度最大，年均递减率为 2.16%；滨海 3 区居中，年均递减率为 1.53%；5 个县年均递减率为 0.86%。

同时，粮食的土地生产率也有较明显的提高，粮食耕地面积亩产已经从新中国成立初期的 71 斤增加到 1978 年的 406 斤、1980 年的 489 斤，1984 年达到 528.68 斤。[②]

随着土地的全面开发，人口日渐增多，推动了整个地区经济的发展。据统计，西青区现境内，于明洪武、永乐年间建立的村庄达 118 个，为今区内村庄总数的 73.75%。这和明初屯田的发展是有直接关系

---

① 张道明. 天津土地开发历史图说[M]. 天津：天津人民出版社，1998：236~240.
② 董坤靖. 天津通览[M]. 北京：人民日报出版社，1988：243.

的。

2.5.1.2　城市建设用地

天津地区早在新石器时代就有先民在此繁衍生息。城市建设大致可以分为四个阶段。

（1）孤立发展阶段

这一阶段从城镇兴起，截至 1860 年天津被开辟为通商口岸。

天津市域内土地开发历史悠久，最早的建城历史可追溯到春秋时期的无终子国（今蓟县城）。经过战国时期的开发，到西汉时已成为富饶地区，所以城垣建筑广泛出现，迄今发现的西汉城址有 8 处之多。汉朝时已在平原设置了 5 个县，其中 3 个，即雍奴、东平舒、泉州在今天津境内。后唐时在今宝坻县城设盐仓，名为新仓，辽太宗会同元年（938 年）新仓改为新仓镇。天津境内大多数城镇的建立与行政和军事有关。北宋初年，当时天津是宋辽对峙的前沿，军事意义重大，宋朝廷为防范辽军南侵，在今天的天津及其周边地区设有九"寨"①，这些寨就成为天津中心城区和滨海新区的前身。1153 年，完颜亮迁都中都（即今天的北京），天津由于自身地理位置的特殊性，在军事、交通运输上的地位变得越来越重要。由于政局不稳，天津的作用并没有得到充分发挥。元朝统一全国后建都大都（今北京），大都作为一个庞大帝国的首都，粮食及其他日用品主要通过"漕运"从江南各省供应。这些粮食及日用品经过海运运抵直沽（在今天津地区）卸存，再由直沽运抵大都，于是直沽就成了漕运的中转站。在漕运的刺激下，天津三岔河口地区逐渐繁盛起来，在三岔河口周围天津城逐渐形成。元朝灭亡后，明清两代仍在今北京地区建都，天津仍然是"漕运"的中转站。明初，为协调管理漕运和开展屯田，明朝设立天津卫、天津左卫和天津右卫，并在三岔河口西建筑卫城。从此，天津城得以连贯发展，并且逐步壮大，由天津卫改为天津州、直隶州，最终升为天津府，下属天津、静海、青县、南皮、盐山、庆云和沧州六县一州。

纵观这一时期天津市土地的开发状况，除行政和军事因素外，由

---

① 刘洪奎. 天津城市人口规模与城市发展[M]. 天津：天津出版社，1987：25.

于手工业的集中和集市的出现，形成了一些小城镇，但这些小城镇作为小范围的经济中心组织商品生产和商品流通的作用有限，仅局限于集市周围的少数村落，城镇发展受到经济发展的影响，城镇规模小。整个天津市城镇用地的土地开发处于孤立分散状态。

（2）中心城区极化阶段

这一阶段始于 1860 年天津开埠，止于"二五"时期。

经济发展规律表明，经济发展并不是一个均衡的过程，某些具有区位优势的地点，会在整体的发展过程中，聚集周围的资金、人流等各种条件优先发展起来。

清朝末年，西方资本主义国家掀起侵略中国的狂潮。由于列强实行以自由贩卖其本国的产品对中国实行经济侵略的策略，在商埠方面无论进出口贸易额的多少，它的繁荣条件取决于外国商品的输入运销和本土产品的收买与出口。所以列强首先要求设置贸易港，开辟自由商埠。而商埠的位置必须是位于交通要道和拥有广大的腹地市场的地点。具有这些条件的天津中心城区就成为西方资本主义国家侵略中国的桥头堡。

1860 年，根据不平等的《北京条约》，天津开辟为商埠。西方列强争相在天津设立租界，到 20 世纪初，天津共有英、美、法、德、日、俄、意、比、奥九国租界。[①]这些租界沿海河而设，与旧城相连，他们在租界设领事馆，开设洋行，建教堂，从而使建设用地开发利用总体上呈现出沿河伸展的城市形态。[②]贸易的发展需要大量的资金融通，西方列强推行侵略政策，也需要银行的协助。金融、商业等行业在中心城区迅速发展。1927 年，天津共有外国银行 20 家，其中解放北路就有 15 家。[③]商业发展后，新商业中心取代旧商业中心，成为天津最大的商业中心。在繁华的商业区内还建有大量的娱乐场所和较完善的公用设施。

贸易的发展也促进了工业的发展。出口物资简单的加工业和与外

① 来新夏. 天津近代史[M]. 天津：南开大学出版社，1987：196~197.
② 马玫. 天津城市发展研究——产业、地域、人口[M]. 天津：天津人民出版社，1997：19.
③ 马玫. 天津城市发展研究——产业、地域、人口[M]. 天津：天津人民出版社，1997：25.

商进出口相对应的国内商业的发展造成了天津城由一个繁荣的商业都市，向一个工业都市的发展。"七七"事变以前天津的贸易额仅次于上海，在工业都市方面也处于与青岛竞争第二的地位；"七七"事变以后，天津的工业发展位居全国首位，在贸易方面如果包含海关统计以外的数字，进口额也非其他商埠所可比拟。[1]天津中心城区在各种优势条件下聚集周围地区、全国乃至世界的人力、物力，迅速成为当时中国经济发展的中心。1860 年时中心城区建成区面积为 9.4 平方公里，到1949 年中心城区人口为 179 万，建成区面积为 61 平方公里。

　　新中国成立后，由于政治经济环境发生了根本的变化，中心城区所具有的聚集效应促使城市中心城区得到更快的发展，城市规模不断扩大。"一五"时期中心城区人口的增长速度达到了 4.74%，而市辖县的人口增长速度仅为 1.14%。[2]中心城区的发展处于高度集聚阶段。但随着我国计划经济的实施，对商品流通和资金流通的需求减弱，商业和金融业的发展受到严格限制。由于政府急于建立现代工业体系的措施，城市工业获得了较快的发展。"二五"时期，政府在中心市区外围建立了 10 个工业区，同时设置了十几个与工业区相适应的居住区，[3]缓解了中心市区高度聚集造成的压力。

　　中心城区迅速发展的同时，部分郊区县也兴起了一些近代工业。如 1926 年和 1932 年渤海、合记两个股份有限公司的汉沽工厂开业；[4]1917 年，著名爱国实业家范旭东、侯德榜在塘沽建立永利碱厂。[5]近代工业的出现推动了这些郊区县的城镇化进程。但总体上近代工业在各郊区县只是零星分布，其推动作用有限。

　　（3）中心城区行政型扩散阶段

　　1958 年，由于工业建设项目增多，在苏联规划思想的影响下，在将大城市的缺陷过分放大的情况下，政府实施卫星城建设的计划，严

---

　　① 李洛质，聂汤谷. 天津的经济地位[M]. 天津：南开大学出版社，1994：2.

　　② 刘洪奎. 天津城市人口规模与城市发展[M]. 天津：天津出版社，1987：41.

　　③ 马玫. 天津城市发展研究——产业、地域、人口[M]. 天津：天津人民出版社，1997：39.

　　④ 天津市汉沽区地方志编修委员会. 汉沽县志[M]. 天津：天津社会科学院出版社，1995：2.

　　⑤ 天津市塘沽区土地管理之编纂委员会. 塘沽区土地管理志[M]. 天津：天津社会科学院出版社，1997：3.

格控制中心城区的人口，除在中心城区边缘开辟新的工业区外，又在近郊开辟了杨柳青、军粮城、咸水沽三个工业卫星城镇（也称工业点）。1966年又规划开辟了大南河（永红村）卫星镇。1972年新建大港镇。由于它们都是一些专业性很强的工业城镇，如杨柳青以机械制造为主，军粮城以发电、化工为主，咸水沽以造纸、仪表为主，大港以石油开采和石油化工为主，塘沽和汉沽则继承传统，成为海洋化工基地。这样，中心城区的发展由集中走向扩散。20世纪60年代，我国国民经济遇到暂时困难，大批干部下放和知识青年上山下乡，中心城区的人口急剧下降。"三五"时期中心城区的人口增长速度下降为-2.73%。而同时期，市辖县的人口增长速度上升为2.49%。[①]

　　一般来说，城市的扩散是城市聚集到一定能量后的释放，这种扩散将会促进周围地区的发展并加强与周边地区的经济联系，形成新的城市中心，使城市由封闭走向开放。根据当时天津市中心城区与周围区域人口的变化状况，似乎天津城市发展已进入扩散阶段，但是，由于中心城区周边工业区（点）的建设和人口的外迁都是一种政府行为，与西方由居住外迁为先导所引发的郊区化不同。真正从中心城区扩散出去的企业并不多，实际上起到的是截流作用。中心城区的发展基本上是封闭性，经济建设的重点实际上仍然是在中心城区。塘沽、汉沽的发展也只是作为一般城镇来对待。而且由于这些工业城镇距离市中心较近，最远的不过28公里，最近的只有13公里，中心城区发展后被连成一体。中心城区的扩散对各县的城镇化进程并没有起到较大的推动作用。

　　（4）双城多元化发展阶段

　　1978年后，随着我国改革开放步伐的加快和市场经济体制的逐步建立，特别是天津城市发展东移战略的实施，天津城市的空间布局出现了大的调整。在中心城区不断向外扩展和乡村工业化引发自下而上的城镇化的双重冲击下，城乡差别缩小，城镇间的经济联系得到加强，整个天津市的城镇发展从单中心向多中心、从圈层向带状发展。

---

① 刘洪奎. 天津城市人口规模与城市发展[M]. 天津：天津出版社，1987：42.

改革开放后，商业和金融业在国民经济发展中的地位迅速提高。原中心城区的商业区和金融业又恢复了往日的繁华。中心城区通过重点发展商贸、金融、文化、科研、教育、房地产和高新技术产业，形成全市的政治、文化、商贸和金融中心。为了改善城市的环境，提高土地的利用率，中心城区实施双优化工程，将土地利用率低、环境污染严重的一批工业企业进行搬迁，同时在中心城区外围开辟各种开发区。1984 年 12 月 6 日，天津经济技术开发区成立，随后开发区迅速发展，总体实力在全国各开发区中名列前茅。1991 年 5 月 12 日，天津港保税区在天津新港内成立，促进了整个港口的大发展。大港、汉沽也依托资源优势，作为石油化工基地和海洋化工基地的地位得到日益巩固。

1994 年 3 月，天津市委、市政府落实党中央、国务院改革开放的战略决策，着眼于城市的长远发展，结合天津港口、区位、自然资源及工业基础等多方面的优势，在天津市人大十二届二次会议上做出"用十年左右的时间基本建成滨海新区"的重大决策，天津滨海新区的建设由此拉开序幕。当时的总体构想是："以天津港、开发区、保税区为骨架，现代工业为基础，外向型经济为主导，商贸、金融、旅游竞相发展，形成基础设施配套、服务功能齐全、面向新世纪的高度开放的现代化经济新区；重点规划建设面积 350 平方公里；力争到 2003 年，滨海新区地区生产总值、外贸出口总值占全市的比重分别达到 40% 和 50%。"

经过十年的奋斗，滨海新区的建设取得了巨大的成就，提前一年实现了"十年基本建成滨海新区"的阶段性目标，这块昔日的盐碱荒滩成为天津最耀眼的经济增长点。随着经济快速发展，滨海新区产业传递、对外服务和辐射功能日益增强，与周边地区优势互补、共同发展的格局逐步形成，在环渤海地区的经济发展中发挥着越来越强的辐射和带动作用，呈现出广阔的发展前景。2005 年 10 月，十六届五中全会通过的《中共中央关于制定国民经济和社会发展第十一个五年规划建议》中指出，"继续发挥经济特区、上海浦东新区的作用，推进天津滨海新区等条件较好地区的开发开放，带动区域经济发展"。"天津滨海新区"被首次写入国家中长期规划。2007 年 10 月 15 日，中国共产党第十七次全国代表大会上，滨海新区历史性地被写入大会报告。十七大报告指出，"更好发挥经济特区、上海浦东新区、天津滨海新区在改革开放和自主创新中的重要作用"。中央对天津滨海新区发展提出了更高的要求，赋予了新的使命。2009 年 11 月 9 日，国务院批复同意天津市调整行政区划，撤销天津市塘沽区、汉沽区、大港区，设立滨海新区，以原三个区的行政区域为滨海新区的行政区域。目前滨海新区基础设施基本完善，现代化工业基地的框架初步形成，滨海地区逐渐成长为天津市的另一个核心区域。

中国的改革始于农村，农村经济改革所释放的巨大动力，为农村经济快速发展和结构转换注入了新的生机和活力。大量的农业剩余劳动力转向非农产业，乡镇企业的发展，各种工业小区、开发区的建设直接促成了新的城镇的产生和城市规模的扩大。特别是 20 世纪 90 年代中期，天津市农村经济登上一个新的台阶，农业连年丰收，伴随经济发展，星罗棋布的小城镇迅速兴起。1994 年开始，市委、市政府有组织、有计划地抓以小城镇建设为重点的农村城市化建设，确定了 30 个基础条件较好的建制镇为农村城市化试点小城镇，2000 年又确定了重点实施的"5812"工程，即 5 个县区政府所在地、8 个外围组团、12 个中心镇为重点的小城镇建设，至此，天津市小城镇发展由点到面全面展开。

2.5.1.3 交通运输用地

天津以漕运起"家"，主要是依托海河、大运河而兴旺发达起来。元朝定部大都（今北京）后，天津作为首都门户和漕运中转港口的地位日渐重要。天津地区最早形成的海港是唐代的刘家台（今军粮城），位于永济渠、滹沱河和潞河三水汇流入海处，是当时向幽燕转运粮饷的必经之路。直沽（三岔口至今大直沽）一带是金元明清时期转运漕粮为主的内河港，其战略地位和交通枢纽作用一直延续到近代。天津被辟为通商口岸后，塘沽兴建码头使天津内河港区逐渐向深水域延展。1939 年日本为加紧对中国的侵略掠夺，开始规划修筑塘沽新港，但是，天津港真正的发展还是在新中国成立后，1950~1998 年期间分三次对天津新港进行扩建。到 1988 年底，新港区域总面积已发展到约 200 平方公里，其中陆域面积 18 平方公里，拥有货场 117 万平方米，仓库 43 座，约 19 万平方米。[①] "十一五"期间，天津港加快实施 25 万吨级深水航道、30 万吨级原油码头、南疆专业化煤炭码头、专业化矿石码头、北港池集装箱码头群等港内重点项目，大大提高了港口等级和综合通过能力。同时，加快了东疆等港区的开发建设步伐，拓展了港口发展空间，带动了区域产业发展。以南北两大港区为核心，港区陆域面积由 47 平方公里拓展至 117 平方公里。[②]

陆路交通在天津地区发展也较早。秦始皇修驿道"东穷燕齐，南极吴楚，江湖之上，濒海之观毕止"。以后历代在驿道的基础上，进一步开拓和发展了陆路交通。至清代，天津地区已形成了由驿道、堤道、叠道和自然大道构成的古老道路网。新中国成立前，天津最早修建的具有近代技术标准的公路是 1917~1922 年修建的北京至天津的"京津大道"。到 1948 年底，在全市 1.1 万余平方公里范围内，仅有公路 29 条（段），总长度 791.95 公里，平均每 100 平方公里的公路长度为 7 公里，其中铺设混凝土路面和渣石路面的只有 79.56 公里，只占公路的 10%，其余均为土路。[③]新中国成立后，天津公路成倍增长，到"十一五"末，天津市已建成荣乌（津汕）、京津等 8 条高速公路，通车总里程 980 公里，在建高速公路 279 公里，基本形成由 3 条过境主通道、3 条京津城际通道和 10 条中心城区、滨海新区放射线组成的市域高速公路网骨架。普通公路形成了以中心城区为中心的放射性路网，通车里程 2473 公里。公路通车总里程达到 14832 公里，全市公路网密度提高到 124.4 公里/百平方公里，其中，二级以上公路比重占到 35%。

天津早在清光绪十四年（1888 年）就有了铁路，成为我国第一个建有铁路并延续至今的大城市（上海虽早在 1876 年就出现了吴淞铁

---

① 天津建设 40 年编委会. 天津建设 40 年（1949~1989）[M]. 天津：天津科学技术出版社，1989：95.

② 本小节"十一五"的交通发展数据来源于《天津市综合交通"十二五"规划》，天津市规划局网址：http://www.cityplan.gov.cn/cityplan/news.aspx?id=8741。

③ 天津建设 40 年编委会. 天津建设 40 年（1949~1989）[M]. 天津：天津科学技术出版社，1989：79.

路，但系英商私建，通车并收回后仅一年多即被拆除）。随后，津沽、津浦两大铁路干线建成后，形成了以天津为中心的我国第一个铁路运输网。1953年为了缓和天津站至天津北站区间通过能力的紧张状况，新建了天津北至万新庄的京山三线。1958年为了适应陈塘庄工业区的建设发展需要，新建陈塘庄支线。1975年为了缓和京山线至天津段的压力，新建了北环线（南仓至北城）。随后又陆续新建了津蓟线、李港支线。"十一五"末，天津实现了京津城际铁路建成通车，京沪、津秦、津保等高速铁路全面开工建设。五年新增营运铁路里程145公里（其中客运61公里，货运84公里），已经形成辐射"三北"及华东地区的6条对外通路。

天津机场始建于1939年，当时仅有一条长1120米、宽60米的跑道，占地面积13500多亩。1949年天津解放后，随着我国民航事业的迅速发展，天津机场先后经过1952年、1959年和1974年三次扩建，机场面积扩展18800多亩，跑道长达3200米，成为国家一级机场。[①] "十一五"期间，滨海国际机场新航站楼和第二跑道投入使用。

经过多年的建设，天津已基本形成了以铁路为骨干，公路四通八达，民航、航运基本配套的综合交通网络，交通用地的面积也在不断扩大，1982年天津交通用地面积450677.6亩，占总土地面积的2.6%；1990年增加到489997.7亩，其中铁路占9.24%，公路占20.93%，农村道路占62.91%，机场占2.02%，港口码头占4.9%。[②]2011年达到647985亩。

2.5.1.4 水域及水利设施用地

天津成陆较晚，加上古泄湖的演变，造成洼淀多、沼泽多的状况。据《水经注·鲍邱水》中记载，"其泽野有九十九淀，支流条分，往往径通"[③]。东汉末年曹操为北征乌桓，先后开凿了白沟、平房、泉州等人工运渠，沟通了海河平原诸水，使华北地区出现了纵贯南北的水路运输线。华北平原河流众多，当时的清河（今南运河）、滹沱河（今

---

① 董坤靖. 天津通览[M]. 北京：人民日报出版社，1988：156.
② 张道明. 天津土地开发历史图说[M]. 天津：天津人民出版社，1998：199.
③ 张道明. 天津土地开发历史图说[M]. 天津：天津人民出版社，1998：19.

子牙河)、泒河(今大清河)三大河流,汇合在泒河尾入海,奠定了海河水系形成的条件。[①] 加之历史上黄河三次北徙的影响使华北平原中部的河流由西向东流,天津成为华北平原河流入海的总汇口,从而形成了华北河、海航运中心和河海交通枢纽要冲。到20世纪20年代,洼淀的面积很大,有5300平方公里,全市水面占总面积的45%。

正因为天津平原上各种不同功能的河流众多,洼淀、滞洪地段密布,水灾频现,直接威胁着人民的生命财产安全和土地的正常开发利用。历史上,海河流域一直通过修堤坝、挖减河、浚河道、建水闸和修水库等工程,进行治水抗洪,新中国成立前,在三岔河口以下进行了六次大的裁弯取直工程,但未能根治。新中国成立后,国家非常重视海河流域的治理,尤其是1958年后,海河上游兴建了一些大型水库,天津容水减少,到1969年,天津最后一个洼淀东淀也干涸了。同时,在毛泽东主席"一定要根治海河"题词的鼓舞下,海河流域展开了规模空前的根治海河工程,天津地处海河下游,除对原有河道进行整治外,相继新开挖了子牙新河、永定新河等大流量的排洪河道,使海河流域水患得到根本性的治理,也造成了汛期来水得不到有效拦截,加上城市建设填平了许多坑塘,使天津洼淀面积和水库坑塘面积大为缩小。至20世纪70年代以后水域面积占全市面的比重降到8.9%(参见表2-5)。

表2-5 天津洼淀和水库坑塘面积演变表

年代	洼淀面积 (平方公里)	水库坑塘面积 (平方公里)	合计 (平方公里)	占全市总面积 的百分比(%)
20世纪20年代	5300	0	5300	45
1949年~1958年	1750	1400	3150	27
20世纪60年代 ~70年代	0	994	994	8.5
20世纪70年代后	0	1045	1049	8.9

资料来源:张道明. 天津土地开发历史图说[M]. 天津:天津人民出版社,1998:168.

---

① 李红. 有人类活动对海河水系变迁影响的探讨[J]. 中国水利,2004(9):66~68.

　　天津地处九河下梢，常遭洪涝，同时又严重缺水，为此，从 20 世纪 60 年代开始，建设引黄济津输水工程、引滦入津工程，同时，建设水库以解决生活和农业用水。水域面积有所增加，1995 年，天津水域面积达 312812.60 公顷，占辖区总面积的 26.24%。其中，流经天津境内的一级河道有 19 条，总长度约 1095 公里，面积 698699.67 亩；二级河道 79 条，总长度约 1363 公里，面积 6439 亩；深渠 1061 条，总长 4578 公里。全市水库库容超 1000 万立方米的大中型水库 13 座、小型水库 35 座，另有塘坝 67 个，总计占地面积 68.5 万亩，其中水域面积 57.1 万亩，占全市内陆水域总面积 171.3 万亩的 33.3%。[①]

2.5.1.5　土地利用类型的结构变化

　　综上所述，新中国成立以来，天津市土地利用结构变化较大。对比 1982 年和 1990 年的用地结构可以看出，总的趋势是农业用地量在减少，非农业用地总量在增加。农业用地的减少又主要表现为耕地数量的下降，各项建设用地和园地、林地、水域用地增加（参见表 2-6）。

表 2-6　天津市土地利用结构的变化状况

土地类型	1982 年		1990 年	
	面积（平方公里）	占总土地的面积比例（%）	面积（平方公里）	占总土地的面积比例（%）
耕地	61.94	53.66	49.55	41.60
园地	1.50	1.30	3.28	2.80
林地	2.69	2.33	2.10	1.80
牧草地	1.04	0.90	0.07	0.10
居民点工矿用地	15.62	13.53	20.97	17.60
交通用地	3.00	2.60	3.27	2.70
水域	23.57	20.42	31.57	26.50
特殊用地	0.42	0.36	0.00	
未利用土地	5.65	4.90	8.38	7.00
总计	115.43	100.00	119.20	

　　资料来源：张道明. 天津土地开发历史图说[M]. 天津：天津人民出版社，1998：196~197.

[①] 天津市地方志编修委员会. 天津简志[M]. 天津：天津人民出版社，1991：39~42.

2.5.2 土地利用现状

2.5.2.1 土地利用现状数量与结构

根据天津市 2011 年土地利用现状变更调查成果,天津市土地利用现状的农用地、建设用地和未利用地的情况如表 2-7 所示。

表 2-7　天津市 2011 年土地利用现状表

土地类型		面积（平方公里）	比例（%）
农用地		5407.05	45.37
其中	耕地	4407.58	36.99
	园地	308.78	2.59
	林地	558.19	4.68
	草地	132.50	1.11
城镇村及工矿用地		3160.68	26.53
其中	城市	1076.51	9.03
	建制镇	333.41	2.80
	村庄	1247.68	10.47
	采矿用地	444.48	3.73
	风景名胜及特殊用地	58.60	0.50
交通运输用地		431.99	3.62
其中	铁路用地	33.87	0.28
	公路用地	206.15	1.73
	农村道路	180.15	1.51
	机场用地	10.75	0.09
	港口码头及管道	1.07	0.01
水域及水利设施用地		2500.66	20.98
其中	水工建筑用地	92.07	0.77
其他土地		416.84	3.50
其中	设施农用地	73.59	0.62
	田坎	0.08	0.01
	沼泽地	39.55	0.33
	裸地	5.10	0.04

资料来源:天津市 2011 年土地利用现状变更调查数据。

（1）农用地

农用地总面积为 5407.05 平方公里，占土地总面积的 45.37%。其中，耕地面积为 4407.58 平方公里，占全市土地总面积的 36.99%，其分布相对集中在中部和南部平原地区；园地面积为 308.78 平方公里，占全市土地总面积的 2.59%，相对集中分布在蓟县北部山区；成片林地面积为 558.19 平方公里，占全市土地总面积的 4.68%，相对集中在蓟县北部山区；草地面积 132.50 平方公里，占全市土地总面积的 1.11%。

（2）城镇村及工矿用地

城镇村及工矿用地面积为 3160.68 平方公里，占全市土地总面积的 26.53%。其中，城市面积为 1076.51 平方公里，占土地总面积的 9.03%；建制镇面积为 333.41 平方公里，占土地总面积的 2.80%；村庄面积为 1247.68 平方公里，占土地总面积的 10.47%；采矿用地面积为 444.48 平方公里，占土地总面积的 3.73%；风景名胜及特殊用地面积为 58.60 平方公里，占土地总面积的 0.50%。

（3）交通运输用地

交通运输用地 431.99 平方公里，占全市土地总面积的 3.62%。其中，铁路用地 33.87 平方公里，占土地总面积的 0.28%；公路用地 206.15 平方公里，占土地总面积的 1.73%；农村道路 180.15 平方公里，占土地总面积的 1.51%；机场用地 10.75 平方公里，占土地总面积的 0.09%；港口码头和管道运输用地 1.07 平方公里，占土地总面积的 0.01%。

（4）水域及水利设施用地

水域及水利设施用地 2500.66 平方公里，占全市土地总面积的 20.98%。其中，河流水面 270.87 平方公里，占土地总面积的 2.27%；水库水面 441.67 平方公里，占土地总面积的 3.71%；坑塘水面 785.72 平方公里，占土地总面积的 6.59%；沿海滩涂 303.61 平方公里，占土地总面积的 2.55%；内陆滩涂 121.45 平方公里，占土地总面积的 1.02%；沟渠 783.77 平方公里，占土地总面积的 6.58%；水工建筑用地 92.07 平方公里，占土地总面积的 0.77%。

（5）其他土地

其他土地总面积为 416.84 平方公里，占土地总面积的 3.50%。其中，设施农用地面积为 73.59 平方公里，田坎 0.08 平方公里，沼泽地 39.55 平方公里，裸地 5.10 平方公里。

结合表 2-7 的天津市土地利用结构现状，对比前文给出的 2006 年~ 2020 年的土地利用规划，可以看出现状和园地面积与规划的面积有一定的差距。在保障农用地、特别是稳定基本农田的条件下，天津市土地的供需矛盾非常尖锐，走内涵式城镇化和集约型的土地利用模式是必然的选择。

2.5.2.2　土地利用现状特点

（1）耕地比重高，总体质量差

天津市耕地面积占农用地面积的 81.52%，占土地总面积的 36.99%，高于全国平均水平；但是耕地总体质量不高，中低产田数量比较多，占耕地面积的 62.1%，且主要分布在土地盐碱地区及远离村镇地区。导致耕地生产力低下的因素既有土壤污染、土壤盐渍化及沙化，也有质地偏沙或粘重、瘠薄、犁底层过浅等，土地改良的任务十分艰巨。

（2）建设用地比例较高

天津市建设用地占土地总面积的比例较高（30.92%），高于北京市、上海市以及全国的平均水平。

（3）湿地资源丰富

天津市湿地总面积 1718 平方公里，占土地总面积的 14.4%，其中，天然湿地面积 367 平方公里，人工湿地面积 1351 平方公里，分别占土地总面积的 3.1% 和 11.3%。在天然湿地中，河流湿地面积最大，占湿地总面积的 4.8%，湖泊和水库湿地次之，占湿地总面积的 11.3%。河流湿地、滩涂湿地（天津市现有滩涂 426.7 平方公里，占未利用地面积的 30.9%，占全市土地总面积的 3.6%）与湖泊湿地构成了天津市天然湿地的主体，是湿地生态环境建设与保护的重点区域。

第3章 天津市区域建设用地节约
集约利用状况评价

3.1 天津市区域建设用地节约集约利用评价的工作程序与技术步骤

区域建设用地节约集约利用状况评价是以行政区范围内的全部建设用地作为评价对象，在特定时间点或特定时间段内，通过对相同或相近类型的区域建设用地利用现实状况进行评价和比较，揭示其节约集约利用总体状况及差异的过程。①区域建设用地利用状况评价着眼于从宏观层面对区域建设用地利用状况进行评价，从总体上把握未来区域建设用地拓展的前景。

中华人民共和国国土资源部《建设用地节约集约利用评价规程》第 4.2.1.2 条规定，区域用地状况评价工作宜自上而下分层次展开，当某一行政区开展区域用地状况评价时，重点以下一层级行政区为对象开展工作。同时 4.2.1.3 条指出，区域建设用地利用状况评价应区分评价对象全部或部分位于城市建成区的不同情形。如果按照规程开展评价工作，将不涉及全部位于建成区的 6 个行政区节约集约利用趋势的判定。

我们认为天津市区域建设用地节约集约利用评价工作，除了要揭示各区县建设用地利用的状况和差异外，还需要准确地把握天津市建设用地利用的总体状况和趋势。

① 中华人民共和国国土资源部．TD/T1018-2008 建设用地节约集约利用评价规程[S]．2008：
2.

　　为此，在天津市区域建设用地节约集约评价中，我们在收集相关数据的基础上，首先分析了天津市建设用地变化态势；然后，通过对天津市人口发展与城乡建设用地变化、经济发展与建设用地变化的关系分析，判断天津市总体的土地利用趋势；最后，按照该《规程》，分别以天津市全部位于建成区的 6 个行政区和部分位于城市建成区的 10 个区县两种情形为评价对象，通过建立区域建设用地节约集约利用总体评价因素及指标体系，分别进行定性分析和定量评价。

　　定性分析土地利用与社会、经济发展的协调状况，以此来判断各评价单元土地利用的趋势类型。定量评价是在定性分析的基础上，按照已选择的评价指标，进行分指数指标标准化，确定指标权重，计算分指数、指数和总指数，定量评价得出各评价对象的区域用地状况评价指数，划分其土地利用状况类型，并予以校核。

　　天津市区域建设用地节约集约利用评价工作程序和技术步骤如图 3-1 所示。

工作程序		技术步骤

准备工作
- 组织准备
- 技术准备
- 数据准备

确定评价指标体系准备工
- 定性和定量指标
- 总指标和分指标

用地状况调查
- 统计年鉴、城市建设统计年报
- 土地利用变更调查成果
- 各有关委办局数据填报

数据整理与建库
- 调查数据汇总分析
- 补充调研
- 数据库建设
- 阶段成果提交检查

不合格

合格

总体趋势判定
- 人口、经济与建设用地变化关系分析
- 土地利用总体趋势分析

区县用地趋势判定
- 评价指标体系的确定
- 人口经济与建设用地变化匹配程度分析
- 土地利用趋势类型分析

区县用地状况分析
- 分指数指标标准化
- 指标和指数权重确定
- 指数和总指数计算
- 土地利用状况类型确定

成果编制
- 工作报告和技术报告编写
- 成果图件绘制
- 基础资料汇编
- 数据库

成果验收

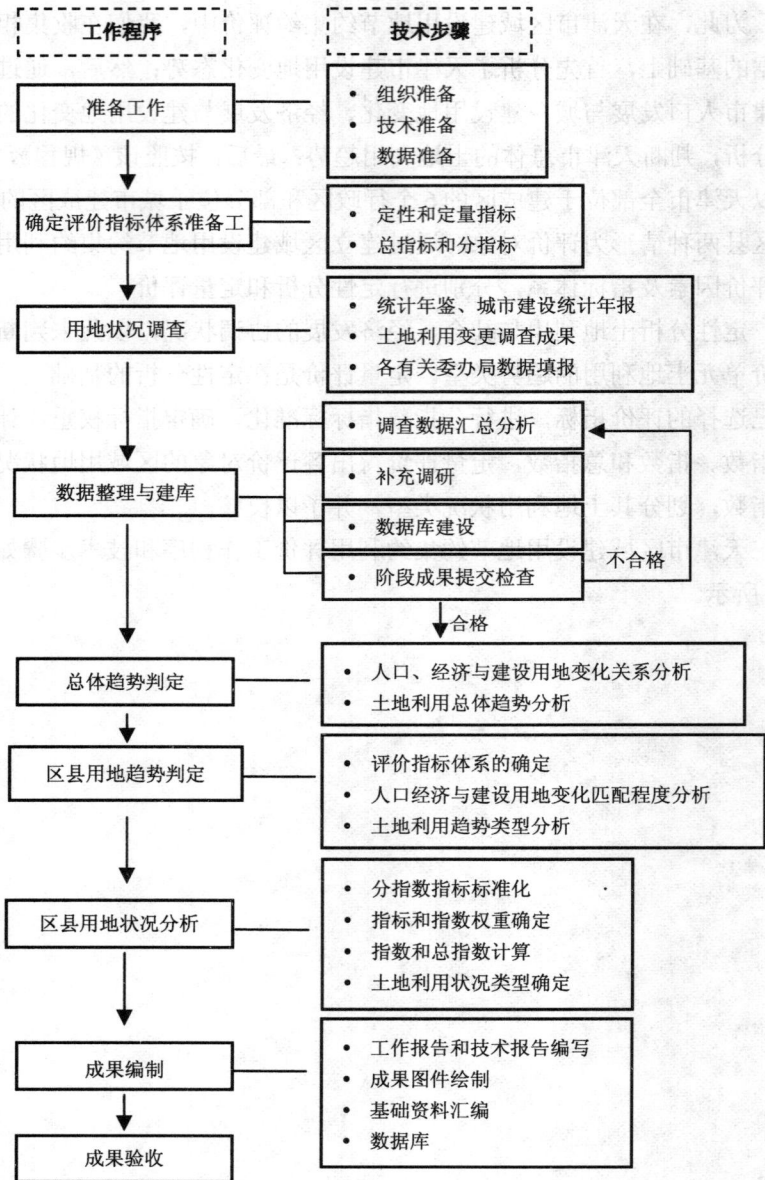

图3-1 2012年天津市区域建设用地节约集约利用评价工作流程与技术路线图

3.2　天津市建设用地利用现状与变化态势

3.2.1　建设用地总量与结构

2011 年天津市建设用地总面积为 3684.74 平方公里（含农村道路），占土地总面积的 30.92%。其中，城镇村及工矿用地 3160.68 平方公里，占总建设用地比例为 85.78%；交通运输用地 431.99 平方公里，占总建设用地比例为 11.72%；水工建筑用地 92.07 平方公里，占总建设用地比例为 2.50%。

城镇村及工矿用地中，城镇建设用地面积为（城市和建制镇）1409.92 平方公里，村庄用地面积为 1247.68 平方公里，采矿用地面积为 444.48 平方公里，风景名胜及特殊用地面积为 58.60 平方公里，各类建设用地占居民点及独立工矿用地的比例如表 3-1 所示。

表 3-1　天津市 2011 年城镇村及工矿用地结构表

土地类型		面积（平方公里）	比重（%）
城镇村及工矿用地		3160.68	100
其中	城市和建制镇用地	1409.92	44.61
	村庄用地	1247.68	39.48
	采矿用地	444:48	14.06
	风景名胜及特殊用地	58.60	1.85

由以上建设用地结构分析可知，天津市建设用地内部结构具有不平衡性，村庄用地、采矿用地面积比例高，这已经成为天津市用地结构区别于其他城市的显著特征。产生如此特征的原因，除与天津市城市性质、功能相关外，更多的是由于天津市建设用地中盐田、农村居民点面积较大等因素所造成的。由此也提醒我们在未来发展中，充分挖掘农村居民点用地、独立工矿用地的内部潜力，促使其适当向交通用地、城镇用地转换。优化建设用地内部结构，是天津市土地集约和节约利用的重点之一。

3.2.2　建设用地变化态势

（1）建设用地总体变化态势

历年建设用地面积变化趋势显示（参见图 3-2），1997~2006 年期间，除了 2004 年因对未办理变更手续的建设用地清查登记幅度增长较大外，其他年份天津市建设用地增长平稳，2006 年后，随着天津滨海新区开发开放，城市化速度加快，建设用地的开发利用进入了较快增长阶段。

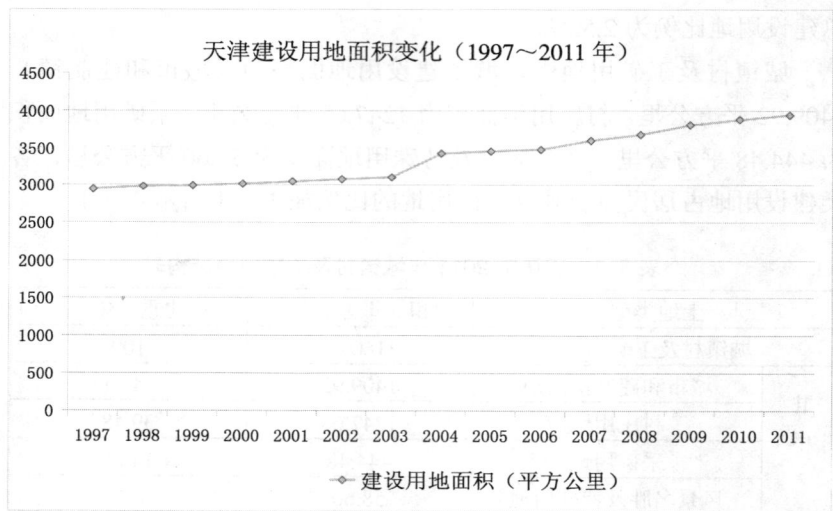

图 3-2　天津市 1997~2011 年建设用地变化趋势图

（2）各类建设用地变化态势

在建设用地增长的过程中，各类建设用地的结构也发生了较大的变化。2009~2011 年，除了采矿用地面积略有下降，从 448.43 平方公里减少至 444.48 平方公里外，其他各类建设用地均处于增加的态势。其中，增长幅度最大的是水域及水利设施用地，由 1619.18 平方公里增加到 2500.66 平方公里，增加了 881.48 公里；其次是城镇用地，由 1213.73 平方公里增加到 1409.92 平方公里，增加了 196.19 平方公里；交通运输用地从 402.96 平方公里增加到 431.99 平方公里，增加了 29.03

平方公里。本应随着城镇化加快而减少的农村居民点用地也呈现出增长态势。村庄用地从 1156.17 平方公里增至 1247.68 平方公里，增加了 91.51 平方公里。分析原因，一方面应该是天津市社会经济发展较快的必然结果，另一方面也是开发区盲目乱建、农村居民点用地管理和整治力度不足等因素造成。

（3）各区县建设用地变化态势

2009~2011 年，整体来看，天津市建设用地面积在 2 年间大约增长了 3.73%，大多数区县建设用地面积保持了不同程度的增长，其中增幅最大的是武清区，建设用地面积从 2009 年的 348.71 平方公里增加为 2011 年的 375.73 平方公里，增幅达到 7.75%，居全市各区县首位。其次是静海县，建设用地面积从 295.12 平方公里增加到 315.87 平方公里，增幅为 7.03%。增幅较低的有市区和滨海新区，滨海新区 2 年间，增幅仅为 1.10%，在天津市所属的区县中，只有市内六区建设用地面积保持不变。各区县的建设用地数值如表 3-2 所示。

表 3-2　天津市各区县建设用地变化情况　（单位：平方公里）

年份 行政名称	2009 年	2010 年	2011 年	2009~2011 年增长量	2009~2011 年增长幅 度（%）
市内六区	181.16	181.16	181.16	0	0.00
滨海新区	1086.24	1089.32	1098.15	11.91	1.10
东丽区	272.64	281.77	284.68	12.04	4.42
西青区	224.50	231.88	237.37	12.87	5.73
津南区	171.75	177.40	178.79	7.04	4.10
北辰区	183.33	189.68	195.09	11.76	6.41
武清区	348.71	359.72	375.73	27.02	7.75
宝坻区	314.57	318.70	326.65	12.08	3.84
宁河县	167.47	173.27	178.20	10.73	6.41
静海县	295.12	307.18	315.87	20.75	7.03
蓟县	306.93	311.87	313.07	6.14	2.00
合计	3552.42	3621.95	3684.76	132.30	3.73

3.3　天津市建设用地节约集约总体水平的变化趋势

建设用地节约集约利用水平的趋势分析是通过对人口发展与城乡建设用地变化、经济发展与建设用地变化的匹配程度，判断评价对象的土地利用趋势类型（即挖潜发展型、集约扩张型、低效扩张型、发展迟滞型和粗放扩张型），并进行相应的分析。

3.3.1　国内生产总值（GDP）与建设用地规模变化关系

1997 年天津市国内生产总值为 1264.63 亿元，其中第二和第三产业产值总计 1195.11 亿元，建设用地地均 GDP 为 4295.95 万元/平方公里。2011 年天津市国内生产总值达到 11307.28 亿元，其中第二和第三产业产值总计 11147.56 亿元，建设用地地均 GDP 为 30686.61 万元/平方公里。2011 年建设用地的地均 GDP 是 1997 年的 2.7 倍，远远高于 1997 年，可见天津市建设用地的利用效益呈现出不断提高的态势。

3.3.2　人口增长与建设用地规模变化的关系分析

1997 年天津市常住人口为 952.59 万人，其中城镇常住人口为 722.5 万人，城镇化率为 72.0%。每平方公里建设用地承载的常住人口规模为 3234 人。2011 年天津市常住人口为 1354.58 万人，其中城镇人口为 1090.44 万人，城镇化率为 80.50%。每平方公里建设用地承载的常住人口规模为 3676 人，增加了 442 人。

综合以上分析可见，天津市经济社会与建设用地变化特征为：随着天津市建设用地的扩张，其产值密度呈现大幅攀升，每平方公里建设用地承载的常住人口有所上升。究其原因在于：近几年天津市产业结构逐步由劳动密集性转向了资本密集型、技术密集型，致使每平方公里承载的经济产出逐渐增大。每平方公里建设用地承载的常住人口有所上升主要是天津经济发展吸引大量外来人口和流动人口进入所致。总之，经济社会的发展，不仅带动了天津市建设用地不断扩张，而且提高了建设用地产出效益和土地集约利用程度（参见图 3-3）。

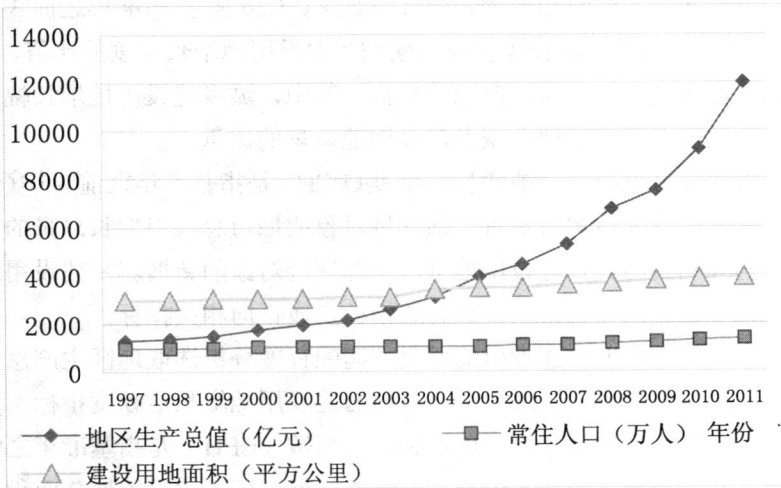

图 3-3　1997~2011 年天津市常住人口、地区生产总值、建设用地变化态势

3.4　天津市区县建设用地节约集约利用趋势和类型

依据《建设用地节约集约利用评价规程》，区县建设用地利用趋势分析的评价对象为部分位于城市建成区的区县。对于天津市来说，主要包括了滨海新区、东丽区、西青区、津南区、北辰区、武清区、宝坻区、宁河县、静海县、蓟县共 10 个区县。

3.4.1　指标的确定与计算

3.4.1.1　评价指标体系的确定

依据《建设用地节约集约利用评价规程》，天津市土地利用趋势分析选取用地弹性指数、贡献比较指数的有关指标，开展人口发展与城乡建设用地变化、经济发展与建设用地变化的匹配程度分析[①]。

（1）人口发展与城乡建设用地变化的匹配程度分析选取人口与城乡建设用地增长弹性系数、人口与城乡建设用地增长贡献度指标。

_____

① 本评价的人口数据采用常住人口，下文如无特殊说明均表示常住人口。

人口与城乡建设用地增长弹性系数（PEI1）是指基准年之前 3 年（含基准年）的人口增长幅度与同期城乡建设用地增长幅度的比值，无量纲，是必选指标，属正向相关指标。其中，城乡建设用地增长幅度是指新增城乡建设用地占城乡建设用地总量的比重。

人口与城乡建设用地增长贡献度（PCI1）是指基准年之前 3 年（含基准年）的总人口增长量占全部评价对象的城市总人口增长总量的比重，与同期新增城乡建设用地量占全部评价对象的新增城乡建设用地量的比重之比值，无量纲，是必选指标，属正向相关指标。

（2）经济发展与建设用地变化的匹配程度分析选取地区生产总值与建设用地弹性系数、地区生产总值与建设用地增长贡献度指标。

地区生产总值与建设用地增长弹性系数（EEI1）是指基准年之前 3 年（含基准年）的地区生产总值增长幅度与同期建设用地总面积增长幅度的比值，无量纲，是必选指标，属正向相关指标。其中，建设用地增长幅度是指新增建设用地占建设用地总量的比重。

地区生产总值与建设用地增长贡献度（ECI1）是指基准年之前 3 年（含基准年）的地区生产总值增长量占全部评价对象的地区生产总值增长总量的比重，与同期新增建设用地量占全部评价对象的新增建设用地量的比重之比值，无量纲，是必选指标，属正向相关指标。

3.4.1.2　评价指标的计算

根据调查结果，对上述指标进行计算，详细结果如表 3-3、表 3-4、表 3-5、表 3-6 所示。

表 3-3 天津市部分区县人口发展与城乡建设用地变化的匹配程度分析表
（弹性指数）

编号	评价对象名称	人口增长量（万人）	人口增长幅度（%）	城乡建设用地增长量（平方公里）	城乡建设用地增长幅度（%）	人口与城乡建设用地增长弹性系数（PEI1）
1	滨海新区	23.49	10.21	7.89	0.78	13.11
2	东丽区	9.54	17.67	9.23	3.86	4.58
3	西青区	19.41	35.47	9.55	5.12	6.93

编号	评价对象名称	人口增长量（万人）	人口增长幅度（%）	城乡建设用地增长量（平方公里）	城乡建设用地增长幅度（%）	人口与城乡建设用地增长弹性系数（PEI1）
4	津南区	8.68	15.99	5.50	3.69	4.34
5	北辰区	15.66	28.59	9.19	6.10	4.69
6	武清区	9.10	9.96	22.88	8.73	1.14
7	宝坻区	6.84	8.97	8.97	3.44	2.61
8	宁河县	3.83	9.75	8.38	7.23	1.35
9	静海县	6.65	10.94	16.19	8.38	1.31
10	蓟县	1.12	1.33	4.82	1.95	0.68

表 3-4 天津市部分区县人口发展与城乡建设用地变化的匹配程度分析表（贡献度指数）

编号	评价对象名称	人口增长量（万人）	人口增长量占全部评价对象的总人口增长量的比重（%）	城乡建设用地增长量（平方公里）	城乡建设用地增长量占全部评价对象的总城乡建设用地增长量的比重（%）	人口与城乡建设用地增长贡献度（PCI1）
1	滨海新区	23.49	22.52	7.89	7.69	2.93
2	东丽区	9.54	6.55	9.23	9.00	0.73
3	西青区	19.41	13.32	9.55	9.30	1.43
4	津南区	8.68	5.96	5.50	5.37	1.11
5	北辰区	15.66	10.75	9.19	8.96	1.20
6	武清区	9.10	6.25	22.88	22.30	0.28
7	宝坻区	6.84	4.70	8.97	8.74	0.54
8	宁河县	3.83	2.63	8.38	8.16	0.32
9	静海县	6.65	4.57	16.19	15.78	0.29
10	蓟县	1.12	0.77	4.82	4.70	0.16

表 3-5　天津市部分区县经济发展与建设用地变化的匹配程度分析表

（弹性指数）

编号	评价对象名称	地区生产总值增长量（万元）	地区生产总值增长幅度（%）	建设用地增长量（平方公里）	地区生产总值增长幅度（%）	地区生产总值与建设用地增长弹性系数（EEI1）
1	滨海新区	23962000	62.88	12.07	8.89	55.88
2	东丽区	1516800	33.62	12.32	9.08	7.34
3	西青区	1395900	30.62	13.25	9.76	5.00
4	津南区	1382800	57.21	7.10	5.23	13.53
5	北辰区	1743000	44.84	12.03	8.86	6.58
6	武清区	1792000	64.85	27.70	20.41	7.33
7	宝坻区	1281300	65.64	12.26	9.03	15.84
8	宁河县	707000	45.83	10.70	7.88	6.62
9	静海县	625400	22.25	21.80	16.06	2.47
10	蓟县	738000	41.86	6.51	4.79	18.04

表 3-6　天津市部分区县经济发展与建设用地变化的匹配程度分析表

（贡献度指数）

编号	评价对象名称	地区生产总值增长量（万元）	地区生产总值增长量占全部评价对象的总地区生产总值增长量的比重（%）	建设用地增长量（平方公里）	建设用地增长量占全部评价对象的总建设用地增长量的比重（%）	地区生产总值与建设用地增长贡献度（ECI1）
1	滨海新区	23962000	68.18	12.07	8.89	7.67
2	东丽区	1516800	4.32	12.32	9.08	0.48
3	西青区	1395900	3.97	13.25	9.76	0.41
4	津南区	1382800	3.93	7.10	5.23	0.75
5	北辰区	1743000	4.96	12.03	8.86	0.56
6	武清区	1792000	5.10	27.70	20.41	0.25
7	宝坻区	1281300	3.65	12.26	9.03	0.40
8	宁河县	707000	2.01	10.70	7.88	0.26
9	静海县	625400	1.78	21.80	16.06	0.11
10	蓟县	738000	2.10	6.51	4.79	0.44

3.4.2　趋势判定方法与结果

3.4.2.1　建设用地利用趋势的判定方法

土地利用趋势类型按照集约程度，从优到劣，依次为：挖潜发展型、集约扩张型、低效扩张型、发展迟滞型和粗放扩张型。土地利用趋势类型的划分标准如表 3-7、表 3-8 所示。

表 3-7　天津市人口发展与城乡建设用地变化匹配程度分析的

土地利用趋势分类标准

原始数据情况	指标值分布	判定的土地利用趋势类型
人口增长，用地减少或不变	PEI1<0 或无结果 PCI1<0 或无结果	挖潜发展型
人口增长，用地增长	同时满足 PEI1≥γ、PCI1≥1	集约扩张型
	其他情形	低效扩张型
人口减少或不变，用地减少或不变	PEI1≥0 或无结果 PCI1≥0 或无结果	发展迟滞型
人口减少或不变，用地增加	PEI1<0；PCI1<0	粗放扩张型
注：PEI1 为人口与城乡建设用地增长弹性系数，PCI1 为人口与城乡建设用地增长贡献度。γ 是指所有评价对象相应指标的平均值和 1 之间的较大值			

表 3-8　天津市经济发展与建设用地变化匹配程度分析的

土地利用趋势分类标准

原始数据情况	指标值分布	判定的土地利用趋势类型
经济增长，用地减少或不变	EEI1<0 或无结果 ECI1<0 或无结果	挖潜发展型
经济增长，用地增长	同时满足 EEI1≥γ、ECI1≥1	集约扩张型
	其他情形	低效扩张型
经济减少或不变，用地减少或不变	EEI1≥0 或无结果 ECI1≥0 或无结果	发展迟滞型
经济减少或不变，用地增加	EEI1<0；ECI1<0	粗放扩张型
注：EEI1 为经济与建设用地增长弹性系数，ECI1 为经济与建设用地增长贡献度。γ 是指所有评价对象相应指标的平均值和 1 之间的较大值			

3.4.2.2　建设用地利用趋势的判定结果

根据人口发展与城乡建设用地变化的匹配程度的计算结果（参见表 3-3、表 3-4），并依据土地利用趋势划分标准，确定滨海新区、西青区、津南区和北辰区为集约扩张型，其他 6 个区县为低效扩张型。

而根据经济发展与建设用地变化的匹配程度的计算结果（参见表 3-5、表 3-6），并依据土地利用趋势划分标准，仅滨海新区为集约扩张型，其他 9 个区县为低效扩张型。

针对出现的人口发展与城乡建设用地变化的匹配程度和经济发展与建设用地变化的匹配程度不一致的问题，项目组主要采取了以下处理方法。

首先，对数据进行分析。主要是对经济发展与建设用地变化的匹配程度的相关数据进行分析。滨海新区 2009 年至 2011 年地区生产总值增长量为 2396.2 亿元，其地区生产总值增长幅度为 62.88%，地区生产总值增长量占全部评价对象总的地区生产总值增长量的比重为 68.18%，都超过了 50%，远远超出其他区县。但是，其 2009 年至 2011 年的建设用地增长幅度为 7.69%，建设用地增长量占全部评价对象的总建设用地增长量的比重为 8.89%，这两项数值在 10 个区县中并不高。因此，造成了滨海新区的地区生产总值与建设用地增长弹性系数（EEI1）和地区生产总值与建设用地增长贡献度（ECI1）远远超过其他区县，从而影响了其他区县土地利用趋势类型的判断。

其次，调整评价方法。针对经济发展与建设用地变化的匹配程度的计算过程进行了调整，先将滨海新区和其他 9 个区县为一组确定了滨海新区的土地利用趋势类型为集约扩张型，再将剩余的 9 个区县组成一组来确定剩余 9 个区县的土地利用趋势类型，评价结果如表 3-9 所示。从表 3-9 中可以判定，津南区、宝坻区和蓟县的土地利用趋势类型为集约扩张型，其他 6 个区县为低效扩张型。

表 3-9　天津市部分区县经济发展与建设用地变化的匹配程度分析表

编号	评价对象名称	地区生产总值与建设用地增长弹性系数（EEI1）	地区生产总值增长量占全部评价对象的总地区生产总值增长量的比重（%）	建设用地增长量占全部评价对象的总建设用地增长量的比重（%）	地区生产总值与建设用地增长贡献度（ECI1）
1	东丽区	7.34	13.56	9.96	1.36
2	西青区	5.00	12.48	10.72	1.16
3	津南区	13.53	12.37	5.74	2.15
4	北辰区	6.58	15.59	9.72	1.60
5	武清区	7.33	16.03	22.40	0.72
6	宝坻区	15.84	11.46	9.91	1.16
7	宁河县	6.62	6.32	8.65	0.73
8	静海县	2.47	5.59	17.63	0.32
9	蓟县	18.04	6.60	5.26	1.25

　　最后，组织专家论证。根据上述分析结果，组织相关专家对土地利用趋势类型进行综合判定。专家一致认为，出现此结果的原因主要包括三个方面：一是滨海新区的经济总量占全市经济总量的比重较高，超过 50%，并且 2009 年至 2011 年的增长幅度也很高，远超过其他区县，而其 2009 年至 2011 年的建设用地和城乡建设用地增长幅度与其他区县相比并不突出。二是《建设用地节约集约利用评价规程》中确定的评价时间段为 2009 年至 2011 年，而宝坻区和蓟县经济总量起点较低，2009 年至 2011 年间发展速度较快，造成其增长幅度较大，从而影响了其弹性指数（EEI1）和贡献度指数（ECI1）的值，结果显示其土地利用趋势类型为集约扩张型，若将时间节点向前延长，则各区县的评价结果会发生改变。三是东丽区人口、经济与其他 3 个环城区相差不大，但是其建设用地和城乡建设用地的总量较大，包含了滨海新区的部分用地，造成其评价结果不理想。最终经专家讨论决定，确定滨海新区、西青区、津南区、北辰区、宝坻区和蓟县的土地利用趋势类型为集约扩张型，其他 4 区县土地利用趋势类型均为低效扩张型，

如表 3-10 所示。

表 3-10　天津市部分区县土地利用趋势类型表

编号	评价对象名称	土地利用趋势类型		
		按人口发展与城乡建设用地变化的匹配程度	按经济发展与建设用地变化的匹配程度	综合判定结果
1	滨海新区	集约扩张型	集约扩张型	集约扩张型
2	东丽区	低效扩张型	低效扩张型	低效扩张型
3	西青区	集约扩张型	低效扩张型	集约扩张型
4	津南区	集约扩张型	集约扩张型	集约扩张型
5	北辰区	集约扩张型	集约扩张型	集约扩张型
6	武清区	低效扩张型	低效扩张型	低效扩张型
7	宝坻区	低效扩张型	集约扩张型	集约扩张型
8	宁河县	低效扩张型	低效扩张型	低效扩张型
9	静海县	低效扩张型	低效扩张型	低效扩张型
10	蓟县	低效扩张型	集约扩张型	集约扩张型

根据以上分析,天津市 10 个部分位于城市建成区区县的土地利用趋势可分为两种类型,其中滨海新区、西青区、津南区、北辰区、宝坻区和蓟县 6 个区县属于集约扩张型,东丽区、武清区、宁河县、静海县 4 个区县均属于低效扩张型。

3.4.2.3　趋势判定结果分析

根据评价指标计算,天津市部分位于城市建成区区县的建设用地和城乡建设用地面积呈明显增长趋势,2009 年至 2011 年 10 个区县建设用地面积共计增长了 135.74 平方公里,增长量超过 20 平方公里的区县有武清区和静海县,增长量分别为 27.70 平方公里和 21.80 平方公里,分别占全市增长总量的 20.41% 和 16.06%,蓟县增长量最小,为 6.50 平方公里,仅占全市增长总量的 2.32%;从增长幅度来看,2009 年至 2011 年 10 个区县建设用地面积平均增幅达到了 5.41%,增幅位于前三位的区县依次为静海县、武清区和宁河县,分别为 9.02%、8.85% 和 6.92%。

2009 年至 2011 年 10 个区县城乡建设用地面积共计增长了 102.59 平方公里，增长量在平均值（10.25 平方公里）以上的区县有 2 个，依次为武清区和静海县，分别为 22.88 平方公里和 16.19 平方公里，占到增长总量的 22.30% 和 15.78%；蓟县增长量最小为 4.82 平方公里。从增长幅度来看，2009 年至 2011 年 10 个区县城乡建设用地面积平均增幅 4.92%，增幅最大的区县为武清区，达到 8.73%。

随着天津市城市化进程的加快、人口的增加和经济的快速发展，对建设用地的需求将继续增加，因此认清当前土地利用发展方向，是解决城市发展用地矛盾的基础和前提。我们通过人口发展与城乡建设用地变化、经济发展与建设用地变化的匹配程度计算，对天津市部分位于城市建成区区县的土地利用趋势进行定性分析（参见图 3-4 和图 3-5）。

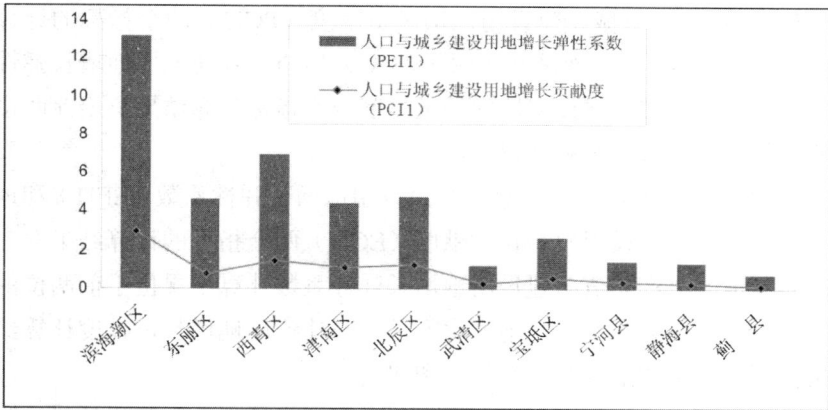

图 3-4　天津市部分区县人口与城乡建设用地增长弹性系数和贡献度

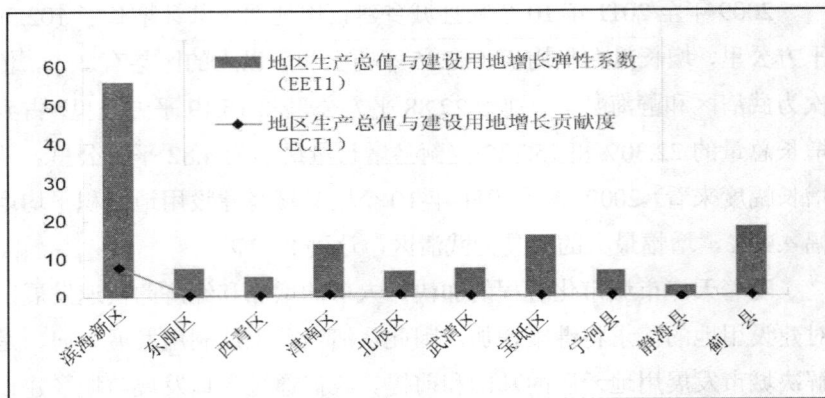

图3-5 天津市部分区县地区生产总值和建设用地增长弹性系数和贡献度

从计算结果来看，10个区县的人口与城乡建设用地增长弹性系数（PEI1）和人口与城乡建设用地增长贡献度（PCI1）两个指标的计算结果基本一致（除津南区和东丽区外），人口与城乡建设用地增长弹性系数和人口与城乡建设用地增长贡献度两个指标计算结果位于前两位的区县均为滨海新区和西青区。

10个区县的地区生产总值与建设用地增长弹性系数（EEI1）和地区生产总值与建设用地增长贡献度（ECI1）两个指标的计算结果存在差异，地区生产总值与建设用地增长弹性系数计算结果位于前两位的区县为滨海新区和蓟县，地区生产总值与建设用地增长贡献度计算结果位于前两位的区县为滨海新区和津南区。

通过以上分析可以看出，天津市10个区县的土地利用均处于扩张状态，即随着人口和经济的增长，用地面积随之增长。但各区县指标数据存在明显差距，滨海新区用地增长弹性系数和用地增长贡献度远高于其他区县，其土地产出水平最高，属于集约扩张型，主要原因在于滨海新区建区以来，特别是被纳入国家发展战略后，经济社会快速发展，综合实力大幅提升，区内几大开发区——天津经济技术开发区（TEDA）、天津港、天津港保税区、滨海高新区、东疆保税港区发展迅猛，经济增长速度明显超过其他区县，从而经济社会发展的各方面指标都大幅度领先于其他区县。

随着天津市经济的发展和人口的增加，土地扩张态势还将保持一段时期，但城市发展不能单纯依靠土地的扩张来满足，人口、经济的发展速度与建设用地的扩张趋势至少应保持一致，或高于建设用地增加速度，因此各区县在现有土地利用方式下应提高土地产出水平，挖掘现有土地资源内在价值，使土地利用向更为集约有效的使用方式发展。

3.5　天津市区县建设用地利用状况判定

土地利用状况分析是在土地利用趋势分析的基础上，按照《建设用地节约集约利用评价规程》的要求选择评价指标，进行分指数指标标准化，计算相关指数，根据指数分值的高低，从大到小，依次将土地利用状况类型分为Ⅰ型、Ⅱ型、Ⅲ型，其相对应的土地集约利用程度由高到低。

依据《建设用地节约集约利用评价规程》，土地利用状况分析的评价对象对天津市来说，包括了和平区、河西区、南开区、河东区、河北区、红桥区 6 个全部位于城市建成区的行政区，以及滨海新区、西青区、津南区、北辰区、东丽区、武清区、宝坻区、宁河县、静海县、蓟县等 10 个部分位于城市建成区的区县。

3.5.1　指标的确定与计算

3.5.1.1　评价指标体系的确定

评价指标是影响区域用地状况评价结果的最核心因素，能够准确全面地反映出区域用地状况的实际情况。依据《建设用地节约集约利用评价规程》，评价对象全部位于城市建成区范围内的评价指标由 3 个必选指标和 2 个备选指标组成；评价对象部分位于城市建成区的评价指标体系由 4 大类指数、8 个分指数和 11 个必选分指数指标、2 个备选分指数指标构成。从所获取的基础数据来看，各区县城市闲置土地和空闲土地大部分为零，或者空白，从资料的可获得性考虑，天津市评价对象全部位于城市建成区和评价对象部分位于城市建成区土地利用状况分析的评价指标体系只选择了必选指标，没有考虑城市综合容积率和城市闲置土地与供应量比率2个备选指标，具体的指标体系分别如表3-11和表3-12所示。

表 3-11　评价对象全部位于城市建成区土地利用状况评价指标体系

指数（代码）	分指数（代码）	分指数指标（代码）
利用强度指数（UII）	人口密度指数（PUII）	城乡建设用地人口密度（PUII1）
	经济强度指数（EUII）	建设用地地均固定资产投资（EUII1）
		建设用地地均地区生产总值（EUII2）
管理绩效指数（API）	城市用地管理绩效指数（ULAPI）	城市土地供应市场化比率（ULAPI1）

表 3-12　评价对象部分位于城市建成区土地利用状况评价指标体系

指数（代码）	分指数（代码）	分指数指标（代码）
利用强度指数（UII）	人口密度指数（PUII）	城乡建设用地人口密度(PUII1)
	经济强度指数（EUII）	建设用地地均固定资产投资（EUII1）
		建设用地地均地区生产总值（EUII2）
增长耗地指数（GCI）	人口增长耗地指数（PGCI）	单位人口增长消耗新增城乡建设用地量（PGCI1）
	经济增长耗地指数（EGCI）	单位地区生产总值耗地下降率（EGCI1）
		单位地区生产总值消耗新增建设用地量（EGCI2）
		单位固定资产投资消耗新增建设用地量（EGCI3）
用地弹性指数（EI）	人口用地弹性指数（PEI）	人口与城乡建设用地增长弹性指数（PEI1）
	经济用地弹性指数（EEI）	地区生产总值与建设用地增长弹性指数（EEI1）
管理绩效指数（API）	城市用地管理绩效指数（ULAPI）	城市土地供应市场化比率（ULAPI1）
		城市批次土地供应比率（ULAPI3）

各指标的计算公式如下：

城乡建设用地人口密度（PUII1）=基准年的总人口规模/基准年的城乡建设用地总面积

建设用地地均固定资产投资（EUII1）=基准年之前 3 年（含基准年）的全社会固定资产投资总额的平均值/基准年的城乡建设用地总面积

建设用地地均地区生产总值（EUII2）=基准年的地区生产总值/基准年的建设用地总面积

单位人口增长消耗新增城乡建设用地量（PGCI1）=基准年的新增城乡建设用地量/基准年的人口增长量

单位地区生产总值耗地下降率（EGCI1）=（基准年前 1 年的单位地区生产总值耗地–基准年的单位地区生产总值耗地）/基准年前 1 年的单位地区生产总值耗地

单位地区生产总值消耗新增建设用地量（EGCI2）=基准年的新增建设用地量/基准年的地区生产总值增长量

单位固定资产投资消耗新增建设用地量（EGCI3）=基准年的新增建设用地量/基准年的全社会固定资产投资总额

人口与城乡建设用地增长弹性系数（PEI1）=基准年之前 3 年（含基准年）的人口增长幅度/同期城乡建设用地增长幅度

地区生产总值与建设用地增长弹性系数（EEI1）=基准年之前 3 年（含基准年）的地区生产总值增长幅度/同期建设用地总面积增长幅度

城市土地供应市场化比率（ULAPI1）=基准年以招标、拍卖、挂牌出让方式出让的城市土地总量/基准年以出让、划拨方式供应的城市土地总量

城市批次土地供应比率（ULAPI3）=基准年之前 3 年（不含基准年）的实际供应城市土地总量/经批次批准允许供应的城市土地总量

3.5.1.2　评价指标标准化

由于数据的单位和量纲不同，为了使数据间具有可比性，需要对原始数据进行标准化处理，消除量纲的影响，将其转化成无量纲、无

数量级差别的标准分，然后再进行分析评价。不同的指标标准化处理方法最终会带来不同的结果,《建设用地节约集约利用评价规程》指出，区域用地状况定量评价的分指数指标值标准化可选择极值标准化或理想值标准化等方法。

极值标准化方法和理想值标准化方法都是常用的数据标准化处理方法。其中，极值标准化方法能够保留原始数据间的关系，缺陷在于当有新数据加入时最大值和最小值可能发生变化。理想值标准化是以评价对象评价时点时的理想状态为基准进行标准化处理。该《规程》在对理想值的确定方法中又提出，原则上指标理想值应选择最大值或最小值，或 1/4 分位数代表，我们认为，这两种处理方法对数据处理结果的排序并不产生影响，因此，天津市建设用地利用状况分析评价中分指数指标标准化选择极值标准化法。计算公式如下：

$$S_{i0} = \frac{a_i - t_i}{a_{max} - a_{min}}$$

其中：

第 S_{i0} 为分指数指标的标准化初始值；

第 a_i 为分指数指标的评价对象实际值；

第 t_i 为分指数指标的评价对象平均值；

第 a_{max} 为分指数指标的评价对象最大值；

第 a_{min} 为分指数指标的评价对象最小值。

（1）对于利用强度指数、管理绩效指数涉及的指标，计算 t_i、a_{max}、a_{min} 时，应涉及所有评价对象；对于增长耗地指数、用地弹性指数涉及的指标，计算 t_i、a_{max}、a_{min} 时，只涉及土地利用趋势类型中低效扩张型、集约扩张型的评价对象。

（2）对指标标准化值的初始值按照以下原则处理，确定各项分指数指标标准化值 S_i，S_i 数值越大，区域用地状况可能越佳。具体原则如下：①S_i 应在-1～1 之间。

②对于正相关指标，$S_i = S_{i0}$；对于反相关指标，$S_i = -S_{i0}$。

③对于增长耗地指数、用地弹性指数涉及的指标，应结合定性分析中土地利用趋势类型进行处理：当评价对象属于发展迟滞型或粗

放扩张型中的一种，S_i 直接赋为-1；当评价对象属于挖潜发展型，S_i 直接赋为 1。

天津市全部位于建成区评价对象的评价指标标准化值结果如表 3-13 所示，部分位于建成区评价对象的评价指标标准化值结果如表 3-14 所示。

表 3-13　全部位于建成区评价对象的评价指标标准化值

编号	评价对象	PUII1	EUII1	EUII2	ULAPI1
1	和平区	0.4996	0.7847	0.7717	0.3457
2	河西区	−0.2175	−0.1882	−0.0471	0.5329
3	南开区	0.0458	−0.2153	−0.1150	0.0649
4	河东区	−0.5004	−0.2100	−0.2283	−0.1584
5	河北区	0.1737	−0.1135	−0.1534	−0.4671
6	红桥区	−0.0011	−0.0578	−0.2279	−0.3179

表 3-14　部分位于建成区评价对象的评价指标标准化值

编号	评价对象	PUII1	EUII1	EUII2	PGCI1	EGCI1	EGCI2	EGCI3	PEI1	EEI1	ULAPI1	ULAPI3
1	滨海新区	−0.4761	0.6620	0.7355	−0.0393	0.0819	0.4702	0.3455	0.7269	0.7867	0.2548	−0.3602
2	东丽区	−0.4388	−0.1387	−0.0023	0.4229	−0.5598	0.1739	0.2156	0.0409	−0.1222	0.0232	−0.0783
3	西青区	0.1998	0.0971	0.0910	0.2074	−0.5625	−0.0706	0.0825	0.2301	−0.1659	−0.6239	−0.0902
4	津南区	0.3485	0.2650	0.0035	0.4662	0.4159	0.4148	0.3174	0.0214	−0.0062	−0.1314	0.3187
5	北辰区	0.5239	0.1458	0.1719	−0.0034	−0.1514	0.1160	0.0638	0.0495	−0.1364	0.1426	−0.3721
6	武清区	0.0664	−0.2396	−0.1685	−0.4208	0.2994	−0.5298	−0.6545	−0.2360	−0.1223	−0.5169	−0.2580
7	宝坻区	−0.1673	−0.3381	−0.2278	−0.1030	0.4375	−0.1985	−0.2638	−0.1177	0.0369	0.1185	−0.0034
8	宁河县	0.0364	0.0675	−0.1635	−0.5338	0.3795	−0.1321	−0.0470	−0.2193	−0.1355	0.3761	0.1575
9	静海县	−0.0926	−0.2318	−0.1752	−0.3829	−0.0709	−0.4776	−0.3606	−0.2228	−0.2133	0.2688	0.0581
10	蓟县	−0.0004	−0.2891	−0.2645	0.3868	−0.2697	0.2338	0.3012	−0.2731	0.0781	0.0882	0.6279

3.5.1.3　评价指标权重的确定

权重是综合评价中的关键点之一，它直接影响到评估的科学性。确定权重的方法有很多，如德尔菲法（Delphi）、层次分析法、相关系数法、主成分分析法和因子分析法等，总体上可以概括为两大类，即主观赋权法和客观赋权法。主观赋权法主要依靠专家对各种指标重要性的了解来对指标赋予权重，客观赋权法则是通过数理的运算来获得指标的信息权重。客观赋权法虽然避免了人为的主观因素，但这种赋权方法依赖于实际的问题域，因而通用性和决策人的可参与性较差，没有考虑决策人的主观意向，且计算方法大都比较繁锁。大部分人认为采用单一方法定权，受赋权方法的影响容易造成偏移，建议采用组合的方法进行赋权。《规程》中提出权重确定方法有德尔菲法、因素成对比较法、层次分析法等方法。以主观赋权法为主，本次评价将德尔菲法和因素成对比较法两种方法相结合，并经专家讨论确定最终的指标权重。

在德尔菲法评价中，我们邀请 25 位熟悉天津市经济社会发展状况和土地利用状况的相关专家判断评价指标的权重。调查采用现场打分方式。将所有专家第一轮权重打分表填好收回后，整理专家们的意见。求出每一项指标的权重值均值，同时求出每一位专家给出的权重值与均值的偏差，然后将第一轮的权重值均值和方差反馈给各位专家，进行第二轮权重打分。由此得到对某一指标权重值的看法趋向一致的比较可靠的权重值分配结果。

而因素成对比较法即通过对所选评价指标进行相对重要性两两比较、赋值，计算权重值。实施要求：（1）比较结果要符合 A 指标大于 B 指标，B 指标大于 C 指标，A 指标也大于 C 指标的关系；（2）指标的赋值应在 0～1 之间，且两两比较的指标赋值之和等于 1。全部和部分位于建成区评价对象的评价指数、指标权重分别如表 3-15、表 3-16所示。

表 3–15　全部位于建成区评价对象的评价指数、指标权重表

指数	分指数	分指数指标
利用强度指数（0.64）	人口密度指数（0.46）	城乡建设用地人口密度（1）
	经济强度指数（0.54）	建设用地地均固定资产投资（0.41）
		建设用地地均地区生产总值（0.59）
管理绩效指数（0.36）	城市用地管理绩效指数（1）	城市土地供应市场化比率（1）

表 3–16　部分位于建成区评价对象的评价指数、指标权重表

指数	分指数	分指数指标
利用强度指数（0.36）	人口密度指数（0.42）	城乡建设用地人口密度(1)
	经济强度指数（0.58）	建设用地地均固定资产投资（0.47）
		建设用地地均地区生产总值（0.53）
增长耗地指数（0.31）	人口增长耗地指数（0.45）	单位人口增长消耗新增城乡建设用地量（1）
	经济增长耗地指数（0.55）	单位地区生产总值耗地下降率（0.41）
		单位地区生产总值消耗新增建设用地量（0.33）
		单位固定资产投资消耗新增建设用地量（0.26）
用地弹性指数（0.17）	人口用地弹性指数（0.38）	人口与城乡建设用地增长弹性指数（1）
	经济用地弹性指数（0.62）	地区生产总值与建设用地增长弹性指数（1）
管理绩效指数（0.16）	城市用地管理绩效指数（1）	城市土地供应市场化比率（0.56）
		城市批次土地供应比率（0.44）

3.5.1.4　评价总指数、指数、分指数的计算

根据指标标准化值及指数、分指数和指标的权重计算总指数、指数和分指数，详细结果如表 3-17 和表 3-18 所示。

表 3–17　全部位于建成区评价对象的评价总指数、指数和分指数计算结果

编号	评价对象	分指数			指数		总指数
		人口密度指数	经济强度指数	城市用地管理绩效指数	利用强度指数	管理绩效指数	
1	和平区	49.96	77.78	34.57	66.09	34.57	54.75
2	河西区	−21.75	−11.34	53.29	−15.71	53.29	9.13
3	南开区	4.58	−16.21	6.49	−7.48	6.49	−2.45
4	河东区	−50.04	−21.97	−15.84	−33.76	−15.84	−27.31
5	河北区	17.37	−13.46	−46.71	−0.51	−46.71	−17.15
6	红桥区	−0.11	−14.80	−31.79	−8.63	−31.79	−16.97

表 3-18　部分位于建成区评价对象的评价总指数、指标和分指数计算结果

编号	评价对象	分指数							指数				总指数
		人口密度指数	经济强度指数	人口增长耗地指数	经济增长耗地指数	人口用地弹性指数	经济地弹性指数	城市用地管理绩效指数	利用强度指数	增长耗地指数	用地弹性指数	管理绩效指数	
1	滨海新区	-47.61	70.09	-3.93	27.86	72.69	78.67	-1.58	20.66	13.55	76.40	-1.58	24.37
2	东丽区	-43.88	-6.64	42.29	-11.61	4.09	-12.22	-2.14	-22.28	12.64	-6.02	-2.14	-5.47
3	西青区	19.98	9.39	20.74	-23.25	23.01	-16.59	-38.91	13.84	-3.46	-1.55	-38.91	-2.58
4	津南区	34.85	12.64	46.62	38.99	2.14	-0.62	6.67	21.97	42.43	0.43	6.67	22.20
5	北辰区	52.39	15.96	-0.34	-0.72	4.95	-13.64	-8.39	31.26	-0.55	-6.57	-8.39	8.62
6	武清区	6.64	-20.19	-42.08	-22.22	-23.60	-12.23	-40.30	-8.92	-31.16	-16.55	-40.30	-22.13
7	宝坻区	-16.73	-27.96	-10.30	4.53	-11.77	3.69	6.49	-23.24	-2.14	-2.18	6.49	-8.37
8	宁河县	3.64	-5.49	-53.38	9.98	-21.93	-13.55	27.99	-1.66	-18.53	-16.73	27.99	-4.71
9	静海县	-9.26	-20.18	-38.29	-28.04	-22.28	-21.33	17.61	-15.59	-32.66	-21.69	17.61	-16.61
10	蓟县	-0.04	-27.61	38.68	4.49	-27.31	7.81	32.57	-16.03	19.88	-5.54	32.57	4.66

3.5.2　建设用地利用状况判定过程与结果

3.5.2.1　判定方法

（1）依据《建设用地节约集约利用评价规程》，土地利用状况分类是根据有关指数分值的高低，从大到小，依次将其对应的土地集约利用程度由高到低划分为Ⅰ型、Ⅱ型、Ⅲ型、Ⅳ型等不同的利用类型，土地利用状况类型划分原则上控制在 3~5 类。

土地利用状况类型的确定，可选择数轴法、总分频率曲线法对评价对象总指数、指数进行分值区段划分。其中，数轴法将有关指数值点绘在数轴上，按土地利用效果的实际状况，选择点数稀少处作为分值区段的分界点。总分频率曲线法则是对有关指数值进行频率统计，绘制频率直方图，按土地利用效果的实际状况，选择频率曲线波谷处作为分值区段的分界点。

（2）由于天津市评价对象的数量有限，天津市区域建设用地利用状况的判定中，选择使用数轴法和总分频率曲线法两种方法结合来确

定土地利用类型，并且将土地利用状况分类控制在三种类型内。对于两种方法存在的差异，通过分析差异原因，结合专家咨询等方式予以判别确定。

（3）依据《建设用地节约集约利用评价规程》，选择聚类分析方法对评价对象的土地利用类型进行校核，确定各评价对象的土地利用类型。

3.5.2.2　判定的数据分析过程

对天津市评价对象的分指数、指数和总指数利用数轴法、总分频率曲线法两种方法进行数据分析，结果如图 3-6、图 3-7、图 3-8、图 3-9、图 3-10、图 3-11 所示。

（1）分指数图

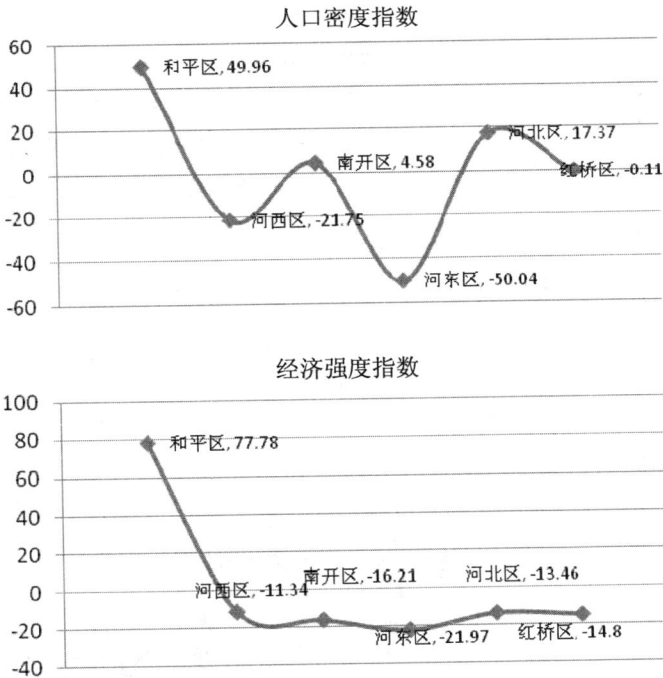

城市用地管理绩效指数

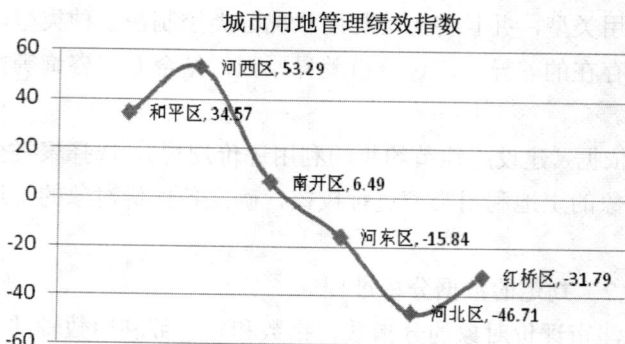

图3-6 全部位于建成区的评价对象分指数图

人口密度指数

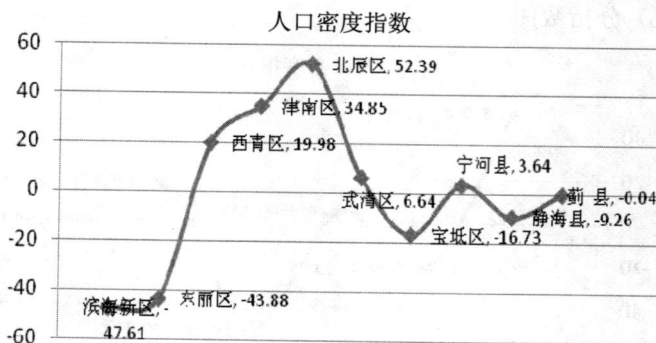

经济强度指数

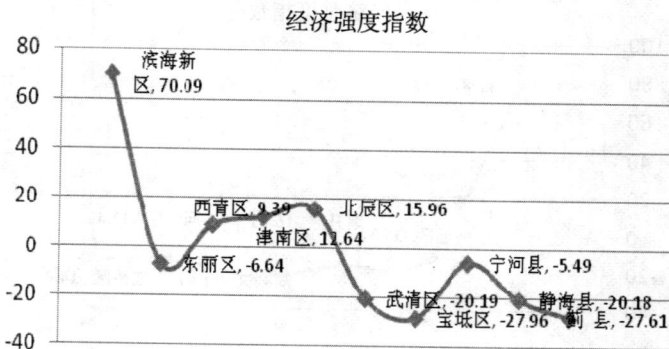

人口增长耗地指数

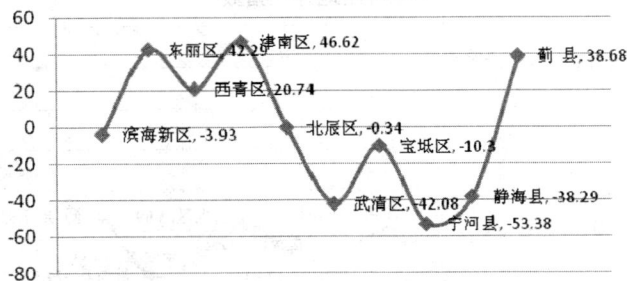

东丽区, 42.29　津南区, 46.62

西青区, 20.74

北辰区, -0.34

滨海新区, -3.93

宝坻区, -10.3

武清区, -42.08　静海县, -38.29

宁河县, -53.38

蓟县, 38.68

经济增长耗地指数

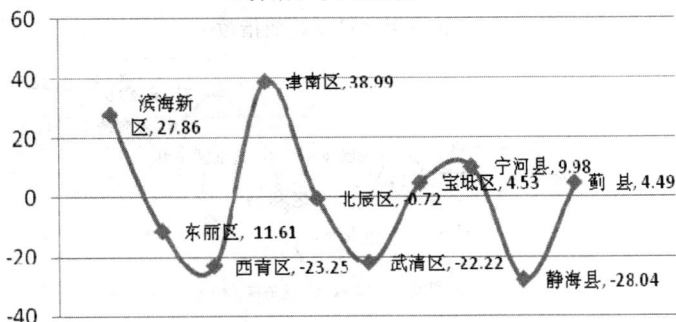

滨海新区, 27.86

津南区, 38.99

东丽区, 11.61

西青区, -23.25

北辰区, 0.72

武清区, -22.22

宝坻区, 4.53

宁河县, 9.98

蓟县, 4.49

静海县, -28.04

人口用地弹性指数

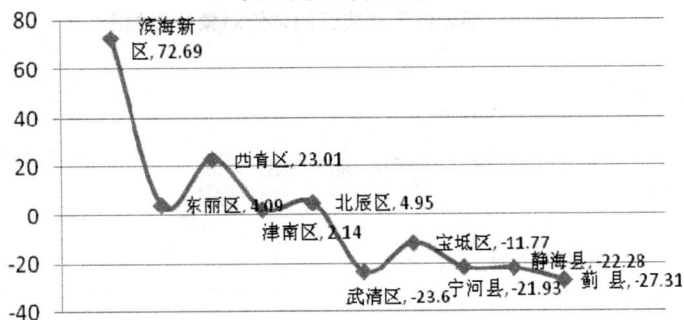

滨海新区, 72.69

西青区, 23.01

东丽区, 4.09

北辰区, 4.95

津南区, 2.14

宝坻区, -11.77

武清区, -23.6

宁河县, -21.93

静海县, -22.28

蓟县, -27.31

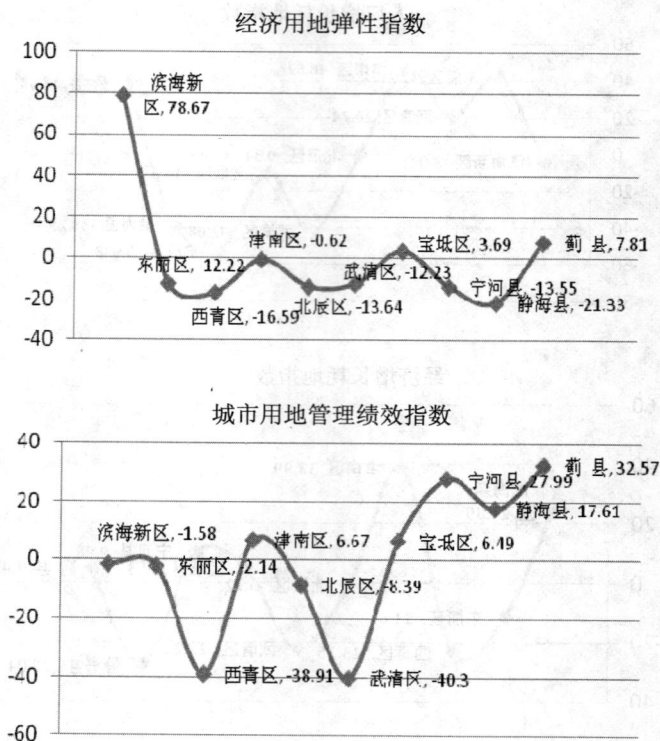

图 3-7　部分位于建成区的评价对象分指数图

（2）指数图

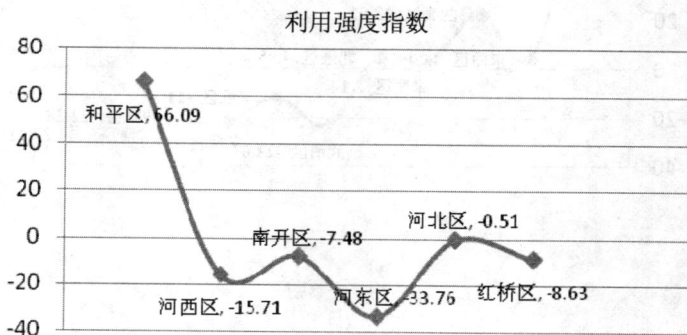

管理绩效指数

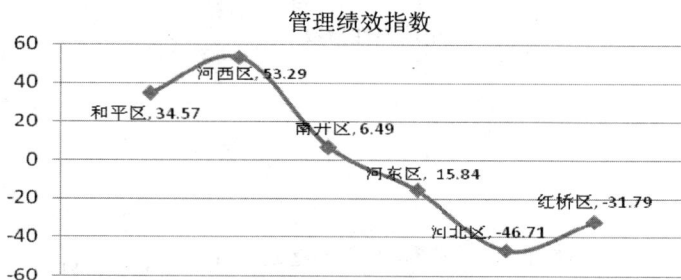

和平区，34.57
河西区，53.29
南开区，6.49
河东区，15.84
河北区，-46.71
红桥区，-31.79

图 3-8　全部位于建成区的评价对象指数图

利用强度指数

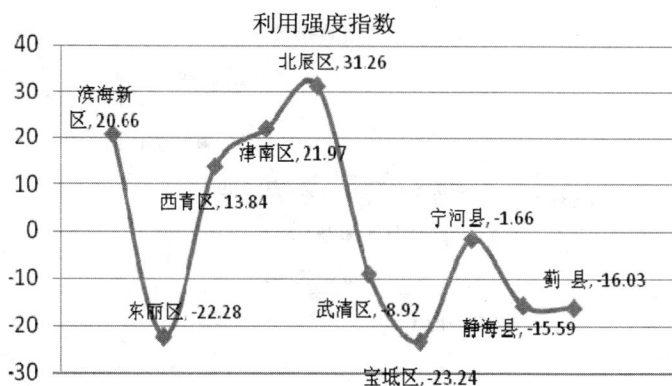

滨海新区，20.66
北辰区，31.26
津南区，21.97
西青区，13.84
宁河县，-1.66
东丽区，-22.28
武清区，-8.92
蓟县，-16.03
静海县，-15.59
宝坻区，-23.24

增长耗地指数

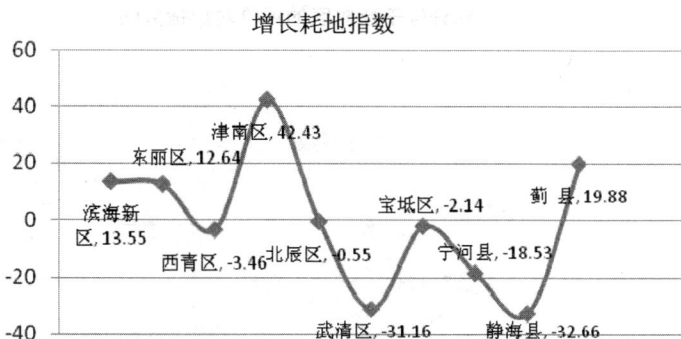

东丽区，12.64
津南区，42.43
宝坻区，-2.14
蓟县，19.88
滨海新区，13.55
西青区，-3.46
北辰区，0.55
宁河县，-18.53
武清区，-31.16
静海县，-32.66

用地弹性指数

管理绩效指数

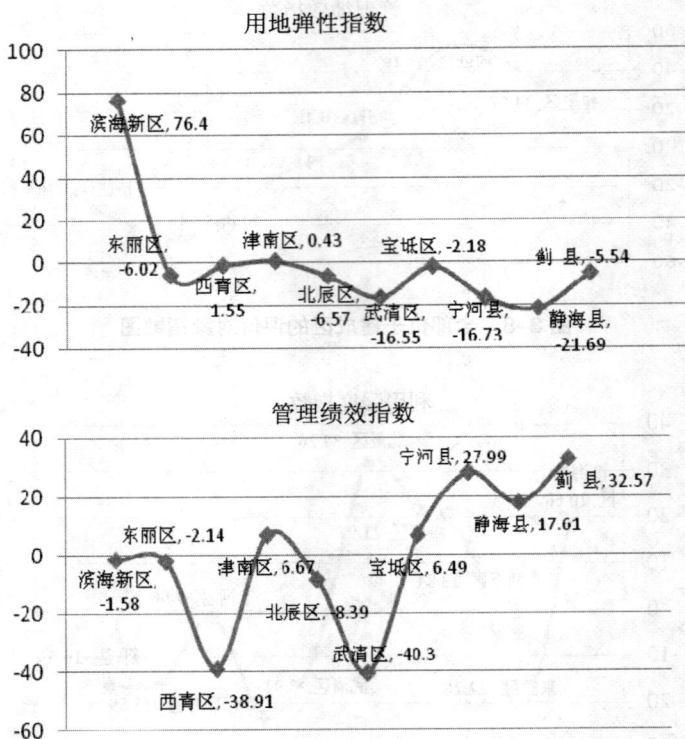

图 3-9　部分位于建成区的评价对象指数图

（3）总指数图

总指数

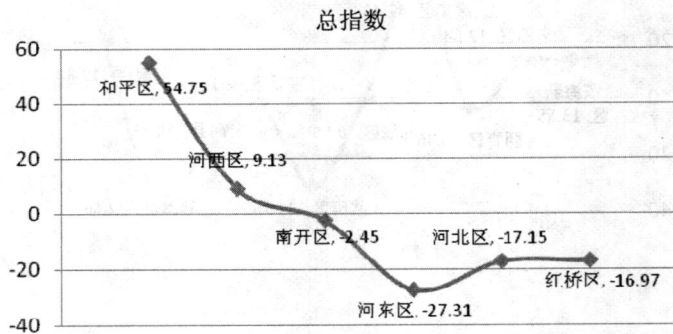

图 3-10　全部位于建成区的评价对象总指数图

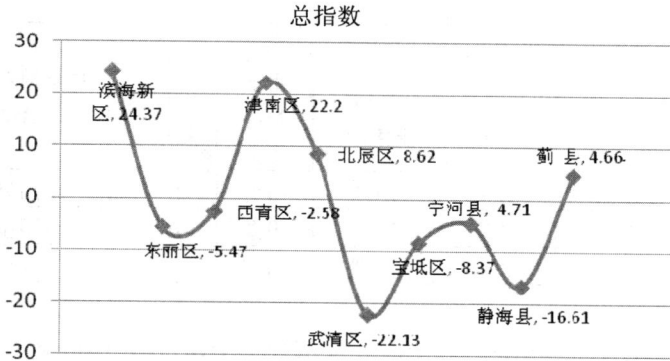

图 3-11 部分位于建成区的评价对象总指数图

3.5.2.3 综合判定分类结果

通过上述对建设用地利用状况的判别分析，天津市各区县土地利用状况的判断结果如表 3-19 所示。

表 3-19 区域用地状况评价的综合类型汇总表

编号	评价对象名称	各指数对应的类型				总指数对应的综合类型
		利用强度指数	增长耗地指数	用地弹性指数	管理绩效指数	
1	和平区	Ⅰ型	–	–	Ⅰ型	Ⅰ型
2	河西区	Ⅱ型	–	–	Ⅰ型	Ⅱ型
3	南开区	Ⅱ型	–	–	Ⅰ型	Ⅱ型
4	河东区	Ⅲ型	–	–	Ⅱ型	Ⅲ型
5	河北区	Ⅱ型	–	–	Ⅲ型	Ⅲ型
6	红桥区	Ⅱ型	–	–	Ⅱ型	Ⅱ型
7	滨海新区	Ⅰ型	Ⅱ型	Ⅰ型	Ⅱ型	Ⅰ型
8	东丽区	Ⅲ型	Ⅱ型	Ⅲ型	Ⅱ型	Ⅲ型
9	西青区	Ⅰ型	Ⅲ型	Ⅲ型	Ⅲ型	Ⅱ型
10	津南区	Ⅰ型	Ⅰ型	Ⅱ型	Ⅱ型	Ⅰ型
11	北辰区	Ⅰ型	Ⅱ型	Ⅱ型	Ⅱ型	Ⅱ型
12	武清区	Ⅱ型	Ⅲ型	Ⅲ型	Ⅲ型	Ⅲ型
14	宝坻区	Ⅲ型	Ⅲ型	Ⅲ型	Ⅱ型	Ⅲ型

续表

编号	评价对象名称	各指数对应的类型				总指数对应的综合类型
		利用强度指数	增长耗地指数	用地弹性指数	管理绩效指数	
14	宁河县	Ⅱ型	Ⅲ型	Ⅲ型	Ⅱ型	Ⅲ型
15	静海县	Ⅱ型	Ⅲ型	Ⅲ型	Ⅱ型	Ⅲ型
16	蓟县	Ⅱ型	Ⅰ型	Ⅲ型	Ⅰ型	Ⅱ型

对全部位于建成区（6个区）和部分位于建成区（10个区县）分两组分别进行判定，土地利用状况判定结果共包括三种类型，评价对象最终判定的综合类型分别是：和平区、滨海新区2个区为土地集约利用程度Ⅰ型，河西区、南开区、红桥区、西青区、津南区、北辰区、蓟县7个区县为土地集约利用程度Ⅱ型，河东区、河北区、东丽区、武清区、宝坻区、宁河县和静海县7个区县为土地集约利用程度Ⅲ型。

3.5.3 天津市建设用地利用状况判定结果分析

3.5.3.1 全部位于建成区评价对象分析

对于全部位于建成区的6个区，区域建设用地的人口密度指数和经济强度指数排序一致的有排在第一位的和平区和第四位的红桥区，反映出这2个区不仅土地集约利用的程度较高，而且土地经济效益和社会效益的发展比较协调；两个分指数排位差别最大的是河西区，经济强度指数位于第二位，而人口密度指数排在第五位，说明区域发展中的经济功能较强大，人口承载能力较弱；而河东区无论是人口密度指数还是经济强度指数均处于末位，在经济发展和人口承载功能上都处于较差的水平。

管理绩效指数上，全部位于建成区的6个区只从城市土地供应的市场化比率方面进行了评价。天津市管理绩效指数与利用强度指数排位表现出不一致的状况，管理绩效指数最高的河西区，利用强度指数位于第五；而管理绩效指数位于末位的河北区，利用强度指数位于第二位。

从整体上来看，6 个区的土地利用强度较高，6 个区中城乡建设用地的人口密度和建设用地的地均生产总值最低的河东区，也分别达到了每平方公里 2.11 万人和 60303.82 万元。其中，和平区在 6 个区中土地面积最小，但地均产值和人口密度最高，每平方公里的人口密度高出排名第二的河北区 3000 人，地均产值高出排名第二的河西区 423945 万元，是其产值的 3.75 倍，是天津市人口和经济核心。其利用强度指数被判定为Ⅰ型，管理绩效指数判定为Ⅱ型，总指数的判定也为Ⅰ型，在全部位于建成区的 6 个评价对象中集约程度最高。

3.5.3.2　部分位于建成区评价对象的分析

对于部分位于建成区的 10 个区，区域建设用地的人口密度指数和经济强度指数排序一致的有排在第五位的宁河县和位于第七位的静海县，滨海新区以人口密度最低、经济强度最高，表现出人口承载与经济发展的不协调。

增长耗地指数主要反映社会经济消耗的新增建设用地状况。本此评价体系通过用人口增长耗地、经济增长耗地两项指数来评价增长耗地指数。总体上增长耗地指数位列前三位的依次为津南区、蓟县和滨海新区，后三位的依次是静海县、武清区和宁河县。其中，人口增长耗地指数位于前三位的是津南区、东丽区和蓟县，后三位的依次是宁河县、武清区和静海县；经济增长耗地指数位于前三位的是津南区、滨海新区和宁河县，后三位的依次是静海县、西青区和武清区。

用地的弹性指数上，滨海新区人口弹性指数和经济弹性指数均排为第一，表现出人口增长和地区生产总值的增长与城乡建设用地增长比较协调；蓟县人口用地弹性指数与经济用地弹性指数排位差别最大，经济用地弹性指数位列第二，而人口用地弹性指数位列第十位；宁河县和静海县人口和经济用地弹性指数均排在较靠后的位置，未来会进一步降低人口密度指数和经济强度指数在 10 个区中的排位。

管理绩效指数上，部分位于建成区的 10 个区从城市土地供应的市场化比率和城市批次土地供应比率两个方面进行了评价。天津市管理绩效指数与利用强度指数排位同样表现出不一致的状况，管理绩效指数列前五位的是蓟县、宁河县、静海县、津南区和宝坻区；而利用强度指数位于后五位的是宝坻区、东丽区、蓟县、静海县和武清区。

滨海新区在利用强度指数和用地弹性指数三个方面的判定为 I 型，增长耗地指数和管理绩效指数的判定为 II 型，总指数的判定也为 I 型，在部分位于建成区的 10 个评价对象中集约程度最高。

天津市环城四区中西青区、津南区和北辰区 3 个区的集约程度相对较高，3 个区的利用强度指数的判定均为 I 型，总指数的判定均为 II 型。东丽区的集约程度利用强度指数、用地弹性指数和总指数三个方面的判定均为 III 型，集约程度相对较低。产生这种结果的原因一方面是由于东丽区的一些重大项目建设用地已经确定（如机场项目等）但是经济效益还未完全发挥；另一方面是统计原因，建设用地计算在东丽区而经济数据统计为滨海新区，而造成东丽区在指数计算上存在偏差。

蓟县在增长耗地指数和管理绩效指数两个方面的判定为 I 型，在经济强度指数和用地弹性指数两个方面分别被判定为 II 型、III 型，总指数的判定为 II 型，产生这种结果的原因是，蓟县近几年的经济增长速度远高于建设用地的增长速度，且前期的经济总量较低，因此在一些指数（增长耗地指数、用地弹性指数）计算上占有优势。

3.5.3.3 综合分类结果

综合以上的用地趋势分析和用地状况分析，最终的判定结果如表 3-20 所示。

表 3-20 区域用地状况评价的类型汇总表

编号	评价对象名称	土地利用趋势类型		土地利用状况类型（各指数与总指数对应类型）					判定的综合类型
		土地利用趋势类型（人口）	土地利用趋势类型（经济）	利用强度指数	增长耗地指数	用地弹性指数	管理绩效指数	总指数	
1	和平区	—	—	I 型	—	—	I 型	I 型	I 型
2	河西区	—	—	II 型	—	—	I 型	II 型	II 型
3	南开区	—	—	II 型	—	—	I 型	II 型	II 型
4	河东区	—	—	III 型	—	—	II 型	III 型	III 型
5	河北区	—	—	II 型	—	—	III 型	III 型	III 型

续表

编号	评价对象名称	土地利用趋势类型		土地利用状况类型（各指数与总指数对应类型）					判定的综合类型
		土地利用趋势类型（人口）	土地利用趋势类型（经济）	利用强度指数	增长耗地指数	用地弹性指数	管理绩效指数	总指数	
6	红桥区	－	－	Ⅱ型	－	－	Ⅱ型	Ⅱ型	Ⅱ型
7	滨海新区	集约扩张型	集约扩张型	Ⅰ型	Ⅱ型	Ⅰ型	Ⅱ型	Ⅰ型	集约扩张、Ⅰ型
8	东丽区	低效扩张型	低效扩张型	Ⅲ型	Ⅱ型	Ⅲ型	Ⅱ型	Ⅲ型	低效扩张、Ⅲ型
9	西青区	集约扩张型	低效扩张型	Ⅰ型	Ⅲ型	Ⅱ型	Ⅱ型	Ⅱ型	集约扩张、Ⅱ型
10	津南区	集约扩张型	集约扩张型	Ⅰ型	Ⅰ型	Ⅱ型	Ⅱ型	Ⅱ型	集约扩张、Ⅱ型
11	北辰区	集约扩张型	低效扩张型	Ⅰ型	Ⅱ型	Ⅲ型	Ⅱ型	Ⅱ型	集约扩张、Ⅱ型
12	武清区	低效扩张型	低效扩张型	Ⅱ型	Ⅲ型	Ⅲ型	Ⅱ型	Ⅲ型	低效扩张、Ⅲ型
14	宝坻区	低效扩张型	集约扩张型	Ⅲ型	Ⅲ型	Ⅲ型	Ⅱ型	Ⅲ型	集约扩张、Ⅲ型
14	宁河县	低效扩张型	低效扩张型	Ⅱ型	Ⅲ型	Ⅲ型	Ⅲ型	Ⅲ型	低效扩张、Ⅲ型
15	静海县	低效扩张型	低效扩张型	Ⅱ型	Ⅲ型	Ⅲ型	Ⅱ型	Ⅲ型	低效扩张、Ⅲ型
16	蓟县	低效扩张型	集约扩张型	Ⅱ型	Ⅰ型	Ⅲ型	Ⅰ型	Ⅱ型	集约扩张、Ⅱ型

　　结合上面的数据分析，对各个区未来在提高土地节约集约利用水平上得到如下的结论和建议。

　　和平区承担着天津市中心商业区和中央金融商务区的重要职能，土地利用的强度在天津市处于首位，未来发展中和平区要进一步提高管理绩效的水平；河西区发展中要注意居住与经济功能的协调发展，增强吸引人口的居住功能；河北区强化土地的市场化水平；南开区侧重提高土地利用的经济强度；河东区和红桥区发展重点放在提高人口密度和经济强度上。

滨海新区下辖 3 个城区和 9 个产业功能区，是"十一五"期间国家重点建设区域。"十一五"期间重点发展了南港工业区、临港经济区、中心商务区、北塘经济区等功能区，引进了百万吨乙烯、千万吨炼油、空客 A320 总装线、中航直升机总装基地、新一代运载火箭、300 万吨造修船、和谐型大功率机车等重点建设项目。整体土地利用效率较高。但是由于区域面积较大，建设用地面积占全市建设用地约 31%，区域的开发利用强度低于全部位于建成区的 6 个区，目前正处于集约扩张发展的态势，未来发展中要进一步提高管理绩效的水平，注意协调好社会与经济发展的关系。

环城 4 区中，建议西青区和北辰区侧重提高管理绩效；东丽区增强土地的经济效益，遏制低效扩张发展的趋势；津南区努力降低增长的耗地指数。

外围区县建议，武清区、宁河县、静海县充分挖潜建设用地的潜力，遏制低效扩张的趋势；宝坻区和蓟县努力提升土地利用的强度。

3.6　反思与建议

我国区县土地节约集约利用评价体系处在一个不断探索的过程中，虽然在《建设用地节约集约利用评价规程》（TD/T 1018-2008）中提出了区县建设用地的评价方法，但是尚未形成一套标准的指标体系和广泛应用的评价方法。因此，除了 2008 年颁布的该《规程》外，为了进一步贯彻落实党中央、国务院关于资源节约集约利用的重大战略部署，逐步健全节约集约用地评价与考核制度，国家和地方对于区县土地节约集约利用又陆续出台了大量的考核评价体系。这里我们先整理相关的评价指标体系，然后通过与该《规程》的比较和对实践的反思，提出相关的建议。

3.6.1　国家和地方区县建设用地节约集约利用的考核评价体系建设

3.6.1.1　国家层面的区县土地节约集约利用考核评价体系

国家层面区县土地节约集约利用考核的文件主要有两个：《单位GDP和固定资产投资规模增长的新增建设用地消耗考核办法》和《国土资源节约集约模范县考核体系评价体系》。

（1）单位GDP和固定资产投资规模增长的新增建设用地消耗考核办法

为贯彻落实党的十七届三中全会实行最严格的节约用地制度和《国务院关于促进节约集约用地的通知》（国发〔2008〕3 号）的有关精神，2009 年 2 月国土资源部、发展改革委、统计局联合颁布了《单位GDP和固定资产投资规模增长的新增建设用地消耗考核办法》（国土资发〔2009〕12 号）。该考核的内容为单位GDP和固定资产投资规模增长的新增建设用地消耗，由 2 个一级指标和 6 个二级指标组成（参见表 3-21）。其中，集约用地水平区域位次指标权重为 65%，集约用地水平年度变化指标权重为 35%。

表 3-21　三部委新增建设用地消耗考核指标体系

序号	一级指标	二级指标
1	集约用地水平区域位次指标	单位 GDP 耗地下降率
2		单位 GDP 增长消耗新增建设用地量
3		单位固定资产投资消耗新增建设用地量
4	集约用地水平年度变化指标	单位 GDP 耗地下降率
5		单位 GDP 增长消耗新增建设用地下降率
6		单位固定资产投资消耗新增建设用地下降率

资料来源：根据国土资源部、发展改革委、统计局联合颁布的《单位 GDP 和固定资产投资规模增长的新增建设用地消耗考核办法》（国土资发〔2009〕12 号）整理。

显然，该考核办法只是一个对新增建设用地经济效益的考核，是对土地资源节约集约问题局部的、专项性的考核。

（2）国土资源节约集约模范县考核体系

为了深入贯彻科学发展观，推动经济发展方式转变，破解资源管理难题，落实共同责任机制，2010年国土资源部在全国开展国土资源节约集约模范县（市）创建活动，并于2012年9月启动了第二届国土资源节约集约模范县（市）评选活动。为保障创建活动考核工作的公平、公正，达到以评促建的目的，出台了国土资源节约集约模范县（市）指标标准体系，该体系共包括核心指标、一般性指标和综合性指标三大类考核指标。在对土地资源节约集约利用的考核中，分Ⅰ类和Ⅱ类两类地区，采用核心指标、一般性指标和综合性指标三类指标进行评价。对于主要为农用地、建设用地和未利用地的县（市）所组成的Ⅰ类地区，重点考核存量建设用地的挖潜状况和新增建设用地的利用状况；而对主要为建设用地，基本没有农用地和未利用地的县级区（包括直辖市、副省级城市、地级市所辖的区）所构成的Ⅱ类地区重点考核存量建设用地的利用和挖潜状况。其考核体系如表3-22和表3-23所示。

表3-22　Ⅰ类地区土地资源节约集约利用评价考核指标体系

序号	指标属性	考核项目	指标名称	指标内涵
1	核心指标（权重0.60）	土地利用效率（权重0.60）	建设用地地均GDP	反映建设用地经济承载强度
			建设用地地均GDP增长率	反映建设用地经济承载强度的变化
			新增建设用地地均固定资产投资	反映投资增长消耗的新增建设用地状况
			土地供应率	反映批准供应土地实际供应状况
			土地有偿使用率	反映年度供应土地的有偿使用状况
			土地招拍挂率	反映土地供应的市场化水平

序号	指标属性	考核项目	指标名称	指标内涵
2	一般性指标（权重 0.20）	土地规划执行度（权重 0.08）	公众参与规划编制情况	反映规划编制中将规划方案公开征求社会公众意见的情况
			规划信息公开情况	反映规划经依法批准后，及时通过新闻媒体进行全文公开，进行宣传的情况
			规划实施情况	反映规划经依法批准后，是否严格按照规划实施，一年之内是否进行调整
			土地利用年度计划执行情况	反映新增建设用地总量、新增建设占用农用地、新增建设占用耕地 3 项指标是否全部控制在国家逐级下达的土地利用年度计划指标内
3		耕地保护效率（权重 0.06）	耕地保护情况	反映耕地保有量是否控制在指标内，包括耕地保护规划执行情况和耕地增减变化情况
			永久性基本农田保护情况	反映基本农田保护规划执行情况、基本农田依法占用和补划情况
			耕地占补平衡情况	反映耕地占补平衡情况
4		土地执法效率（权重 0.06）	巡查发现情况	反映是否能够及时发现违法行为并及时处理
			违法严重程度	反映土地监管水平
			案件查处情况	反映违法结案率
5	综合性指标（权重 0.20）	行动测评（权重 0.20）	领导机制	反映领导机构建设情况，包括领导机构完备度和主要领导重视度
			方案设计	反映方案设计情况，包括实施方案完备度和实施方案落实率

序号	指标属性	考核项目	指标名称	指标内涵
5	综合性指标（权重0.20）	行动测评（权重0.20）	舆论宣传	反映宣传报道情况，包括宣传报道程度和宣传方案完备度
			管理制度	反映管理机制情况，包括管理制度完备度和干部考核挂钩度
			社会效果	反映节约集约的社会效果，包括社会认知度和地方特色模式

资料来源：国土资源部. 关于公开征求对《国土资源节约集约模范县（市）创建活动指标标准体系》意见的公告［EB/OL］.（2011-04-14）［2014-02-15］http://www.mlr.gov.cn/zwgk/zytz/201104/t20110414_833970.htm.

表 3-23 Ⅱ类地区土地资源节约集约利用评价考核指标体系

序号	指标属性	考核项目	指标名称	指标内涵
1	核心指标（权重0.60）	土地利用效率（权重0.60）	建设用地地均GDP	反映建设用地经济承载强度
			建设用地地均GDP增长率	反映建设用地经济承载强度的变化
2	一般性指标（权重0.20）	土地执法情况（权重0.20）	存量建设用地违法情况	反映存量建设用地的土地违法情况
3	综合性指标（权重0.20）	行动测评（权重0.20）	领导机制	反映领导机构建设情况，包括领导机构完备度和主要领导重视度
			方案设计	反映方案设计情况，包括实施方案完备度和实施方案落实率
			舆论宣传	反映宣传报道情况，包括宣传报道程度和宣传方案完备度

序号	指标属性	考核项目	指标名称	指标内涵
3	综合性指标（权重 0.20）	行动测评（权重 0.20）	管理制度	反映管理机制情况，包括管理制度完备度和干部考核挂钩度
			社会效果	反映节约集约的社会效果，包括社会认知度和地方特色模式

资料来源：国土资源部. 关于公开征求对《国土资源节约集约模范县（市）创建活动指标标准体系》意见的公告［EB/OL］.（2011-04-14）［2014-02-15］http://www.mlr.gov.cn/zwgk/zytz/201104/t20110414_833970.htm.

从对土地资源节约集约利用的考核指标体系我们可以看出，尽管这次对土地资源节约集约考核的指标众多，但考核强调的仍然是土地经济产出状况，忽略了土地的人口和生态的承载状况；同时三类指标中，一般性指标和综合性指标得分值的确定，受主观因素影响较大。由于各地在国家社会经济发展中的地位和作用不同，最终所要求达到的节约集约利用水平也不一样，这样只以经济效益作为评价的标准，不利于生态用地的保护和用地结构的合理化。

3.6.1.2　地方层面的区县土地节约集约利用考核评价体系

除了国家层面的考核体系外，河北省、宁波市等省、市也出台了对区县土地节约集约利用考核评价办法。

（1）河北省土地节约集约考核实施方案

为贯彻落实节约优先战略，健全节约集约用地评价考核制度，河北省决定自 2012 年起，在全省各市辖区开展土地节约集约利用考核工作，并颁布了《河北省土地节约集约利用考核实施方案（试行）》。该考核体系由 5 类 8 个指标组成，各指标的权重系数如表 3-24 所示。

表 3-24　河北省土地节约集约利用考核指标体系

序号	考核类别	类别权重	具体指标	单位	指标权重
1	投资强度	0.16	单位新增建设用地固定资产投资额	万元/亩	1
2	产出水准	0.24	单位新增建设用地地区生产总值增量	万元/亩	0.54
			单位新增建设用地全部财政收入增量	万元/亩	0.46

续表

序号	考核类别	类别权重	具体指标	单位	指标权重
3	增长耗地	0.25	单位固定资产投资消耗新增建设用地面积	亩/万元	0.4
			单位地区生产总值增量消耗新增建设用地面积	亩/万元	0.6
4	项目聚集度	0.15	工业项目用地进区入园率	%	1
5	存量建设用地再利用水准	0.20	存量建设用地利用比重	%	0.5
			闲置土地处置率	%	0.5

（2）宁波市区域建设用地集约利用评价指标体系

2011 年 5 月宁波市国土资源局发文《宁波市建设用地节约集约利用水平考核暂行办法》（甬土资发〔2010〕75 号），该办法考核的对象为宁波市各县（市）、区人民政府。考核评价指标体系由单位建设用地 GDP 增长率、单位建设用地财政收入增长率、单位固定资产投资消耗新增建设用地下降率、农村建设用地复垦面积任务完成率、城镇建设用地盘活面积任务完成率、土地供应率和闲置土地处置率等 7 项指标构成，主要体现了建设用地亩产量状况、投资增长消耗新增建设用地状况、存量建设用地盘活状况和土地管理绩效等四方面土地节约集约利用的内容。

与以往办法相比，本次考核指标更加侧重体现节约集约用地的弹性特征，主要考核各县（市）、区自身本年度节约集约利用水平变化情况相比考核年前 3 年的平均变化数据的提高程度，反映的是被考核地区节约集约用地水平的时间变化和促进节约集约措施的力度。

总结国家和地方层面对区县的各种考核办法与评价体系，目前评价的重点主要还聚焦在土地的经济效益上。由于考评的目的不同，一部分侧重于对新增土地的经济效益的考核，另一些考评则侧重于建设用地总量经济效益考核。评价结果与建设用地的管理机制衔接不够完善，也造成评价成果的应用价值受到质疑。

3.6.2 对于区域建设用地节约集约利用考核的反思

总体上，按照《建设用地节约集约利用评价规程》，区域建设用地评价从人口密度、经济强度和建设强度三个方面来评价土地节约集约利用状况，但是由于种种原因，直接与用地集约利用相关的建设强度的指标被确定为备选指标，而经济强度的指标受社会经济发展的影响，其变化的幅度较大，对用地节约集约利用状况的评价缺乏稳定性。同时，当前《规程》的部分评价指标间存在较高的相关性，如区域建设用地评价中的增长耗地指数和用地弹性指数。其他一些具体的指标设计和计量中也存在一些值得商榷的地方。

（1）关于经济指标选择

该《规程》中有关经济强度指数，选用了建设用地地均固定资产投资和建设用地地均地区生产总值 2 个必选指标来衡量。我们以为，理论意义上的建设用地地均固定资产投资反映的是土地上的资本密集状况，是对土地的资本投入指标，地均地区生产总值才是反映建设用地产出的核心指标。

国内生产总值（GDP）是指一个国家（或地区）所有常住单位在一定时期内生产活动的最终成果。[1]按照行业分它覆盖了一、二、三次产业，其中，产品直接取自自然界的部门称为第一产业。根据《中华人民共和国土地管理法》，国家编制土地利用总体规划时将土地分为农用地、建设用地和未利用地三大类，其中建设用地是指建造建筑物、构筑物的土地，包括城乡住宅和公共设施用地、工矿用地、交通水利设施用地、旅游用地、军事设施用地等。[2] 因此，从建设用地的定义上可以看出，第一产业并不将建设用地作为生产资料，如表 3-25 所示，利用非农业产值还是地区生产总值会导致不同的评价结果。因此，建议地区生产总值中扣除第一产业的产值，采用非农产业产值。

---

[1] 本解释来源于国家统计网站：http://www.stats.gov.cn/tjzd/tjzbjs/t20020327_14293.htm.

[2] 中国法制出版社. 中华人民共和国土地管理法[M]. 中国法制出版社，2004.

表 3-25 天津市地均地区生产总值与地均非农业产值排位的差别

	建设用地总面积（平方公里）	地区生产总值（万元）	地均地区生产总值（万元/平方公里）	建设用地地均GDP排位	非农业产值（万元）	地均非农业总值（万元/平方公里）	建设用地地均非农业产值排位
和平区	9.99	5774700	578048	1	5774700	578048	1
河西区	37.97	5851300	154103.2	2	5851300	154103.2	2
南开区	40.35	4800100	118961.6	3	4800100	118961.6	3
河东区	42.13	2540600	60303.82	6	2540600	60303.82	6
河北区	29.46	2919800	99110.66	4	2919800	99110.66	4
红桥区	21.26	1286800	60526.81	5	1286800	60526.81	5
滨海新区	1085.02	62068700	57205.12	7	61980400	57123.74	7
东丽区	281.29	6028100	21430.2	11	5990000	21294.75	11
西青区	229.44	5955000	25954.5	9	5854800	25517.78	9
津南区	175.01	3799700	21711.33	10	3752900	21443.92	10
北辰区	188.44	5629900	29876.35	8	5536700	29381.77	8
武清区	340.61	4555100	13373.36	13	4241000	12451.19	12
宝坻区	308.02	3233300	10497.05	15	2992900	9716.577	15
宁河县	165.23	2249500	13614.36	12	2014600	12192.7	14
静海县	263.41	3436600	13046.58	14	3267800	12405.76	13
蓟县	286.98	2501100	8715.241	16	2263800	7888.355	16

　　关于固定资产投资额，按照国家统计局的解释，固定资产投资额是以货币表现的建造和购置固定资产活动的工作量，它是反映固定资产投资规模、速度、比例关系和使用方向的综合性指标。[①]这部分投资额同样涵盖了一、二、三次产业。固定资产投资中尽管第一产业的投资所占比重较小，但呈逐年增加的趋势，天津市第一产业在全社会固定资产投资中的比重已经由 2006 年的 16.04 亿元增加到 2011 年的 150.33 亿元，在全社会固定资产中的比重也由 2006 年的 0.9% 上升到 2011 年的 2.0%。而且，理论上第一产业的投资并没有投资在城乡建设用地上，城乡建设用地的地均固定资产投资应该扣除这部分投资。

---

①本解释来源于国家统计网站：http://www.stats.gov.cn/tjzd/tjzbjs/t20020327_14293.htm.

同时，全社会固定资产投资总额按行业分，房地产业为投资占比较大的行业，2011 年天津市全社会固定资产投资总额 7510.67 亿元，其中房地产业 1569.83 亿元，占投资总额的 20.9%，占比排位第二。而房地产投资中一部分用于土地购置而非投资在土地上，因此即使扣除了第一产业后的固定资产投资额也并不是经济学意义上用于生产的资本。

（2）关于区域分类计算

《规程》4.2.1.3 条指出，区域建设用地利用状况评价应区分评价对象全部或部分位于城市建成区的不同情形。

由于全部位于建成区的区（县）与部分位于建成区的区（县）所考核的内容有所不同，区别对待来进行评价有其科学的一面。但是，同一项考核指标下由于采取不同的标准化参照系，会造成最后的分类结果在两大类之间没有可比性，甚至排位在全部位于建成区组的最末尾的人口密度和地均 GDP 产值都要高于部分位于城市建成区区（县）组的首位。本次评价中天津市全部位于建成区组最末位的河北区人口密度为每平方公里 2.11 万人，地均 GDP 产值为每平方公里 60303.82 万元；每平方公里高于部分位于城市建成区区（县）组人口密度排名第一位的北辰区 1.67 万人，地均 GDP 产值排名第一的滨海新区 3098.7 万元。按照这种分类划分的结果容易引起误解，似乎河北区、河东区的节约集约利用水平低于蓟县。因此，这种分类评价适合于对全国范围或省域范围内的区县土地节约集约水平的比较，对于城市层面内区县节约集约利用水平的比较，建议在同一考核指标下采取同样的标准化参照系。

（3）关于管理绩效指数

《规程》在管理绩效指数上规定选用城市土地供应市场化比率和城市批次土地供应比率 2 个必选指标，以及城市闲置空闲土地与供应量比率 1 个备选指标。

按照《新华字典》的解释，所谓绩效为工作的成效和成绩，如果把节约集约利用的程度作为土地管理工作的目标之一，则最能体现这种工作绩效的指标是利用强度指数。但是根据《中华人民共和国土地管理法》第五章建设用地的法规，"建设单位使用国有土地，应当以出让等有偿使用方式取得"仅为 22 条法规中的一条，对土地管理更重要的目的是保证土地资源的可持续利用，政府在土地管理上更重要的职责是通过决策、计划、组织、协调、监督等手段来保障土地承载生态功能、社会功能所需要的土地，防止土地的过度开发和不合理的开发所导致的对生态环境的破坏，以及对公共利益的损害。市场化程度只是影响建设用地节约集约利用状况的因素而已，政府对建设用地管理的绩效更应该考察的是土地的节约集约是否合理化和合法化。此外，每个基准年以出让、划拨方式供应的城市土地总量，占所评价对象的土地面积量有限，即使全部采用招标、拍卖、挂牌出让方式既不能代表其市场化程度的高低，也不能代表管理绩效水平。理论上，市场化程度越高，土地的利用程度越高，管理的绩效越大，节约集约利用的程度也越高，但是天津市区县集约利用程度指数与管理绩效指数出现背离的状况，在一定程度上反映了管理绩效指数设计中的问题。

综上所述，如果只是测度区县的土地节约集约利用的水平，建议去掉该指数；而如果要考察区县以符合有关法规、政策、规划为导向下的土地节约集约利用水平，则应该借鉴国土资源节约集约模范县考核体系中的相关指标，增加耕地保护、基本农田保护以及规划的执行情况。

第4章 天津市城市建设用地集约利用状况的评价

4.1 天津市城市建设用地集约利用状况评价概述

4.1.1 城市用地状况评价的特点

城市建设用地集约利用状况评价（简称城市用地状况评价）是城市建设用地集约利用潜力评价的重要内容，是城市建设用地集约利用潜力测算（简称城市用地潜力测算）的基础。城市用地状况评价是在分析城市建设用地利用状况的基础上，以划分的城市功能区为评价对象，在特定时间点或特定时间段内，按照居住、工业、商业、教育等功能区类型，分别评价其土地集约利用程度的过程。[①]

城市建设用地集约利用状况评价与区域建设用地节约集约利用状况评价不仅分属不同的空间层次，而且其评价的重点、方法都存在较大的差异。区域建设用地节约集约利用状况评价因为以行政区范围内的全部建设用地作为评价对象，为了保证区域可持续发展，不仅需要尽可能地节约建设用地，以保障足够的区域生态安全用地和农用地，同时还需要协调好建设用地内部各类用地的关系，因此，它所评价的内容不仅涉及集约，更要考虑土地的节约状况，特别重视社会经济发展消耗的新增土地状况。而城市建设用地集约利用状况评价是对一定

---

① 中华人民共和国国土资源部. TD/T1018-2008 建设用地节约集约利用评价规程[S]. 2008: 2.

面积的城市土地，在以符合有关法规、政策、规划为导向的前提下，对土地利用效率和经济效益状况的评价，其目的是通过优化土地利用结构，增加对土地的投入，挖掘存量土地的利用潜力，因此，对其利用状况的评价重点在于用地的集约状况。

在城市建设用地的利用中，土地的用途不同所产生的社会效益和经济效益是不一样的，需要根据不同类型功能区的特点按照不同的标准来分别评定。其中，居住、商业、工业功能区以获取经济效益为目的，重点考察土地的利用强度、投入状况和经济效益；教育功能区的产品为合格的学生，其社会效益大于其经济效益，重点考察土地的利用强度和投入强度；而特别功能区不在居住、商业、工业、教育功能区范围内，但属于闲置地、空闲地、产业结构调整用地以及其他需要在土地利用管理中加以特别关注的区域，重点考察土地的利用强度。

4.1.2　天津市城市用地状况评价思路

基于上述理解，天津市城市建设用地状况评价首先核定评价工作地域，然后从行政区域和工作地域两个层面进行定性分析，确定功能区类型；同时划定功能区范围，选定样本片区，建立相应的评价指标体系。在此基础上，针对样本片区，收集整理各类功能区的样本片区指标资料，开展实地调查，计算其土地利用集约度，并判断土地利用状况类型，进行土地利用集约度评价；根据预评价结果，结合实地调查的情况，反复调整，最终确定功能区和样本片区，并编制汇总集约度评价结果。

具体的工作程序和技术步骤如图 4-1 所示。

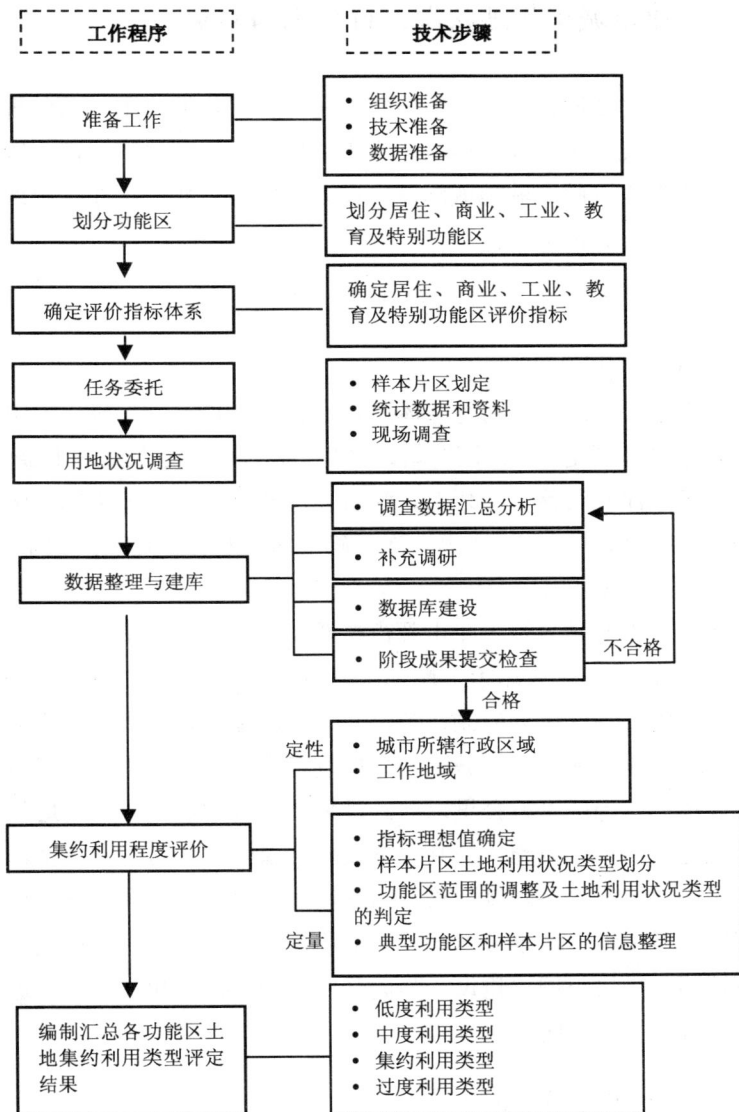

图 4-1　天津市城市建设用地集约利用状况评价工作程序和技术步骤

4.2　天津市城市用地状况评价范围与对象

　　城市用地状况评价首先需核定的是评价工作的范围。依据《规程》，城市用地状况评价工作中地域是指中心城区的城市建成区，一般是指所在城市的人民政府驻地或辖区人民政府驻地，允许存在一个或多个组团的空间分布情形。

4.2.1　中心城区规划范围界定和用地安排

4.2.1.1　中心城区范围界定

　　依据《天津市土地利用总体规划（2006~2020年）》确定的中心城区规划控制范围是指：以滨海新区区界、外环线北延长线、永金引河、永定新河、津永公路、子牙河、津晋高速公路、机场大道围合区域，总面积795.1平方公里。比第一次所确定的中心城区范围扩大了一倍。

4.2.1.2　规划用地安排

　　天津市中心城区是天津市都市核心功能区，天津市政治、经济、文化和管理中心。《天津市土地利用总体规划（2006~2020年）》提出，合理划定中心城区规划控制范围，建设外围绿化隔离带，防止城区无序蔓延。规划期内，中心城区规划控制范围795平方公里，建设用地总规模控制在591平方公里以内。规划要求合理调整城镇用地供应结构，优先保障基础设施、公共服务设施、保障性住房建设用地，切实保障民生用地，严格限制不符合国家产业政策的行业和项目用地。优先安排新城用地；注重城乡统筹、节约集约，引导农村人口逐步向小城镇转移，加快小城镇建设；强调开发区的高投入和高产出，进一步有机整合各类开发区空间资源。

4.2.2　中心城区用地现状

　　经过长期的发展，天津市中心城区已逐步形成以城乡建设用地为主，少量农用地和未利用地为辅的土地利用格局。2011年，中心城区建设用地规模达到574.67平方公里，占中心城区总面积的72.28%；

农用地 205.63 平方公里，占总面积的 25.86%；未利用地 14.80 平方公里，占总面积的 1.86%（参见表 4-1）。

表 4-1 天津市中心城区 2011 年土地利用现状结构表

地类		面积（公顷）	比例（%）
农用地	耕地	8849.87	11.13
	园地	1425.28	1.79
	林地	1747.20	2.20
	牧草地	479.42	0.60
	其他农用地	8061.31	10.14
建设用地	城乡建设用地	53483.92	67.27
	交通水利用地	3168.47	3.98
	其他建设用地	814.72	1.03
未利用地	水域	1449.98	1.82
	滩涂沼泽	30.28	0.04
合计		79510.45	100

天津市中心城区的建设用地主要分布在市内六区及环城四区的外环线内区域和中心镇。农用地主要分布在北辰区的双口镇、青光镇、大张庄镇，西青区的杨柳青镇及外环线周边的零星地块。未利用地主要为中心城区内的河流水面和零星内陆滩涂。

4.2.3 工作地域范围

4.2.3.1 工作地域划定

依据《建设用地节约集约利用评价规程》，城市建设用地集约利用状况评价的工作地域是指中心城区的城市建成区。工作地域的确定按照以下几个步骤进行。

首先，依据《天津市土地利用总体规划（2006~2020 年）》确定的天津市中心城区范围，提出中心城区范围内的允许建设区和有条件建设区。

其次，在中心城区范围内允许建设区和有条件建设区的基础上，参考 1:2000 地形图、全国第二次土地现状调查成果、天津市批供地数据（2006~2011 年）和天津市中心城区宗地信息图，并结合遥感影像图，从中心城区范围内初步选取城市建成区。

最后，对初选的建成区图斑进行溶解（dissolve）处理，保留集中连片的建成区，剔除周边零星分布的图斑，最终得到工作地域范围，总面积为 498.55 平方公里。

4.2.3.2 工作地域涉及的行政区分析

本次评价范围所涉及的城市所辖行政区域包括了市内六区（和平区、河西区、南开区、河东区、河北区、红桥区）全部和环城四区（东丽区、西青区、津南区、北辰区）部分地区，其中，市内六区全部为建设用地，环城四区大部分为建设用地，有极少部分零星农用地。

（1）和平区

和平区位于天津市中心城区的核心区域，是全市金融、商贸、教育和医疗卫生中心。近年来，和平区紧紧抓住滨海新区开发开放和天津城市主中心加快建设的大好机遇，以经济建设为中心，以科学发展为主题，以改善民生为根本，结合区情实际，大力发展总部经济和楼宇经济，全力推动高端产业加快聚集，经济社会实现又好又快发展。2011 年，实现地区生产总值 577.47 亿元，区级财政收入 38.10 亿元，服务业占经济总量的 90%；地均 GDP57.80 亿元/平方公里，地均 GDP增长率达到 14.47%，在天津市所有区县中位居前列。

（2）河东区

河东区是天津市中心市区之一，位于天津市东部，是市区连接滨海新区的前沿，是实现天津市经济中心战略东移的要地。河东区规划建设成为市级商务中心的重要组成部分和交通枢纽，面向北京和滨海新区的金融、商务聚集地。重点发展金融服务业，商务服务业，以广告、音乐创作和新媒体为主的创意产业，以电子信息、新能源和环保为主的都市型工业。

（3）河西区

河西区位于市区东南部，因地处海河西岸而得名，现为天津市党政机关所在地。"十二五"期间，河西区规划建设成为中心城区金融保险、信息中介的现代商务聚集地，文化传媒和会展中心，高档居住区和休闲娱乐区。重点发展金融保险业、商务服务业、文化会展业和以服务外包为主的科技服务业。

（4）南开区

南开区位于中心城区西南部，是一个具有商贸、科技、文化特色的充满生机活力的新型城区，具有综合发展的有利条件和优势。南开区被规划定位为市级教育科研和高新技术产业中心，科技服务及科贸机构的聚集地。重点发展以科技与信息服务为主的体育休闲业，以民俗文化为主的旅游业。

（5）河北区

河北区是天津市发祥地之一，位于天津市区东北部，改革开放以来逐步发展成为集工业、商业、服务业、房地产业和旅游业为一体的开放型城区。河北区规划建成为天津市创意产业聚集区、文化休闲旅游基地和市区北部商务商贸聚集地。重点发展以产品、工程动漫设计和社会策划为主的创意产业，以电子商务、现代物流和商业特色街为主的商贸服务业，以机电研发、电子通讯、精密仪器制造为主的新型都市工业，以历史文化、风貌建筑为依托的旅游业。

（6）红桥区

红桥区位于天津城区西北部，交通发达，道路纵横，中环线贯通南北，成为天津市赴北京、河北、东三省重要通道之一。红桥区规划将建设成为连通沿海地区、面向西部腹地的现代商务商贸聚集区，中心城区促进中小企业创新创业的基地。重点发展以商品批发和展示为主的商贸流通业，以科技和中介为主的商务服务业，以工业和城市设计为主的创意产业，以近代文化和生态资源为依托的休闲旅游业。

（7）东丽区

东丽区位于天津市中心市区和滨海新区之间，滨海国际机场、空港物流区处于其中。"十二五"期间，东丽区规划建成重要的国际航空枢纽、国家级航空航天产业基地、先进装备制造业基地、天津市高端服务业基地、国际文化交流中心、生态宜居城市。重点发展航空航天、机械装备制造、商贸物流、会议展览、休闲旅游和都市型设施农业。

（8）津南区

　　津南区位于天津市东南部，海河下游南岸，地处天津中心城区与滨海新区的中间地带，具有承接中心城区城市功能和滨海新区产业功能的重要地位。"十二五"期间，津南区规划将以建设创新型城区为目标，广泛开展思想观念创新、发展方式创新、体制机制创新、科技创新和社会管理服务创新，构建全面覆盖、综合配套、充满活力的创新体系，实现创新津南；以"八六五"工程为抓手，坚持抓项目、调结构、上水平，实施科教兴区，加大改革开放力度，强化人力资源和基础设施支撑，建立实力津南；以不断提高群众收入为着力点，实施民富工程，建立民富津南；围绕社会文明、经济富裕、环境优美、资源承载、生活便宜和公共安全等宜居城区要素，建立宜居津南；坚持民主法治、公平正义、诚信友爱、充满活力、安定有序、人与自然和谐相处原则，建立和谐津南。

　　（9）西青区

　　"十二五"期间，西青区规划将建成电子、汽车产业基地，科教研发基地，历史文化和生态宜居城区。西青区以民俗和民间艺术为特色，重点发展科技、教育和高新技术产业、现代制造业及旅游业。

　　（10）北辰区

　　北辰区位于天津市城北，北运河畔。"十二五"期间，北辰区确立了"天津北部公共服务中心、高新技术产业基地、现代商贸物流基地、生态宜居城区"的城市定位。北辰区将重点发展新能源、机械装备制造、知识产业、生物医药、现代物流和都市型设施农业。

4.3　天津市城市用地状况评价的定性分析

　　城市用地状况评价定性分析是在核定评价工作地域的基础上，从城市所辖行政区域、工作地域两个层面，对城市建设用地状况进行分析[①]，以确定一定地域内城市土地利用的基本类型。城市所辖行政区

---

　　① 中华人民共和国国土资源部. TD/T1018-2008 建设用地节约集约利用评价规程[S]. 2008: 11.

域层面的分析，目的在于了解不同行政区的土地集约利用状况以及城市建设用地在不同行政区下的用地特征。工作地域层面的分析，重点在于分析城市建设用地的利用状况及其与城市功能的匹配度。

4.3.1 城市所辖行政区域层面分析

天津城市所辖行政区域层面的定性分析，主要对工作地域所涉及的市内六区和环城四区开展评价，主要内容包括人口及经济发展状况、建设用地总体状况、自然条件特点土地后备资源状况、建设用地节约集约利用状况的动态变化分析等。从行政区划的角度，掌握城市功能和土地利用的匹配度，分析城市发展的重点和方向。

4.3.1.1 建设用地利用状况

（1）建设用地的总体状况和结构变化特征

①中心城区建设用地整体呈扩张趋势

随着经济的快速发展和城市化水平的稳步提高，天津市建设用地面积呈明显的增加趋势。2009 年，天津市市内六区和环城四区建设用地规模 1033.38 平方公里，到 2011 年，增至 1077.09 平方公里。三年间，新增建设用地总量为 43.71 平方公里。

从各区建设用地三年间的变化情况看（参见表 4-2），市内六区建设用地面积相对稳定。环城四区建设用地面积均有增加，增加幅度最大的是西青区，达到 12.87 平方公里，其后依次是东丽区、北辰区、津南区。

表 4-2 天津市市内六区和环城四区建设用地情况（2009～2011 年）

区名称	建设用地面积（平方公里）			
	2009 年	2010 年	2011 年	2009～2011 年增量
和平区	9.99	9.99	9.99	0.00
河西区	37.97	37.97	37.97	0.00
南开区	40.35	40.35	40.35	0.00
河东区	42.13	42.13	42.13	0.00
河北区	29.46	29.46	29.46	0.00
红桥区	21.26	21.26	21.26	0.00

区名称	建设用地面积（平方公里）			
	2009 年	2010 年	2011 年	2009～2011 年增量
东丽区	272.64	281.77	284.68	12.04
西青区	224.50	231.88	237.37	12.87
津南区	171.75	177.40	178.79	7.04
北辰区	183.33	189.68	195.09	11.76
合计	1033.38	1061.89	1077.09	43.71

②各区县建设用地均以城乡建设用地为主，但占比逐年下降

从建设用地结构变化来看，2009 年，天津市市内六区和环城四区建设用地总面积为 1033.38 平方公里，其中城乡建设用地占比 87.77%，交通运输用地占比 8.78%，水工建筑用地占比 1.90%，特殊用地占比 1.55%；2010 年，建设用地面积为 1061.89 平方公里，其中城乡建设用地占比 87.53%，交通运输用地占比 9.12%，水工建筑用地占比 1.84%，特殊用地占比 1.51%；2011 年，建设用地面积 1077.09 平方公里，其中城乡建设用地占比 87.31%，交通运输用地占比 9.38%，水工建筑用地占比 1.82%，特殊用地占比 1.49%。由此可见，2009～2011 年，市内六区和环城四区城乡建设用地和交通运输用地面积均略有增加，城乡建设用地面积共增加 33.45 平方公里，交通运输用地共增加 10.29 平方公里，而水工建筑用地和特殊用地则略有下降。具体建设用地结构如表 4-3 所示。

表 4-3　天津市市内六区和环城四区建设用地结构表（2009～2011 年）

单位：平方公里、%

建设用地用地类型	2009 年		2010 年		2011 年		2009～2011 年变化值	
	数量	比例	数量	比例	数量	比例	数量	比例
城乡建设用地	907.01	87.77	929.43	87.53	940.46	87.31	33.45	-0.46
交通运输用地	90.72	8.78	96.87	9.12	101.01	9.38	10.29	0.60
水工建筑用地	19.60	1.90	19.59	1.84	19.59	1.82	-0.01	-0.08
特殊用地	16.03	1.55	16.00	1.51	16.02	1.49	-0.01	-0.06
合计	1033.38	100	1061.89	100	1077.09	100	43.72	

从分区情况来看，由于市内六区土地利用的特殊特征，市内六区的建设用地全部为城乡建设用地，无总量和用地结构变化。从 2009 年到 2011 年，环城四区建设用地的总量和结构均有所变化，东丽区、西青区、津南区和北辰区各区具体的建设用地结构变化分别如表 4-4、表 4-5、表 4-6、表 4-7 所示。

表 4-4　东丽区建设用地结构变化表（2009～2011 年）

单位：公顷、%

建设用地用地类型	2009 年		2010 年		2011 年		2009～2011 年变化值	
	数量	比例	数量	比例	数量	比例	数量	比例
城乡建设用地	23939.29	87.80	24732.79	87.78	24861.54	87.33	922.25	-0.47
交通运输用地	2915.79	10.69	3034.59	10.77	3197.24	11.23	281.45	0.54
水工建筑用地	318.81	1.17	318.53	1.13	318.47	1.12	-0.34	-0.05
特殊用地	90.31	0.33	89.91	0.32	89.91	0.32	-0.40	-0.01
合计	27264.2	100	28175.82	100	28467.16	100	1202.96	0

表 4-5　西青区建设用地结构表（2009～2011 年）

单位：公顷、%

建设用地用地类型	2009 年		2010 年		2011 年		2009～2011 年变化值	
	数量	比例	数量	比例	数量	比例	数量	比例
城乡建设用地	18643.69	83.06	19142.79	82.55	19598.18	82.56	954.49	-0.49
交通运输用地	2551.22	11.37	2794.21	12.05	2885.05	12.15	333.83	0.79
水工建筑用地	684.99	3.05	684.77	2.95	684.77	2.88	-0.22	-0.17
特殊用地	566.78	2.53	566.53	2.44	569.08	2.40	2.30	-0.13
合计	22446.68	100	23188.3	100	23737.08	100	1290.4	0

表 4-6　津南区建设用地结构表（2009～2011 年）

单位：公顷、%

建设用地用地类型	2009 年		2010 年		2011 年		2009～2011 年变化值	
	数量	比例	数量	比例	数量	比例	数量	比例
城乡建设用地	14930.63	86.50	15452.27	87.11	15480.44	86.59	549.81	0.09
交通运输用地	1559.14	9.03	1603.61	9.04	1714.21	9.59	155.07	0.56

续表

建设用地用地类型	2009 年		2010 年		2011 年		2009~2011 年变化值	
	数量	比例	数量	比例	数量	比例	数量	比例
水工建筑用地	255.39	1.48	255.37	1.44	255.35	1.43	-0.04	-0.05
特殊用地	515.92	2.99	428.01	2.41	427.97	2.39	-87.95	-0.60
合计	17261.08	100	17739.26	100	17877.97	100	616.89	0

表 4-7　北辰区建设用地结构表（2009~2011 年）

单位：公顷、%

建设用地用地类型	2009 年		2010 年		2011 年		2009 至 2011 年变化值	
	数量	比例	数量	比例	数量	比例	数量	比例
城乡建设用地	15069.46	82.20	15497.15	81.70	15988.07	81.95	918.61	-0.25
交通运输用地	2046.33	11.16	2254.9	11.89	2304.78	11.81	258.45	0.65
水工建筑用地	700.82	3.82	700.54	3.69	700.54	3.59	-0.28	-0.23
特殊用地	515.92	2.81	515.2	2.72	515.2	2.64	-0.72	-0.17
合计	18332.53	100	18967.79	100	19508.59	100	1176.06	0

　　综合分析环城四区的用地结构变化，各区建设用地结构变化的共同点表现为，在建设用地整体扩张的趋势下，各区城乡建设用地和交通运输用地面积均呈增加的状况，但城乡建设用地占建设用地的比例逐年小幅下降，交通运输用地占比逐年上升，水工建筑用地和特殊用地则变化不大。在环城四区中，西青区城乡建设用地和交通运输用地面积增加均为最多，其后依次为东丽区、北辰区、津南区。

　　（2）城乡建设用地的总体状况和结构变化特征

　　2011 年，天津市市内六区和环城四区城乡建设用地总规模为940.46 平方公里，比 2009 年增加 33.45 平方公里。其中，市内六区城乡建设用地与建设用地规模相同，且 3 年来规模保持不变；环城四区城乡建设用地各区都有所增加，西青区增加最多，为 9.54 平方公里，其次为东丽区、北辰区、津南区。各区具体情况如表 4-8 所示。

表 4-8　天津市市内六区和环城四区城乡建设用地变化情况（2009～2011 年）

区名称	城乡建设用地（平方公里）			
	2009 年	2010 年	2011 年	2009～2011 年增量
和平区	9.99	9.99	9.99	0
河西区	37.99	37.99	37.99	0
南开区	40.35	40.35	40.35	0
河东区	42.13	42.13	42.13	0
河北区	29.46	29.46	29.46	0
红桥区	21.26	21.26	21.26	0
东丽区	239.39	247.33	248.62	9.22
西青区	186.44	191.43	195.98	9.54
津南区	149.31	154.52	154.80	5.50
北辰区	150.69	154.97	159.88	9.19
合计	907.01	929.43	940.46	33.45

（3）新增建设用地总体情况和变化特征

根据天津市国土资源管理部门提供的全市及各区县的土地面积数据，2011 年天津市市内六区和环城四区新增建设用地总规模 15.53 平方公里，2009～2011 年间，增长幅度为 5.39%，年均增量为 22.36 平方公里。其中，天津市市内六区无新增建设用地；环城四区中，2011 年西青区新增建设用地规模最大，为 5.64 平方公里，2009～2011 年间，增长幅度为 6.14%，年均增量为 6.64 平方公里。

2011 年天津市市内六区和环城四区总体新增城乡建设用地规模为 11.03 平方公里，2009～2011 年间，城乡建设用地增长幅度为 4.61%，年均增量为 16.73 平方公里。其中，2011 年市内六区无新增城乡建设用地；环城四区中，北辰区新增城乡建设用地规模最大，为 4.91 平方公里，2009～2011 年间，年均增量为 4.59 平方公里。

（4）建设用地可发展空间

随着天津市经济快速发展，经济活动对土地资源的需求日益增加。但是根据《天津市土地利用总体规划（2006～2020 年）》，去除 2011 年中心城区范围内的建设用地现状后，2011 年中心城区范围内规划的允许建设区和有条件建设区中可供利用的建设用地规模仅有 135.03 平方公里，主要分布外环线周边的环城四区。其中，北辰区和西青区的可供利用的建设用地最多，分别为 56.88 平方公里和 53.16 平方公里。

2009～2011 年间天津市市内六区和环城四区范围内年均新增建设用地规模为 22.36 平方公里，以此作为中心城区范围内建设用地的增量，则可供利用的建设用地仅能供中心城区约 6 年的扩张发展。由此可见，中心城区的土地资源约束会越来越紧，中心城区在向外扩张发展的同时，尤应注重建成区内部的内涵挖潜，从而保障中心城区的可持续发展。

4.3.1.2　建设用地节约集约利用状况分析

（1）城乡建设用地与人口情况

①人口状况

改革开放以来，天津市中心城区常住人口规模持续扩大。2011 年末，市内六区和环城四区常住人口总数达到 721.23 万人，比上年增长 5.07%。

从人口区域分布来看，2011 年末，市内六区人口总数为 450.15 万人，其中南开区人口数最多，为 105.54 万人。总体来看，市内六区中，除和平区外，各区人口都较环城四区多，但增长速度却明显低于环城四区，人口总数趋于稳定，和平区的人口出现减少的状况。环城四区近年来人口呈现出较高的增长速度，其中西青区人口数最多，为 74.13 万人，东丽区人口为 63.54 万人，比上年增长 11.38%，增长最快。

②城乡建设用地人口密度

从人口密度分布状况来看，市内六区和环城四区中，和平区人口密度最大，河北、红桥、南开、河西、河东较高，环城四区相对较低，已形成以和平区为中心向外围逐渐下降的人口密度曲线，与科林·克拉克（Clark C.）[①]提出的城市密度梯度曲线相一致。

2009～2011 年，天津城乡建设用地上的人口密度总体呈上升趋势，其中，环城四区增长速度高于市区（参见图 4-2），西青区 2011 年城乡建设用地人口密度与 2009 年相比增加了 28.87%，年均增加

---

① Clark C. Urban population densities[J]. Journal of the Royal Statistical Society. Series A (General)，1951，114(4): 490-496.

13.52%，在市内六区和环城四区中排在首位，达到 3782.49 人/平方公里。值得注意的是，和平区城乡建设用地人口密度出现下降的状况，2010 年和平区常住人口比 2009 年减少了 8.38 万人，降幅达到 23.43%，2011 年人口有所回落，但仍然小于 2009 年的人口数量。2 年间，和平区城乡建设用地人口密度年均降低 7.95%。这表明天津城市发展仍然处于人口聚集阶段。

城乡建设用地人口密度（2009～2011 年）

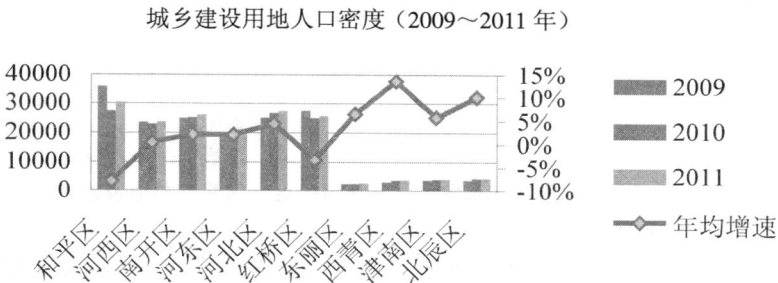

图 4-2　天津市市内六区和环城四区城乡建设用地人口密度变化情况（2009～2011 年）

（2）建设用地与经济发展情况

①经济发展状况

2011 年，天津市市内六区和环城四区地区生产总值 4348.09 亿元，比上年增长 11.98%。其中，东丽区生产总值最高，达到 596.45 亿元，津南区增速最快，比上年增长 18.51%，其他各区的发展状况如图 4-3 所示。

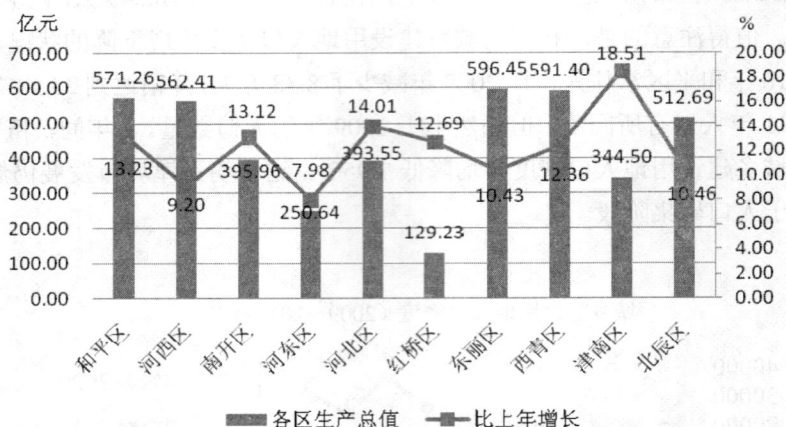

图 4-3　2011 年天津市市内六区和环城四区地区生产总值及增长率

2011 年市内六区和环城四区全社会固定资产投资完成 2207.80 亿元，比上年增长 10.86%。其中市内六区完成投资 587.72 亿元，占比 26.62%，同比下降 4.06%；环城四区完成投资 1620.08 亿元，占比达 73.38%，同比上升 17.49%。受天津市整体经济发展战略的影响，环城四区全社会固定资产投资增速显著高于市内六区，平均增速达 18.25%，其中，西青区完成投资总量最高，完成 436.09 亿元；北辰区固定资产投资增速最快，达到 31.42%，如图 4-4 所示。

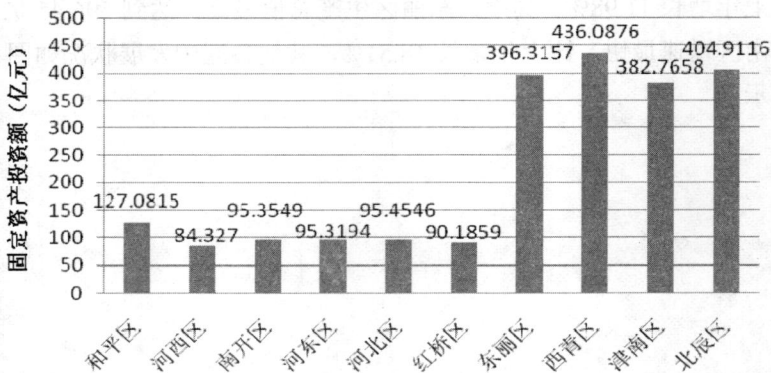

图 4-4　2011 年天津市市内六区和环城四区全社会固定资产投资额

②建设用地地均固定资产投资

如图 4-5 所示，2009～2011 年，天津市市内六区和环城四区建设用地地均固定资产投资总体增长较快，大部分地区年均增速超过 20%，市内六区中，增速较快的有和平区、红桥区，环城四区增速总体高于市内六区。增速最快的津南区，2011 年相对 2009 年增长 102.14%，年均增速达到 42.18%，红桥区紧随其后，增速为 41.09%。市内六区和环城四区中，只有南开区建设用地地均固定资产投资出现负增长，年均降幅为 1.48%。河西区和河东区年均增速也在 10%以下。

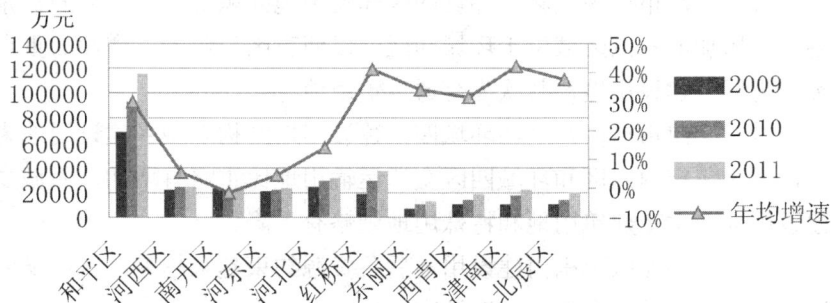

图4-5　天津市市内六区和环城四区建设用地地均固定资产投资（2009～2011 年）

③建设用地地均地区生产总值

如图 4-6 所示，2011 年天津市市内六区和环城四区建设用地地均地区生产总值增速一般低于 2010 年增速，只有西青区 2011 年增速超过了 2010 年。2009 年西青区建设用地地均地区生产总值为 18129.79 万元/平方公里，2010 年相对 2009 年增长 11.50%。2011 年达到 22861.95 万元/平方公里，相对 2010 年增长了 13.10%，和 2009 年相比增长 26.10%，年均增幅为 12.29%。2011 年，增速最快的是东丽区，达到 19.54%，增速最慢的河东区，增速也达到 11.80%。2009 年至 2011 年 3 年间，市内六区及环城四区的建设用地地均地区生产总值的年均增速均高于 11%。

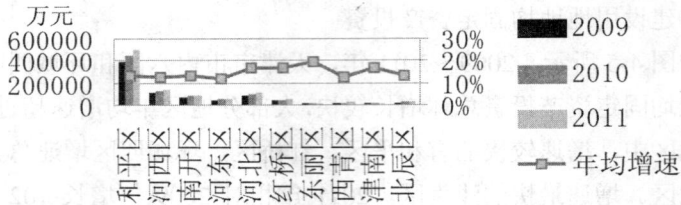

图 4-6　天津市市内六区和环城四区建设用地地均地区生产总值（2009～2011 年）

4.3.1.3　小结

（1）天津市市内六区和环城四区建设用地面积仍然呈明显的扩张趋势，增加的重点区域位于环城四区，以西青区为最多；增加的重点类型为城乡建设用地，其次为交通运输用地。

（2）天津市市内六区和环城四区建设用地结构以城乡建设用地为主，近 3 年市内六区和环城四区交通运输用地比重略有增加，而城乡建设用地、水工建筑用地和特殊用地则略有下降。

（3）中心城区范围内建设用地后备资源约束越来越紧，城市发展道路应由扩张发展向集约挖潜转变。

（4）天津市市内六区和环城四区常住人口规模持续扩大，城乡建设用地人口密度总体呈上升趋势，其中环城四区增长速度高于市内六区，和平区出现人口下降的状况。

（5）天津市市内六区和环城四区投入产出强度持续增长，其土地利用效益不断提高。其中，地均固定资产强度增速较快，市内六区中和平区、红桥区增速较快；环城四区增速总体高于市内六区。但地均地区生产总值增速呈下降趋势，只有西青区增速较快，土地产出效益最高。

4.3.2　工作地域层面分析

工作地域层面的分析目的在于了解城市建设用地的利用状况及其与城市功能的匹配度。因此，主要的工作内容包括用地现状与规划的差异性分析、产业结构调整分析、用地结构与布局特点和存在问题分析、土地市场状况分析、工业用地土地利用状况等。

4.3.2.1　土地利用结构

由于天津市中心城区范围内没有城市地籍数据，现有数据中没有工作地域范围内的用地现状数据，因此将工作地域范围与 2011 年土地利用变更调查数据做空间叠加分析，得到工作地域范围内的农用地、建设用地和未利用地的规模及分布情况。

由表 4-9 可知，工作地域内已经形成以建设用地为主、农用地与未利用地零星分布的土地利用格局。2011 年工作地域范围内建设用地规模为 454.60 平方公里，占工作地域土地总面积的 91.18%，其中城乡建设用地规模最大，占建设用地规模的 97.05%；农用地规模为 38.47 平方公里，占工作地域土地总面积的 7.72%，其中以其他农用地和耕地为主；未利用地规模为 5.49 平方公里，占工作地域总面积的 1.10%，主要为内陆滩涂和区域内的河流水面。

表 4-9　天津市工作地域土地利用现状结构表

地类		面积（公顷）	比例（%）
农用地	耕地	1294.39	2.60
	园地	119.92	0.24
	林地	824.21	1.65
	牧草地	173.05	0.35
	其他农用地	1435.19	2.88
建设用地	城乡建设用地	44117.83	88.49
	交通水利用地	1149.96	2.31
	其他建设用地	191.89	0.38
未利用地	水域	547.82	1.10
	滩涂沼泽	0.74	0.00
合计		49855.00	100.00

4.3.2.2　土地利用布局

本次评价的工作地域涉及市内六区全部和环城四区的部分区域，人口和城镇建设高度密集，集中了全市大部分公共服务设施，具有综合性的服务职能，是城市的行政文化中心和商贸服务中心。该范围内以发展金融、商贸、科技、信息、教育、文化、体育、医疗卫生等第三产业为重点，适当发展都市型工业。市级中心集中在人口稠密的和平区，大型商业设施在市中心区海河南岸高度聚集，文化娱乐设施主要分布在和平区、河西区、南开区，高校则主要集中在南开区和周边地区，并已经逐渐向西青区和津南区等外围转移。

（1）居住用地

按照统一规划、合理布局、综合开发、配套建设的原则，天津市实施新区开发和旧区改建同步进行的模式，完善现有居住区配套设施，改善居住环境，提高居住质量，加快经济适用房和社会保障房的建设，提高人均住房面积，因此居住用地在城市用地结构中占比最大，且多呈连续性面状分布。目前居住用地主要分布在老城厢、西广开、新开路、卫国道、张贵庄、水上公园、梅江、王兰庄、华苑、瑞景等新兴居住板块和小海地、长江道、民权门、王顶堤、万新村、体院北等原有大型居住区。新建居住区在中环线与外环线之间的区段均匀地布局于城市外围，多属于性质单一的纯居住空间。同时随着经济适用房及商品房的不断推进，外环线周边地区的住宅建设明显加速，结合城区及各工业区的发展，已配套建设了若干初具规模的居住区。随着人口自主或被动外迁，市内六区，特别是和平区过高的人口密度将逐步降低，居住环境和条件得以改善。

但是，整体居住水平相对较低，居住环境质量亟待提高。中心城区居住用地的区域发展很不均衡，主要体现在城市西南部开发强度较高，东北部开发强度较低。现有住宅建筑多分布在海河以西地区和子牙河以南地区，存在南北不均衡、东西不平衡的问题。同时由于住宅市场化和区位地价的调节，居住的社会分异现象逐渐加剧，区域人群组成的不均衡和社会问题引人关注。

尽管近年来天津住宅建设的速度发展很快，居民的居住质量和水平有了相当大的提高，但和国内同类大城市（北京、上海、广州等）相比，在总量和人均拥有量上，仍然存在明显差距。由于住宅过去欠账较多，居住水平较低等原因，导致在住宅建设上偏重于速度的提高，而忽视了居住环境质量的建设。同时从 20 世纪八十年代以来，一直存在着企事业单位内部见缝插针建住宅的问题，造成居住与工业等各项用地相互混杂，用地性质复杂，基础设施及公共设施压力过大，居住环境质量长期得不到提高。目前中心城区核心区还存在部分危陋旧房和许多六七十年代建设的多层居住区，这些居住区都存在布局结构不合理、建筑质量低下、环境恶劣等问题。

（2）商业行政办公用地

商业用地集中于人口密集的和平区。唯一的一级商业中心在滨江道—和平路—南京路商业区；二级商业中心位于一级商业中心外围，规模、客流量、租金水平都明显低于一级商业中心，包括小白楼金融商贸区、大沽路商贸区、老城厢—大胡同商贸区、海河东路商贸区、鞍山西道 IT 科技商贸区、五大道花园商务区、奥体中心休闲商务区、天津站—新开路商务商贸区、古文化街商贸区等；三级商业中心主要是社区级商服中心，包括梅江金海湾、上谷商业街、佟楼、广东路、万德庄大街、中山路、长江道、黄河道、西南角、大直沽、果园东路、华苑新城等，特点是邻近大型居住区、以经营日用百货、食品等商品为主。工作地域内的商业用地多为点状和线状分布，集中在城市中心地段，地块数量多、面积小，外围地带商业用地则与居住区关联密切。

目前，天津商业设施仍呈单核心形态，多中心的商业网络尚未形成，这一方面造成一级商业中心服务压力过重，另一方面也使得其他地区的商业服务设施发展滞缓，无法发挥规模经济作用。

（3）工业仓储用地

天津市启动工业东移战略以来，结合土地有偿使用制度的改革和城市建设，城市新建企业和市内现有企业已逐步向东部地区和外围城镇组团迁移，加之经济中心和城市服务等功能的不断完善与提高，生产功能有所降低，大型工业企业逐步减少，市内一些老企业的停产、转产，在以商住为主的城区中心几乎无规模以上工业企业。

目前工业用地分布于中环线与外环线之间的地带，主要集中于南开工业园、河西陈塘工业园、华苑新技术产业园区、红桥光荣道科技产业园、河北张兴庄工业园、河东二号桥工业园等中心城区的都市工业园，以及一些零散分布的工业企业，涉及电子信息、生物医药、新能源、环保产业、食品加工、服装、机械制造等多种行业类型。

但是，由于多种原因，天津市工业布局分散，生产集中化的程度相对较低。工业区用地规模偏小，分散化较为明显，缺乏整合。工业园区各自为政，产业定位趋同，重复投资建设状况严重。工业区的基础设施建设与城市基础设施建设不协调，重复建设和配套不足的现象同时存在。一些工业区的生活居住、公共服务设施不完善，造成通勤消耗。这些问题的存在，严重制约了工业企业的快速发展。

工作地域范围内的仓储用地主要分布在外环线的外围地区，而市内六区内的仓储用地主要是一些占地少、运量小、无污染、无干扰的仓库，储备性、中转性仓库和危险品仓库正在逐步迁出。

（4）教育用地

天津市教育用地主要分为中小学校教育用地和高等教育用地两类。中小学校教育用地呈弥漫状扩散分布，其特点是面积小、数量多、与居住用地交叉分布。高等教育用地则集中分布于天津第一高教区、第二高教区、第三高教区和海河教育园。第一高教区位于南开区卫津路一带，主要包括天津大学、南开大学、天津医科大学、天津中医药大学；第二高教区位于河西区大沽南路一带，主要包括天津科技大学、天津财经大学、天津工程师范大学；第三高教区位于市区西南部、外环线外侧西青区界内，主要包括天津工业大学、天津师范大学、天津理工大学、天津农学院、天津城市建设学院、天津商业大学宝德学院。海河教育园位于海河中游南岸津南区内，起步区包括 5 所高职学院和 2 所中职学校，并规划建设南开大学、天津大学新校区和天津广播电视大学、市委党校。

（5）城市基础设施布局

《天津市城市总体规划（2005～2020 年）》确定中心城区规划路网形态以"两环、两横、两纵、两条联络线"即"4 个 2"的快速路网为骨架的环放式路网，中心城区轨道交通线网规划方案为环放式结构，共由 9 条线组成，其中有 5 条放射线、2 条半环线（组成一条封闭的环线）、2 条外围半环线，线网总长度 234.7 公里，线网密度 0.54 公里/平方公里。目前该规划框架基本形成。中心城区正加快快速路和轨道交通系统建设，改造交通难点地区；完善快速公交系统，加强中心城区特别是商业集中区停车场（库）配套建设；完成铁路客运枢纽的改造扩建，建设西站综合交通枢纽，创建完善、快速、便捷的城市交通体系。

然而，近 10 年来，天津中心城区道路面积年均增长率只有 3%左右，而机动车年均增长率高达 15%左右，供需矛盾日益激化。中心城区城市道路网络级配不合理，快速路、主、次干道的建设比例失调。天津地铁既有线由于规模小，不能形成网络，在城市客运系统中发挥的作用很有限。公交线网层次不清，功能不明确。线路网布局整体上较为零乱，市郊线路网、进出核心区线路网、外围区间联系线路网客运走廊重叠，相互功能不清，缺乏换乘枢纽的有效衔接。

随着近郊地区的快速发展和中心城区外环线附近大型居住区的开发建设，以及津保等公路与外环线直接连接，使中心城区外环线承担的城市交通的比重越来越大，外环线道路特有的环流保护功能正逐渐丧失。迫切需要在现状外环线以外增加新的环路，与外环线形成合理的分工，分担外环线上的交通压力，形成过境交通和城市交通的有效分流。

（6）绿化与生态系统布局

近些年，中心城区通过专项工程，加大环境污染治理力度，重点建设了由主干道、快速路两侧绿化带和社区级绿地形成"点、线、面"结合的三级绿化体系，形成"二环、三轴、十一楔"多种绿地类型有机结合的绿地系统。"二环"是指结合中心城区外环线和城市快速环路建设两条绿环。第一条环是外环线以外 500～1000 米之间 58 米宽的绿化隔离带，以防护和改善城市环境为主，成为中心城区的绿色屏障，并将中心城区 11 片大型绿地串联起来；第二条环是快速环路两侧 50 米宽的公共绿地，部分地段结合自然河道开辟可供人们游憩、娱乐的公园绿地。"三轴"的第一条轴以海河和北运河作为城市绿化主轴线，沿河两岸原则上保留至少 50 米宽绿带并结合两岸公建、居住用地开辟大量公共绿地；第二条轴从子牙河到新开河组成城市绿化副轴，贯穿中心城市南北，并与第一条轴的交叉处规划一处公共绿地作为中心城区的绿核；第三条轴是沿南运河两岸开辟滨河绿地、公共绿地形成城市的绿化副轴线。"十一楔"主要是利用绿色空间将外围 11 片绿地相连，并在其间建设城市风景区、植物园、公园、生产绿地等，结合自然河道、道路绿化延伸至城市中心。其中，侯台风景区、梅江风景区、柳林风景区、南淀风景区、银河风景区以度假、水上游乐为主；刘园苗圃、程林庄苗圃、铁东苗圃作为市区主要的园林生产绿地；植物园以普及植物科学和研究为主；赵庄子公园、梅江南公园以文化娱乐、体育等多功能为主。然而，中心城区的城市绿地系统发展不平衡。河西区、南开区的绿化水平较高，其他地区较低。公园绿地主要集中在中环线周围。生产防护绿地主要分布在中心城区的北部与东南部。

4.3.2.3 土地市场

（1）土地交易状况

①土地成交规模与用途

经过一系列的土地使用权制度探索和改革，天津市已经建立了以招标、拍卖、挂牌方式为主的国有土地有偿使用制度，土地市场逐步成熟和完善。根据天津市土地交易中心公布的数据显示，2009 年至 2011 年天津市中心城区公开出让各类土地 622 宗，出让土地面积共计 4237.5 万平方米，其中，市内六区出让土地 65 宗，出让土地面积 236.1 万平方米，可建建筑面积 756.7 万平方米，成交金额 411.3 亿元；环城四区出让土地 557 宗，出让土地面积 4001.4 万平方米，成交金额 694.3 亿元。2009 年至 2011 年出让地块分布和面积如表 4-10 所示。

表 4-10　工作地域出让地块分布和面积统计（2009～2011 年）

区域	2009 年	2010 年	2011 年	面积（万平方米）
和平区	3 宗	5 宗	6 宗	25.6
河西区	4 宗	3 宗	7 宗	73.7
南开区	5 宗	3 宗	2 宗	32.7
河东区	6 宗	1 宗	3 宗	33.6
河北区	2 宗	5 宗	1 宗	52.7
红桥区	5 宗	1 宗	3 宗	17.9
东丽区	39 宗	51 宗	19 宗	1061.5
西青区	32 宗	45 宗	53 宗	992.0

续表

区域	2009 年	2010 年	2011 年	面积（万平方米）
津南区	70 宗	82 宗	72 宗	1257.1
北辰区	23 宗	19 宗	52 宗	690.8
合计	189 宗	215 宗	218 宗	4237.5

　　随着土地有偿使用制度的加速推进,政府大力推进城市开发建设,市内六区土地开发利用强度不断加大,后续可供开发利用的土地逐渐减少,城市居住和产业功能则逐渐向环城四区转移。从表 4-10 也可以看出,2009～2011 年环城四区出让土地面积和数量均远大于市内六区。

　　从成交区域来看,市内六区中,河西区出让土地面积最多,其次为河北区,红桥区出让土地面积最少,这与近几年各区域的土地收购整理和旧城改造实施进度密切相关。环城四区中津南区出让土地面积最多,东丽区次之,北辰区最少。

　　从成交土地用途来看,如图 4-7 所示,市内六区以成交商住用地为主,商业用地成交量略高于居住用地,工业用地成交量最少;环城四区则以成交工业用地为主,居住和商住用地成交比例逐年提高。主要是近年来城市内工业企业逐步向滨海新区和环城工业园区搬迁,核心区通过弱化居住功能,集中发展中心商务区、商贸服务区和旅游文化区。环城区域则随着基础配套设施的不断完善,成为居住条件逐渐成熟,交通便利,生活成本较低的区域。反映在空间地域上,居住和工业成交地块多分布在城区中心外的边缘地带和环城四区,商业成交地块则在城区中心和边缘地带均有分布。

市内六区

环城四区

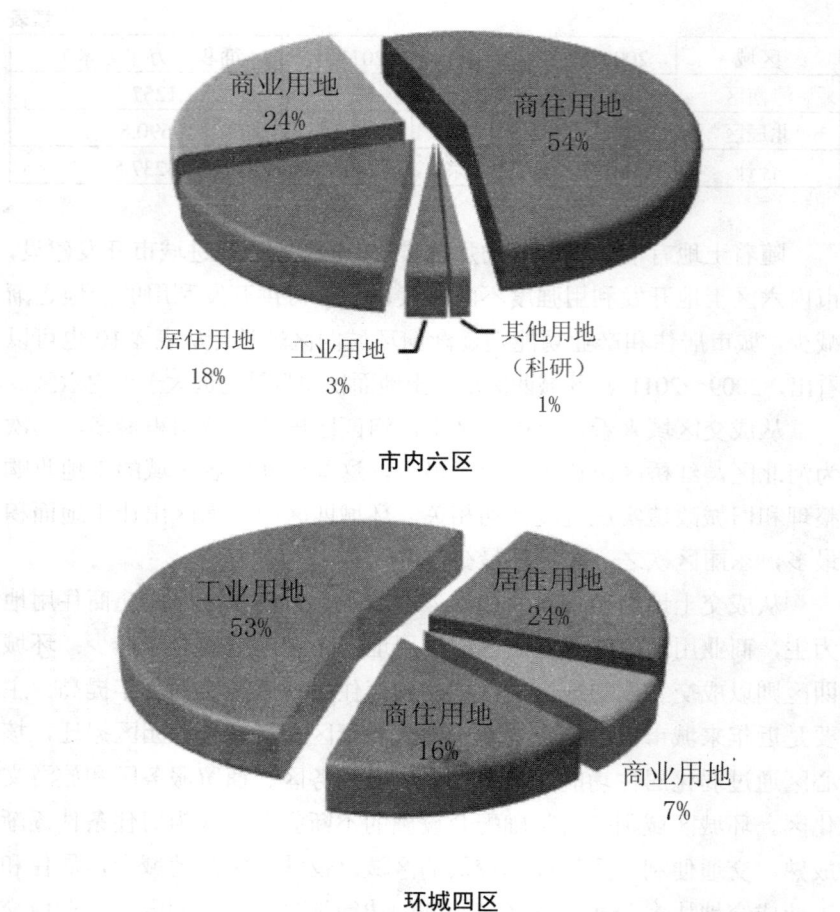

图4-7 天津市市内六区和环城四区各用途土地出让面积比例分布图(2009～2011 年)

②土地价格水平及变化趋势

从 2000 年至 2011 年天津市地价监测结果来看（参见表 4-11 和图 4-8），商业和居住用地地价保持持续增长的势头，2008 年开始，受全球金融危机影响，房地产开发投资降温，开发商拿地谨慎，地价增长趋势放缓。近 10 多年来，工业用地价格变化不大且整体水平较低。

表 4-11　天津市中心城区地价动态监测结果统计表　（单位：元/平方米）

年度	综合	商服	住宅	工业
2000	2462	4199	2157	545
2001	2347	3359	2200	567
2002	2421	3443	2222	600
2003	2791	4577	2612	600
2004	3049	5011	3071	612
2005	3234	5437	3272	632
2006	3333	5609	3398	635
2007	3694	6244	3763	687
2008	3987	6869	3997	695
2009	4263	7154	4369	713
2010	4844	7814	5123	756
2011	5012	7866	5402	768

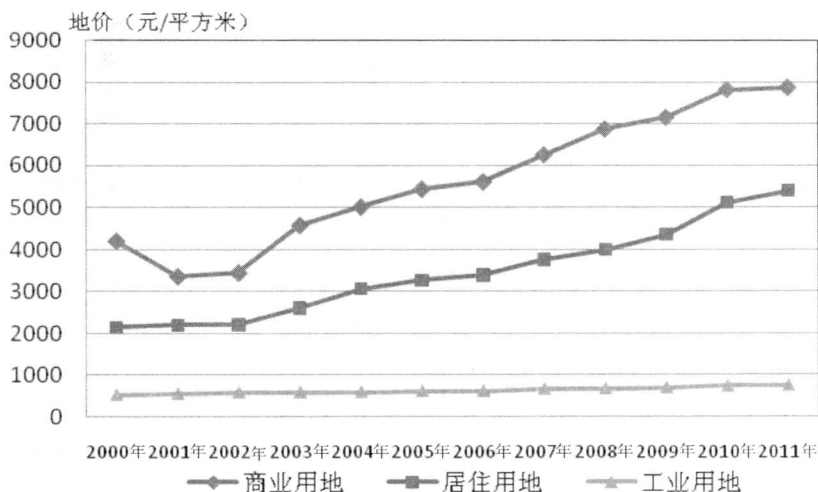

图 4-8　天津市中心城区地价水平趋势图（2000~2011 年）

（2）房地产交易状况

①房地产成交规模

自 1998 年下半年全国城镇停止住房实物分配,实行住房分配货币化以来，天津市商品房市场逐步发育，吸引了开发商对房地产开发的热情。尤其 2000 年以后房地产开发投资逐年增加，到 2010 年，天津市全年实现房地产开发投资额 866.64 亿元。

2000 年以后，随着天津市经济的快速发展，促进了人口的不断聚集和居民生活水平的逐步提高，首次置业和改善型住房需求不断增加，与此同时天津市旧城改造步伐加快，伴随着新城市建设的推进和经济发展的全面提速，房地产市场出现了供需两旺的态势。如图 4-9 所示，2000 年以来，商品房销售面积不断增加，尤其 2005～2007 年的 3 年间商品房销售面积累计达到了 4415.56 万平方米。尽管 2008 年受金融危机的影响，商品房销售面积出现下降，但随着经济的复苏，2009 年商品房的销售逐步回到了金融危机前的状态。

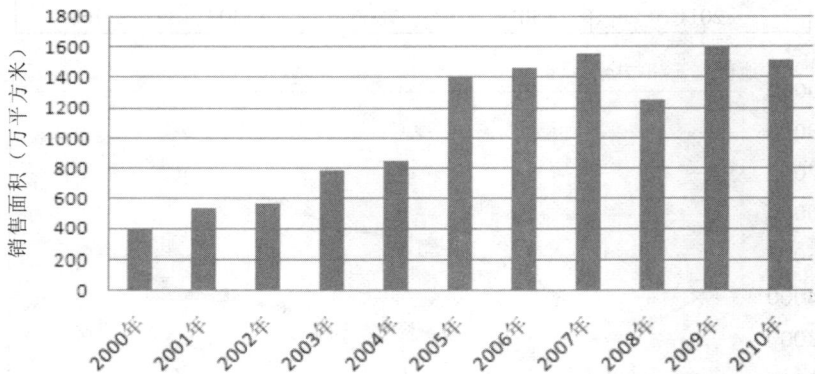

图 4-9　天津市商品房销售面积（2000～2011 年）

总体上市内六区商品住宅成交量受国家宏观调控政策影响显著。2007 年天津市商品房销售面积达到一个顶峰，2008 年受全球金融危机影响，商品住宅成交量严重下滑，2009 年在中央政府大幅降息及"四万亿"投资计划的刺激下，商品住宅成交回暖，但 2009 年的过度回暖使得房地产调控再次袭来，2010 年为遏制房价过快上涨，中央政府出台了一系列房地产调控政策，从抑制需求、增加供给、加强监管等方面对房地产市场进行了全方位的调控。2011 年"津十条"正式落地实施，在限购、利率上涨等调控政策作用下成交量再次下滑。而随着城市中心职能的转变，环城四区逐渐承载了城市中心的居住功能，虽然2008 年受金融危机影响交易量下滑，但近 3 年商品住宅依然保持了较高的成交量。

从成交的空间分布结构来看，虽然天津市房地产开发投资逐年增加，商品房销售面积不断加大，但随着房地产开发量的逐年增加，近几年来中心城区的市内六区可供开发的土地逐年减少，城市中心商品房的成交量，特别是比重明显下降。2006 年市内六区新建商品住宅成交 323.3 万平方米，占天津全市的 39%，到 2011 年市内六区新建商品住宅成交量下降到 105.4 万平方米，占全市的比例也下降到 12%，新建商品房建设的不断减少使得城市中心商品住宅成为稀缺品。相反，随着城市中心居住重心外移，外环线周边商品房项目不断增多，环城四区新建商品住宅成交量则出现了逐年增加的趋势，2006 年环城四区新建商品住宅成交 197.8 万平方米，占天津全市的 24%，到 2011 年环城四区新建商品住宅成交量上升到 351.9 万平方米，占全市成交量的40%。

由于房地产调控政策意在坚决抑制住房价格过快增长，调控的锋芒直指商品住宅市场，相比住宅，非住宅不受"限购、限贷"政策影响可以一次性多套购买，而且不受贷款套数的限制，同时天津市非住宅定价水平普遍不高，使其投资优势日益凸显出来。天津市国土资源和房屋管理局资料显示，2011 年 1～12 月份，全市非住宅成交 241.4万平方米，同比 2010 年的 204.3 万平方米增长了 18.7%。工作地域范围内房地产交易量最大，占全市总量的 58.7%，其中市内六区占总量的 45.2%，环城四区占总量的 13.5%。

②房地产价格水平及变化趋势

根据天津市国土资源和房屋管理局每日房价数据统计显示，2006年天津市内六区商品住宅成交均价为 6399 元/平方米，环城四区为4408 元/平方米。2008 年虽然受金融危机影响商品住宅成交量出现下滑，但成交价格依然保持增长态势，且在 2008 年天津市内六区新建商品住宅迈入了万元大关，成交均价达到了 10078 元/平方米，尤其在

2010 年市内六区新建商品住宅价格同比上年涨幅达到了 37%，均价超
过 15000 元/平方米。截止到 2011 年 12 月 31 日的统计数据显示，2011
年全年天津市内六区新建商品住宅成交均价 17485 元/平方米，环城四
区新建商品住宅成交均价 9518 元/平方米，达到了历史最高点，如图
4-10 所示。

图 4-10　天津市市内六区和环城四区新建商品住宅成交价格水平分析图
（2006～2011 年）

　天津市市内六区和环城四区新建商品住宅成交价格同样受国家宏
观调控政策影响显著。2008 年经济危机爆发之前，天津市商品住宅成
交价格保持平稳增长，2008 年 9 月市内六区新建商品住宅价格出现了
环比 13% 的下降，此后持续了 7 个月的低迷。从 2009 年 5 月份开始，
随着中央"四万亿"经济刺激政策的实施和人民银行存贷利率的下调，
房地产价格再一次出现快速上涨。2010 年 4 月 17 日，为遏制房价过
快上涨，国务院下发了《关于坚决遏制部分城市房价过快上涨的通知》，
提出"明问责、抑投机、增供给、促保障、严监管"的十条政策措施，
即"国十条"，商品住宅价格下降。

　2011 年房地产调控力度加大，1 月 26 日为巩固和扩大调控成果，
国务院办公厅出台《关于进一步做好房地产市场调控工作有关问题的

通知》（国办发〔2011〕1 号，简称"新国八条"），提出地方政府控制
房价的目标责任制，强化差别化住房信贷政策，从严制定和执行住房
限购措施等，政策力度再度加强。2011 年 3 月 1 日，天津市人民政府
办公厅出台《关于贯彻国务院办公厅文件精神进一步做好我市房地产
市场调控工作的实施意见》（津政办发〔2011〕19 号，简称"津十条"），
"津十条"正式落地实施，新政意在通过对供需双方同时调整，从而使
得市场结构更加合理，供需矛盾得以缓解，从而遏制房价的过快上涨。
2011 年全年，央行共上调存款准备金率 6 次，直至历史新高，并分别
于 2 月、4 月、7 月上调金融机构人民币存贷款基准利率 3 次，"新国
八条"的颁布被专家称为宏观调控史上最为严厉的调控政策。由于限
购令特意关照了天津市市内六区，投资需求被有效遏制，中心城区住
宅市场观望气氛浓厚，成交数量出现快速下滑，但市内六区和环城四
区成交价格依然保持了震荡上涨的态势。

　　房地产调控新政在抑制住宅投资的同时，商业等非住宅地产所具
有的稳定收益和高增值性，使部分市场资金流入有发展潜力的商业等
非住宅地产项目，商业房地产需求仍保持持续增长，逐渐体现出其真
正的价值。与住宅和商业房地产市场相比，天津市出台的各项调控政
策对工业房地产市场影响不大，工业房地产市场一直处于较稳定态势。

　　③土地级别及基准地价

　　土地级别是根据城市土地的经济、自然两方面属性及其在社会经
济活动中的地位、作用，对城市土地划分等级，城市土地级别的划分
揭示了城市内部土地质量在不同地域的差异，是城市土地质量空间分
布规律的概括和总结。

　　基准地价是在城市规划区范围内，对现状利用条件下各级别土地
或均质地域，按照商业、居住、工业等土地类型分别评定的、正常市
场条件下某一时点上的法定最高年期的土地使用权的区域平均价格。
基准地价评估建立在城市土地定级的基础上，是各级别土地质量和利
用效益水平的价格表达，它反映了城市土地市场中地价的总体水平，
对土地交易价格和房地产交易价格的形成有重要的引导作用。

　　天津市自 1992 年首次开展城镇土地定级并公布基准地价以来，中

心城区分别于 1998 年、2003 年、2006 年和 2009 年进行了四次基准地价更新工作。中心城区现行基准地价成果如表 4-12 所示。

表 4-12　天津市中心城区基准地价成果表　（单位：元/平方米）

	级别	I	II	III	IV	V	VI	VII	VIII	IX	X
商业	地价	12940	9565	7915	6390	5355	4260	3485	2915	2400	1980
	楼面价	6470	4783	3958	3195	2678	2130	1743	1458	1200	990
居住	地价	8560	7115	5800	4790	4040	3400	2820	2235	1865	1660
	楼面价	4280	3558	2900	2395	2020	1700	1410	1118	933	830
工业	地价	1130	885	755	610	540	490				

天津市现行基准地价将中心城区的商业、居住用地划分为 10 个级别，工业用地在规划限制区以外划分为 6 个级别。商业用地基准地价以一级地为峰值向低级别迅速降低，居住用地基准地价随着土地级别降低自中心区向外围依次下降，工业地价则整体水平不高，差别较小。各级别基准地价为政府管理土地资产、确定土地使用权出让底价和政府参与土地收益分配等提供了重要依据，充分反映了市域空间内的地价差异和土地利用效益。

商业用地土地级别呈典型的单中心环状分布，各级别基准地价随着距中心区距离的增加依次降低。商业地价峰值区分布在滨江道—和平路区域，为核心商业区，其他各级别土地以中心商业区为核心呈准同心圆状向四周级别依次降低，六级地在城区南部形成一个副中心。从各级别用地土地面积大小来看，一级商业用地级别面积 1.313 平方公里，比 2006 年基准地价的级别面积减少了 0.154 平方公里；随着商业用地级别的升高，级别土地面积逐渐增大，商业九级地级别面积达到了 90.468 平方公里，分布于外环线边缘的商业八级、九级、十级地，级别面积共计 184.384 平方公里，占到了总评价面积的 56.2%。商业用地在城市中心区高度集聚，各级别土地分布与中心城区商业用地空间分布格局相吻合。

居住用地土地级别以和平区五大道历史风貌保护区和中心商业区

为核心，从核心区向四周各级别土地呈不连续片状分布，反映了城市居住活动的集聚趋势，靠近外环线边缘的八级、九级、十级地依然占据了市域的大部分面积。

市中心区为工业发展的限制区，工业用地土地级别依托中心城区现存的都市工业园区扩散排列，一级地分布在陈塘工业区及其外延的大梅江居住区和南开工业园，二级地分布在华苑新技术产业园区、南开科技园区及周边地带、陈塘热电厂等企业所在的区域，三级地分布在光荣道科技产业园、张兴庄工业园、二号桥工业园、程林工业区及其周边地区，四级地包括北辰科技园及其周边地区、河东区天山路一带、东部津南区的零星工业用地，五级、六级地分布在中心城区东部边缘的东丽区和北部的北辰区部分区域。中心城区土地级别基本反映了区域土地价格空间分布态势，即以中环线为界，中心区级别高，开发利用强度大，地价高；外围地区级别低，开发利用强度小，地价低。

4.3.2.4 工业用地利用状况

（1）工业用地状况

工作地域内市内六区近几年按照工业东移战略，积极调整产业结构，其工业用地零星分布，主要发展技术密集、附加值高、无污染的都市型工业。外环线以外地区，工业用地主要分布在西青区的天津滨海高新技术产业开发区华苑产业区、西青新城、大寺组团，北辰区的双街组团、青光—双口组团等区域。其中，天津滨海高新技术产业开发区华苑产业区被逐渐建成为高新技术的研发和转化基地，西青新城重点发展汽车工业，双街组团重点发展服务于中心城区的物流等产业，青光—双口组团重点发展现代加工工业，大寺组团重点发展新型电子工业。

（2）典型工业园区

①华苑产业园区

华苑产业园区坐落在天津市区西南部，规划面积11.58平方公里。华苑产业园区是天津高新区的核心区，是市区内唯一成片开发的区域，其中华苑科技园（环内）2平方公里、华苑科技园（环外）9.58平方公里。园区聚集了绿色能源、软件及高端信息制造、生物技术与现代医药、先进制造业和现代服务业等众多高新技术企业，现有企业博士后工作站 13 个，在站博士后研究人员 15 名，"两院"特聘专家 10 名。

②北辰科技园

北辰科技园位于北辰区东南部，包括环内和环外两部分。园区是京津塘高速公路产业带的重要组成部分。北辰科技园致力创造优越的投资环境，按照"服务好一个企业等于制作了一份优秀投资指南"的服务理念，加强软环境建设已经形成了健全、高效、具有强大保障力的服务体系。现已有 24 个国家和地区的 260 多家企业在园区投资建厂，形成了八大支柱产业群体，即以比利时汉森、德国西门子为龙头的新能源产业群体，以韩国 LG 为龙头的机电制造产业群体，以中国天士力为代表的生物制药产业群体，以日本高丘六和公司为代表的汽车配件产业群体，以香港比克电池公司为龙头的新材料产业群体，以香港华润集团为代表的食品饮料产业群体，以台湾正新轮胎为代表的橡胶制品产业群体，以美国沃尔玛公司为龙头的现代物流产业群体。八大产业的聚集优势为各企业落户园区提供了良好的配套条件，产业聚集效应日益显现，并以每年 30% 的发展速度递增。

（3）典型工业园区用地特点

根据 2011 年度开发区土地集约利用评价更新成果，天津市典型工业用地 2011 年土地利用状况具有以下特点。

第一，土地供应趋于饱和状态，园区日益成熟。截至 2011 年底，园区土地开发率接近十成，土地供应率九成以上，反映出园区土地开发逐渐完善，园区建设日益完善。园区尚可供应土地十分有限，后续土地供应紧张，提高土地集约利用水平成为必然选择。

第二，土地集约利用程度进一步提高，土地利用潜力尚有提升空间。园区土地利用强度的各项指标均比 2009 年有所提升，但是与国家标准相比尚有一定差距。华苑产业园区的综合容积率和工业用地综合率十分突出，分别为 0.73 和 0.99。园区投入强度和产出强度较 2009 年均有大幅提升，投入强度更是远高于国家标准，反映出园区土地价值实现程度较高，土地效用得以有效发挥，园区经济发展形势良好。

第三，土地利用监管绩效良好，市场化机制日益成熟。园区土地已全部实现有偿使用，并积极落实国家招拍挂政策，市场化机制逐渐成熟。截至 2011 年底，园区无有偿使用到期且未处置土地和闲置土地，同时园区加强企业落地管理，加强闲置项目置换管理，对区内停产或低效企业闲置的厂房和部分地块，通过有效的政策约束和引导，以转让、拍卖、兼并、置换等多种形式，盘活资产、用足存量，实现项目对接，提高了土地使用效率。

第四，主导产业高端、高新特点显著，土地利用状况与功能区定位相协调。加强自主创新，主导产业集聚效应明显，科技型中小型企业发展迅速。华苑产业园区围绕新能源、软件和信息制造、生物技术与现代医药、先进制造和现代服务业五大主导产业，北辰科技园围绕新能源、机电制造、汽车配件等八大主导产业，吸引和聚集全球性的创新资源和人才，促进主导产业集群的高端化发展。同时加大对科技型中小企业投入和政策扶持力度，推动开展五大工程，实施 20 项具体措施，落实 22 条支持政策，积极建设国家创新型科技园区，极大提高了科技型中小企业自主创新能力。

第五，土地利用结构合理，开发区各项功能得以提升。典型园区十分注重园区内部软环境的建设，积极完善基础设施综合配套，提升园区服务水平，努力将园区打造成为软环境典型示范区。目前工矿仓储用地仅占已建成城镇建设用地面积的六成，交通运输用地、公共管理和公共服务用地均占较大比例，同时住宅用地、商服用地亦占一定比例。

4.3.2.5　小结

（1）工作地域形成以建设用地为主、农用地与未利用地零星分布的土地利用格局。

（2）评价工作地域人口和城镇建设高度密集，集中了全市大部分公共服务设施，具有综合性的服务职能，是天津城市的行政文化中心和商贸服务中心。市级综合服务中心集中在人口稠密的和平区、大型商业设施在市中心区海河南岸高度聚集，文化娱乐设施主要分布在和平区、河西区、南开区，高校则主要集中在南开区和周边地区，并已经逐渐向西青区和津南区等外围转移。

（3）天津市土地市场逐步成熟和完善，环城四区出让土地面积远大于市内六区。市内六区中，河西区出让土地面积最多，环城四区中津南区出让土地面积最多。市内六区以成交商住用地为主，环城四区以成交工业用地为主。

（4）土地成交价格方面，商业和居住用地地价保持持续增长的势头，工业用地价格变化不大且整体水平较低。房地产交易量出现了供需两旺的态势，商业和居住房地产成交价震荡上涨、工业房地产较稳定。随着房地产开发量的逐年增加，近几年来中心城区的市内六区可供开发的土地逐年减少，市内六区成交量逐步下降。房地产交易价格方面，市内六区和环城四区商业和居住房地产成交价格保持了震荡上涨的态势，工业房地产市场一直处于较稳定态势。

（5）商业用地土地级别呈典型的单中心环状分布，各级别基准地价随着距中心区距离的增加依次降低。居住用地土地级别以和平区五大道历史风貌保护区和中心商业区为核心，从核心区向四周各级别土地呈不连续片状分布。市中心区为工业用地规划限制区，工业用地土地级别依托中心城区现存的都市工业园区扩散排列。

（6）工作地域内工业用地主要分布在外环线周边区域，市内六区零星分布都市型工业用地。具有代表性的华苑产业园区和北辰科技园土地利用集约程度较高，土地利用状况与功能定位相协调。

4.4 天津市城市用地状况评价的定量分析

城市土地利用状况定性分析是从行政区域和工作地域两个层面反映了城市土地利用的状况，若要更全面、实际地反映城市的土地利用程度，则还需在城市土地利用状况定性分析的基础上，通过建立量化的指标体系，选择能够反映城市土地利用状况、土地利用与经济社会发展关系的指标，进行定量评价。

依据《建设用地节约集约利用评价规程》的要求，天津市城市用地状况定量评价按照以下的步骤进行评价：首先，应按照城市主干道、河流、行政界线及土地用途一致性等原则初步划分城市功能区。其次，选择样本片区作为其代表，并确定评价指标体系，针对样本片区评价指标收集基础数据资料。再次，在对样本片区进行土地利用状况预评价的基础上，根据其土地利用状况类型的评价结果，针对同一功能区内各样本片区土地利用状况类型不一致的情况，进一步调整功能区范围，将集约类型一致且临近的样本片区划入同一功能区中，直至各功能区内样本片区土地集约利用类型一致，确定功能区的最终范围。最后，在此基础上，对样本片区和功能区进行集约类型划分，并对功能区土地利用状况评价结果进行分析，从而揭示不同类型功能区的土地集约利用水平。

4.4.1　功能区和样本片区的划分

城市功能区和样本片区的划分是城市用地状况评价的基础。它是根据宗地信息图、基准地价更新成果、地形图、遥感影像图等矢量数据，将土地使用功能、使用强度、土地利用方向、基准地价等条件大体一致的区域划分为一个功能区。为使评价更具代表性，在一个功能区中，将具有典型性的区域划分为样本片区。

4.4.1.1　功能区的初步划分

（1）功能区的划分原则

根据《建设用地节约集约利用评价规程》（TD/T 1018-2008）和评价过程中确定的技术思路，本次评价中功能区的划分原则如下：

①功能区划分根据土地利用主导功能用途进行划分，本次评价功能区划分按照居住、商业、工业、教育和特别五类进行划分。

②按照地形、地物边界一致性原则，严格保持宗地的完整性，便于地籍数据的统计和查询。

③行政区域相对完整性原则，且功能区边界不切割《天津市控制性详细规划》最小单元。

④基准地价保持一致性原则，根据天津市中心城区基准地价更新成果，保持功能区内土地级别的一致。

⑤保持功能用途显著性原则。居住功能区内住宅用地、居住区级

以下的公建用地分别应占 50% 以上和 12%～25% 的比例；商业功能区范围内商服用地（含商务、金融、服务业等用地）占 60% 以上，并且属于居住区级以上（不含居住区级）的商业金融等公建用地；工业功能区范围内工业用地（含高新技术产业用地和仓储用地）占 40% 以上；教育功能区仅对高等院校、大中专学校等划定，一个教育机构原则上属一个功能区；特别功能区在居住、商业、工业和教育功能区后进行，将产业结构调整区域的用地和需要在土地利用管理中用以关注的用地列入。

（2）功能区的划分步骤

功能区的划分采用以下方法进行：

①利用天津市中心城区宗地信息图中宗地的用途属性，初步确定居住、工业、商业、教育用地的分布。

②结合《天津市城镇土地分等定级（2008）》成果（天津市中心城区居住用地土地级别和基准地价图、天津市中心城区商业用地土地级别和基准地价图、天津市中心城区工业用地土地级别和基准地价图）和《天津市中心城区控制性详细规划》，以及天津市中心城区遥感影像图，初步确定功能区的范围。

③在 1∶2000 地形图道路、河流等地物界线的基础上，精确划分各功能区的边界线。

④根据遥感影像图和现场踏勘，对功能区的边界进行调整，确保功能区的用途、功能、强度、效益相对一致。

（3）功能区初步划分结果

根据以上方法和步骤，在工作地域范围内，初步划分了 249 个功能区，其中居住功能区 138 个，面积 22120.67 公顷，主要分布在市内六区，环城四区的中心镇，以及主要交通干线带等区域。商业功能区 41 个，面积 695.54 公顷，分布在滨江道、大胡同等市级商业中心，解放北路商业带和海河两岸金融，商贸等高端服务业发展带，以及专业性市场等区域。其中次级商业中心较少，且比例较低，与天津市打造北方经济中心有一定的差距。工业功能区 48 个，面积 14925.37 公顷，分布在北辰区东北区域，西青区西青道环外道路两边、环绕外环线区域，表现出明显的沿环线分布特征，其部分企业分布较为零散，应进一步采取有效措施，努力促进工业企业向工业园区集中。教育功能区20 个，面积 1590.40 公顷，主要分布在南开大学、天津大学、河北工业大学周围以及西青区大学城，其分布状态与城市规划教育用地逐渐集中发展的趋势相吻合。特别功能区 2 个，面积 190.29 公顷，主要分布在五大道、意式风情街等历史文化保护区。

各功能区基本上覆盖了天津市城市建成区范围，比较真实地反映了天津市的土地利用分布情况，可作为天津市城市用地状况评价的对象，功能区初步划定结果如表 4-13 所示。

表 4-13　各功能区的初步划定结果

功能区类型	个数（个）	面积（公顷）	占工作地域面积比例（%）
居住功能区	138	22120.67	44.01
商业功能区	41	695.54	1.38
工业功能区	48	14925.37	29.70
教育功能区	20	1590.40	3.16
特别功能区	2	190.29	0.38
合计	249	39522.27	78.63

（4）未参评区域说明

除居住、商业、工业、教育和特别功能区外，本次评定未自行设定《规程》要求以外的其他评价功能区。根据《规程》要求，将工作地域范围内除居住、商业、工业、教育和特别功能区以外的部分公园苗圃、集中连片的行政办公用地、污水处理厂、公墓、监狱以及道路和河流等剩余区域划分为未参评区域。未参评区域面积共 10736.53 公顷，占工作地域范围总面积的 21.36%。

4.4.1.2　样本片区的初步划分

样本片区是指在功能区中具有典型性的区域，应根据不同功能分别选定。

（1）样本片区的划分原则

①典型性原则。样本片区应选择功能区内具有典型性的区域进行划分，划定的样本片区应能代表功能区的土地利用状况。

②每个功能区内应不少于 2 个样本片区或以整个功能区作为一个样本片区，样本片区的面积之和不少于功能区面积的 20%。

③居住样本片区首先宜按小区范围选择，必要时可选择居住组团，其次可将多个居委会范围合并成一个样本片区。商业样本片区可选择数宗地或单宗地作为样本片区。工业功能区可选择一宗或多宗相连土地作为一个样本片区，样本片区内除厂房用地外，还包括生产服务设施用地，但不包括居住用地。一个教育功能区原则上作为一个样本片区。一个特别功能区原则上作为一个样本片区。

④居住样本片区不得小于 4 公顷，商业样本片区不得小于 1 公顷，工业样本片区不得小于 10 公顷。

（2）样本片区初步划分结果

针对 249 个功能区，按照以上样本片区划分原则，共划分出 506 个样本片区。其中居住样本片区 308 个，商业样本片区 68 个，工业样本片区 108 个，教育样本片区 20 个，特别样本片区 2 个（参见表 4-14）。

表 4-14　各功能区样本片区初步划定结果

功能区类型	样本片区个数（个）	面积（公顷）	占该功能区面积的比例（%）
居住功能区	308	4424.13	20.00
商业功能区	68	270.45	38.88
工业功能区	108	3432.85	23.00
教育功能区	20	1590.40	100.00
特别功能区	2	190.29	100.00
合计	506	9908.13	281.88

4.4.1.3　功能区和样本片区的调整

在功能区和样本片区初步划分的基础上，计算指标实际值，合理确定指标理想值，按照指标标准化法，开展各样本片区的预评价，并对各功能区内的样本片区进行汇总分析。根据预评价结果和功能区的划分原则，针对一个功能区对应不同土地利用类型样本片区的情况，重新调整功能区范围和个数，并对调整后的功能区样本片区进行检查，调整修改样本片区的范围和个数。反复进行评价和功能区、样本片区的调整直至最终确定对所属功能区具有代表性的样本片区及相应功能区。各功能区及样本片区最终划分结果如表 4-15、表 4-16 所示。

表 4-15　各功能区最终的划定结果

功能区类型	个数（个）	面积（公顷）	占工作地域面积比例（%）
居住功能区	259	22248.98	44.26
商业功能区	44	742.62	1.48
工业功能区	64	14344.46	28.54
教育功能区	18	1592.42	3.17
特别功能区	2	190.29	0.38
合计	387	39118.77	77.83

表 4-16　各功能区样本片区划定结果

功能区类型	样本片区个数（个）	面积（公顷）	占该功能区面积的比例（%）
居住功能区	465	7536.06	33.87
商业功能区	62	391.64	52.74
工业功能区	108	6995.66	48.77
教育功能区	18	1592.42	100.00
特别功能区	2	190.29	100.00
合计	655	16706.06	335.38

4.4.2　功能区和样本片区评价指标

4.4.2.1　评价指标体系的确定

依据《建设用地节约集约利用评价规程》，城市用地状况评价的指标体系按不同类型功能区来设定。由于居住功能区的绿地率、住宅地价实现水平，商业功能区的单位用地从业职工数、单位用地营业额，工业功能区的单位用地工业利税、工业地价实现水平，教育功能区的绿地率、单位校舍用地服务学生数、单位体育活动场地服务学生数等指标的数据不易搜集的原因同时抽样计算发现备选指标的测算不影响各功能区、样本片区的评价结果。本次评价中居住功能区、商业功能区、工业功能区、教育功能区、特别功能区五类功能区的评价指标体系只选用《建设用地节约集约利用评价规程》中的必选指标，具体如表 4-17 所示。

表 4-17 城市用地状况评价指标体系表

功能区类型（代码）	指标（代码）	相关性
居住功能区（R）	综合容积率（R1）	适度相关
	人口密度（R2）	适度相关
	基础设施完备度（R3）	正相关
	生活服务设施完备度（R4）	正相关
商业功能区（C）	综合容积率（C1）	适度相关
	基础设施完备度（C2）	正相关
	商业地价实现水平（C3）	正相关
工业功能区（I）	综合容积率（I1）	适度相关
	单位用地固定资产总额（I2）	正相关
	基础设施完备度（I3）	正相关
	单位用地工业总产值（I4）	正相关
教育功能区（E）	综合容积率（E1）	适度相关
	建筑密度（E2）	适度相关
	单位用地服务学生数（E3）	适度相关
	基础设施完备度（E4）	正相关
特别功能区（S）	综合容积率（S1）	适度相关
	建筑密度（S2）	适度相关

4.4.2.2 评价指标的内涵与采集

根据确定的评价指标体系，通过宗地登记信息、图上量测和现场调查等方式获取样本片区评价指标的现状值。各评价指标的内涵与计算、采集方法如下。

（1）综合容积率

计算公式为：综合容积率=建筑总面积÷土地面积

建筑总面积、土地面积数据的获取通过两种方法：①根据宗地登记信息直接获取；②从 1:2000 地形图中获取土地面积和建筑基底面积，然后现场调查获取建筑层数，建筑基底面积与建筑层数的乘积为建筑总面积。

（2）建筑密度

计算公式为：建筑密度=建筑基底面积÷土地面积

建筑基底面积从 1:2000 地形图上量测获得。

（3）人口密度

计算公式为：人口密度=居住人口÷土地面积

居住人口主要通过三种方式获取：①从街道、居委会或小区物业调查获得；②从网上收集；③根据户数进行估算。

（4）基础设施完备度

选择供水、排水、电力、供热、供气等设施作为基础设施完备度的影响因子，将天津市城市规划建设的供水管线、排水管线、电力管线、供暖管线和燃气管线矢量化，确定各类基础设施在某区域的作用指数、水平系数及使用保证率，从而确定各区域的基础设施完备度。

（5）生活设施完备度

选择公用设施中的中小学、幼儿园、医院、公园、菜市场和公交站作为生活服务设施完备度的影响因子，根据地形图，提取中小学、幼儿园、医院、公园、菜市场和公交站的现状点数据，确定各类生活设施在某区域的作用指数、水平系数及使用保证率，从而确定各区域的生活设施完备度。

（6）商业地价实现水平

计算公式为：商业地价实现水平=单位土地地价÷所在级别的商业基准地价

单位土地地价主要通过三种方式获取：①土地出让信息；②地价监测点数据；③市场调查。所在级别的商业基准地价根据《天津市城镇土地分等定级（2008）》成果确定。

（7）单位用地固定资产总额

计算公式为：单位用地固定资产总额=固定资产总额÷土地面积

固定资产总额主要通过四种方式获取：①在开发区范围内的结合开发区评价成果获取；②向企业所在地主管部门进行查询；③通过企业调查；④通过统计局获取一定范围内企业的总体数据再进行拆分。

（8）单位用地工业总产值

计算公式为：单位用地工业总产值=工业总产值÷土地面积

工业总产值主要通过四种方式获取：①在开发区范围内的结合开发区评价成果获取；②向企业所在地主管部门进行查询；③通过企业调查；④通过统计局获取一定范围内企业的总体数据再进行拆分。

（9）单位用地服务学生数

计算公式为：单位用地服务学生数=服务学生总数÷土地面积

服务学生总数主要通过两种方式获取：①从教委等教育主管部门查询；②到学校进行调查。

居住、商业、工业、教育、特别功能区各样本片区指标现状值详见附表7：居住功能区指标实际值、理想值、标准化值对比表，附表8：商业功能区指标实际值、理想值、标准化值对比表，附表9：工业功能区指标实际值、理想值、标准化值对比表，附表10：教育功能区指标实际值、理想值、标准化值对比表，以及附表11：特别功能区指标实际值、理想值、标准化值对比表。

4.4.2.3　评价指标权重的确定

城市用地状况评价工作采用德尔菲法确定评价指标的权重值。

邀请25位熟悉天津市经济社会发展状况和土地利用状况的相关专家判断评价指标的权重。调查采用现场打分方式。将所有专家第一轮权重打分表填好收回后，整理专家们的意见。求出每一项指标的权重值均值，同时求出每一位专家给出的权重值与均值的偏差，然后将第一轮的权重值均值和方差反馈给各位专家，进行第二轮权重打分。由此得到对某一指标权重值的看法趋向一致的比较可靠的权重值分配结果。最终确定的城市用地状况评价指标体系各类指标的权重值如表4-18所示。

表 4-18　城市用地状况评价指标权重表

功能区类型（代码）	指标（代码）	权重值
居住功能区（R）	综合容积率（R1）	0.335
	人口密度（R2）	0.251
	基础设施完备度（R3）	0.220
	生活服务设施完备度（R4）	0.194
商业功能区（C）	综合容积率（C1）	0.391
	基础设施完备度（C2）	0.273
	商业地价实现水平（C3）	0.336
工业功能区（I）	综合容积率（I1）	0.22
	单位用地固定资产总额（I2）	0.25
	基础设施完备度（I3）	0.25
	单位用地工业总产值（I4）	0.28
教育功能区（E）	综合容积率（E1）	0.336
	建筑密度（E2）	0.237
	单位用地服务学生数（E3）	0.211
	基础设施完备度（E4）	0.216
特别功能区（S）	综合容积率（S1）	0.50
	建筑密度（S2）	0.50

4.4.2.4　评价指标理想值的确定

（1）确定思路

依据《规程》，对居住、商业、工业、教育功能区，样本片区理想值按照土地的现状用途确定；对特别功能区，样本片区理想值按照土地的规划用途确定。在确定各样本片区各项指标的理想值时，首先参照地方编制的土地利用总体规划、城市规划采用的技术指标（如地方技术标准、控制性详细规划指标等）；其次依据国家和地方制定的法律、法规、制度及技术标准。如果缺乏上述依据和标准时，可选择能反映当地实际情况并代表较高土地集约利用程度的区域做调查研究，并结合专家咨询等途径确定相关理想值。

（2）确定依据

本次评价理想值的确定依据主要包括：

①《天津市城市总体规划（2006～2020 年）》；

②《天津市控制性详细规划》；

③《天津市近期建设规划（2011～2015 年）》；

④《天津市城市规划管理技术规定》；

⑤《城市居住区规划设计规范》；

⑥《天津市工业项目建设用地控制指标》；

⑦《工业项目建设有用地控制指标》；

⑧《天津市城镇土地分等定级》（2008）；

⑨ 普通高等学校建筑面积指标（2008 报批稿）。

（3）确定方法

①综合容积率

第一，居住功能区样本片区综合容积率的理想值确定方法为：首先参照《天津市控制性详细规划》；没有《天津市控制性详细规划》的，参照《天津市城市规划管理技术规定》。按照《天津市城市规划管理技术规定》，低层（1～3 层）取 1.1，多层（4～6 层）取 1.6，中高层（7～9 层）取 2，高层（10 层以上）取 3。

第二，商业功能区样本片区综合容积率的理想值确定方法为：有《天津市控制性详细规划》的地块，现状跟规划用途相同的，用规划确定的指标作为理想值；现状和规划用途不一致的，以现状用途为准，参考周边地块规划指标的平均值或极大值作为理想值；没有规划资料的采用四分位法确定指标理想值。

第三，工业功能区样本片区综合容积率的理想值确定方法为：有《天津市控制性详细规划》的，以该地块的规划所确定的相关值（或者地块出让时确定的相关值）作为指标合理值；没有《天津市控制性详细规划》的且在国家和省级开发区范围内的，结合开发区土地集约利用评价成果确定合理值；没有规划资料且不在国家或省级开发区范围内的，采用极大值法确定最大值作为理想值。

第四，教育功能区样本片区综合容积率的理想值确定方法为：有《天津市控制性详细规划》的地块，现状跟规划用途相同的，用规划确定的指标作为理想值；现状和规划用途不一致的，以现状用途为准，参考周边地块规划指标的平均值或极大值作为理想值；没有规划资料的，采用极大值法确定最大值作为理想值。

第五，特别功能区样本片区综合容积率的理想值确定方法为：有《天津市控制性详细规划》的，以该地块的控规所确定的相关值作为指标合理值；对于没有《天津市控制性详细规划》的，采用四分位法，将各样本片区指标值从大到小排列，排名第 25% 的为合理值。

②建筑密度

特别功能区样本片区建筑密度的理想值确定方法为：对于有《天津市控制性详细规划》的，以该地块的《天津市控制性详细规划》所确定的相关值作为指标合理值；对于没有《天津市控制性详细规划》的，采用四分位法，将各类功能区样本片区指标值从大到小排列，排名第 25% 的为合理值。

③人口密度

居住功能区样本片区人口密度的理想值确定方法为：在天津市所属的第二建筑气候区划中，低层人均居住区用地指标控制在 30～43 平方米/人；多层人均居住区用地指标控制在 20～28 平方米/人；中高层人均居住区用地指标控制在 17～24 平方米/人；高层人均居住区用地指标控制在 10～15 平方米/人。根据《天津市城市规划管理技术规定》，居住用地占建设用地的比例应控制在 55%～65% 的标准换算成建设用地人口密度。人口密度为低层（1～3 层）200 人/公顷，多层（4～6 层）300 人/公顷，中高层（7～9 层）350 人/公顷，高层（10 层以上）600 人/公顷。

④基础设施完备度和生活设施完备度

根据天津市实际情况和现场踏勘，成熟区域的基础设施和生活设施应该配套齐全，因此在评价中基础设施完备度和生活设施完备度的理想值取值为 100。

⑤商业地价实现水平

采用四分位法，将各商业功能区样本片区商业地价实现水平指标值从大到小排列，排名第 25% 的为合理值，大于此值标准化得分直接赋为 100。

⑥单位用地固定资产总额

在国家和省级开发区范围内的，结合开发区土地集约利用评价成果确定合理值；不在国家和省级开发区范围内的，以《天津市工业项目建设用地控制指标》中的指标值为下限，结合实地调研和专家咨询法确定。

⑦单位用地工业总产值

在国家和省级开发区范围内的，结合开发区土地集约利用评价成果确定合理值；不在国家和省级开发区范围内的，以开发区土地集约利用评价成果的指标值为上限，在实地调研的基础上进行专家咨询确定。

⑧单位用地服务学生数

根据普通高等学校建筑面积指标（2008年报批稿）计算。分析学校的性质，首先利用插入法计算出已知学校规模样本片区的生均校舍建筑面积指标；然后根据各教育功能区样本片区对应的建筑面积计算得出该建筑面积可以服务的学生数；最后计算出各教育功能区样本片区的单位用地服务学生数指标合理值。

最后，我们根据实地调查反映的各样本片区土地利用集约情况，以及专家咨询意见，适当对部分样本片区的指标理想值进行调整，最终居住、商业、工业、教育、特别功能区各样本片区指标现状值详见附表7、附表8、附表9、附表10，以及附表11。

4.4.3   样本片区土地利用状况类型的初步划分

4.4.3.1   样本片区土地利用类型的初步划分依据

应用综合容积率指标，运用极限条件评价法划分过度利用区类型与其他待定利用区类型，初步识别属于过度利用区类型的样本片区。具体处理原则如下：样本片区的综合容积率指标大于理想值的上界值，即天津市控制性详细规划容积率或天津城市规划管理技术规定的规划标准时，则直接划分为过度利用区类型，否则划归为其他待定类型。

4.4.3.2   样本片区土地利用类型的初步划分结果

根据《建设用地节约集约利用评价规程》所确定的实施步骤，结合天津市居住用地的实际情况，首先选取反映土地利用强度的综合容积率理想值作为比准条件，针对样本片区的现状数据，运用极限条件评价法，划分过度利用与其他利用类型，其中根据综合容积率理想值确定为过度利用类型的样本片区如表 4-19 所示。

表 4-19　过度利用类型样本片区的初步划分结果

类型	样本片区个数	土地面积（公顷）	占样本片区总面积比例（%）
居住样本片区	29	312.37	1.87
商业样本片区	9	14.98	0.09
工业样本片区	8	275.67	1.65
教育样本片区	2	55.95	0.33
特别样本片区	0	0	0.00
合计	48	658.97	3.94

从整体上来说，初步划分为过度利用类型的样本片区土地面积为 658.97 公顷，占样本片区土地总面积的 3.94%，主要分布在中心城区的市内六区、环城四区的中心镇以及外环线附近的新开发项目区域。分功能用途来说，教育用地样本片区的过度利用类型土地面积比例最小，占教育用地的 3.51%，主要为市内六区的老校区，这些校区容积率、建筑密度和单位用地服务学生数都较大，集约利用水平高；居住用地样本片区的过度利用类型土地面积占居住用地的比例最大，占居住用地的 4.15%，主要分布在市内六区的河东区和河西区。商业用地和工业用地初步划分为过度利用类型的土地面积占比分别为 3.82%、3.94%。其中，过度利用商业用地主要分布在南京路商业带和海河两岸商业带；过度利用工业用地样本片区主要分布在北辰科技园、华苑产业园区环内区块和西青中北工业园区。

4.4.4　其他待定类型样本片区土地利用状况类型划分

其他待定类型样本片区的类型采取理想值标准化方法，通过计算其土地利用集约度，划分相应分值区段来确定。

4.4.4.1　指标标准化

样本片区集约度评价指标标准化公式如下所示：

$$F_{i0} = b_i / u_i$$

其中：F_{i0} 为第 i 项指标标准化初始值；

　　　　u_i 为第 i 项指标理想值；

　　　　b_i 为第 i 项指标实际值。

根据有关指标或对应理想值的特征差异，需对指标标准化的初始值按照一定的原则进行处理。本次评价中的理想值是一个唯一值，其标准化值（F_i）的取值原则如下：

（1）若 $F_{i0} \geqslant 1$，$F_i = 1$，表示指标实际值为合理状态；

（2）若 $F_{i0} < 1$，$F_i = F_{i0}$，计算结果表示评价的样本片区的对应指标实际值与理想值的差距。

4.4.4.2　样本片区土地集约度的计算方法

样本片区土地利用集约度的计算公式为：

$$\lambda = \sum_{i=1}^{n} (\beta_i \times F_i) \times 100$$

式中符号的含义为：

　　　　λ 为样本片区的土地利用集约度；

　　　　β_i 为第 i 项指标权重，$0 \leqslant \beta_i \leqslant 1$，所有指标的权重值和为 1；

　　　　F_i 为第 i 项指标的标准化值。

4.4.4.3　样本片区土地利用状况类型的综合评价方法

按照总分频率曲线图法等对不同功能的样本片区土地利用集约度进行分值区段划分，确定过度利用、集约利用、中度利用、低度利用四种类型的标准。依据《建设用地节约集约利用评价规程》，原则上过度利用类型的土地利用集约度不宜小于 95，集约利用类型不宜小于75，中度利用类型不宜小于 50。

根据不同类型样本片区所选定的指标，对按照上述步骤初步划分并归类的样本片区采用判别分析、聚类分析等方法进行分析验证。若验证结果与初步划分结果不一致时，通过德尔菲法等方法组织专家咨询予以定性判断。本次评价样本片区土地利用类型划分区段如表 4-20

所示。

表 4-20 样本片区土地集约利用类型划分区段

集约度分值 / 集约类型 / 功能区类型	过度利用	集约利用	中度利用	低度利用
居住功能区	λ≥95	95>λ≥80	80>λ≥60	λ<60
工业功能区	λ≥95	95>λ≥75	75>λ≥50	λ<50
商业功能区	λ≥95	95>λ≥75	75>λ≥60	λ<60
教育功能区	λ≥95	95>λ≥80	80>λ≥60	λ<60

4.4.5 功能区及样本片区用地状况评价结果分析

经过计算及功能区样本片区的调整，各功能区样本片区的土地利用状况如表 4-21、表 4-22 所示。

表 4-21 各类样本片区的土地利用状况类型分布

土地利用状况		居住样本片区	商业样本片区	工业样本片区	教育样本片区	特别样本片区	合计
低度利用	面积（公顷）	396.24	17.32	309.61	0	0	723.17
	占样本片区面积比例（%）	5.26	4.42	4.43	0	0	4.33
	样本片区个数	25	2	9	0	0	36
中度利用	面积（公顷）	1217.48	96.84	2017.92	802.45	0	4134.69
	占样本片区面积比例（%）	16.16	24.73	28.85	50.39	0	24.75
	样本片区个数	58	12	39	5	0	114

续表

土地利用状况		居住样本片区	商业样本片区	工业样本片区	教育样本片区	特别样本片区	合计
集约利用	面积（公顷）	5609.51	255.64	4392.3	734.02	190.29	11181.76
	占样本片区面积比例（%）	74.44	65.27	62.79	46.09	100	66.93
	样本片区个数	353	38	52	11	2	456
过度利用	面积（公顷）	312.37	21.84	275.67	55.95	0	665.83
	占样本片区面积比例（%）	4.15	5.58	3.94	3.51	0	3.99
	样本片区个数	29	10	8	2	0	49
合计	面积（公顷）	7535.60	391.64	6995.50	1592.42	190.29	16705.449
	占样本片区面积比例（%）	100	100	100	100	100	100
	样本片区个数	465	62	108	18	2	655

表 4-22 各类功能片区的土地利用状况类型分布

土地利用状况		居住功能区	商业功能区	工业功能区	教育功能区	特别功能区	合计
低度利用	面积（公顷）	1589.58	0	484.37	0	0	2073.95
	占功能区面积比例（%）	7.14	0	3.38	0	0	5.30
	功能区个数	13	0	5	0	0	18
中度利用	面积（公顷）	3011.59	200.95	6567.45	802.45	0	10582.44
	占功能区面积比例（%）	13.54	27.06	45.78	50.39	0	27.05
	功能区个数	31	10	25	5	0	71

续表

土地利用状况		居住功能区	商业功能区	工业功能区	教育功能区	特别功能区	合计
集约利用	面积（公顷）	16742.97	481.79	6912.10	734.02	190.29	25061.17
	占功能区面积比例（%）	75.25	64.88	48.19	46.09	100	64.06
	功能区个数	190	29	31	11	2	263
过度利用	面积（公顷）	904.84	59.88	380.54	55.95	0	1401.21
	占功能区面积比例（%）	4.07	8.06	2.65	3.51	0	3.58
	功能区个数	25	5	3	2	0	35
合计	面积（公顷）	22248.98	742.62	14344.46	1592.42	190.29	39118.77
	占功能区总面积比例（%）	100	100	100	100	100	100
	功能区个数	259	44	64	18	2	387

从表 4-21 和表 4-22 可以看出，本次城市建设用地评价功能区涉及土地面积共 39118.77 公顷，评价范围包括天津市中心城区范围内的居住、商业、工业、教育和特别五类功能用地区域。从天津市整体土地集约利用水平来看，天津市城市用地集约利用水平较高，过度利用土地占 3.58%，集约利用土地占 64.06%，集约水平在集约利用之上的土地占比近 70%；中度和低度利用土地分别占 27.05% 和 5.30%。从各功能用地的土地集约利用水平来看，特别功能区的土地集约利用水平最高，其次是居住功能区和商业功能区，教育功能区和工业功能区集约用地水平相对较低。从土地利用潜力挖掘来看，天津市中心城区范围内土地集约利用有一定的挖潜空间，但总体规模不大，主要集中在居住功能区的城中村改造区域、教育功能区新建校区和企业分布较零散的工业功能区上。

4.4.5.1　居住功能区

（1）评价结果统计分析

根据确定的居住功能区土地利用状况类型结果可得出天津市居住用地集约利用程度。在评价范围内，居住功能区 259 个，主要位于中心城区外环线内以及环城四区的中心镇区域，总面积 22248.98 公顷，占评价范围的 56.88%。居住功能区土地利用状况类型及面积比例如表 4-23 所示。

表 4-23 居住功能区土地利用状况分类结果

集约利用类型	过度利用	集约利用	中度利用	低度利用	总和
功能区数量（个）	25	190	31	13	259
数量比例（%）	9.65	73.36	11.97	5.02	100
功能区面积（公顷）	904.84	16742.97	3011.59	1589.58	22248.98
面积比例（%）	4.07	75.25	13.54	7.14	100

从表 4-23 可以看出，天津市居住用地土地集约利用以集约利用和过度利用为主，集约利用和过度利用土地占了居住用地总量的近 80%，城市内部居住用地只有少量的低度利用土地可进一步深度开发。中度利用土地占居住用地总量的 13.54%，土地集约利用还有一定挖潜空间。

（2）土地利用类型分布特点及规律

从四类不同居住用地的空间分布来看，天津市城市居住用地的过度利用和集约利用土地主要分布在城市发展较成熟的市内六区，以及环城四区近几年在中心镇、主要交通道路沿线（如地铁 3 号线）新开发的区域。

中低度利用土地则主要分布在外环线以外的区域和混杂在市内六区的城中村改造区域，具体如西青区杨柳青火车站以西，北辰区的东部靠近环线区域、北运河与海河交叉口的城中村区域，东丽区的程林村，等等。

整体来说，居住功能区样本片区的土地利用类型分布具有明显的圈式结构和带状特征，以和平区、河北区、河东区与南开区交界处为中心，由内向外依次为过度、集约和中度利用；带状分布主要为过度和集约混杂分布，主要有南京路西段沿线、新开路沿线、大沽南路沿线、红旗南路沿线以及北辰区的京津路北段沿线和地铁 3 号线沿线。

（3）典型案例

①案例 1——过度利用

图 4-11 位于南开区北马路城厢中路交汇处，东至城厢中路，西到城厢西路，北至北马路，属于南开区鼓楼街街道，建筑类别为高层塔楼，占地面积 5700 平方米，建筑面积 172000 平方米，建筑综合容积率 4.10，小区土地用途与控制性详细规划一致，均为居住用地，规划容积率 3.9，实际容积率超过规划标准值。小区内部配套较为先进，配有小区会所、游泳馆、羽毛球馆等。小区总户数 1632 户，空置率低，成交价约 18829 元/平方米。但过高的容积率以及密集的人口给基础设施的分配带来了压力，人均基础设施和生活服务设施占有率较低，周边交通拥挤，且教育、医疗服务受到影响（参见图 4-11）。

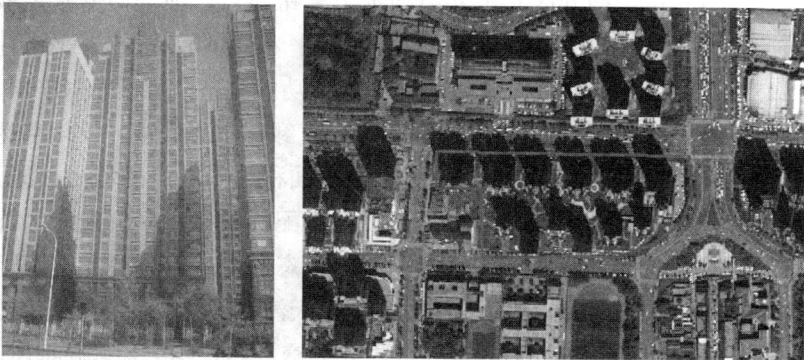

图 4-11　典型案例——过度利用

②案例 2——集约利用

图 4-12 位于河西区紫金山路与郁江道交口，东临九华山路，北接郁江道，西靠紫金山路，南临韩江道。由于是在梅江地区早期开发的项目，故占据了梅江黄金地段，地处河西中心小学片区，重点学校遍布周围，成交价 16737 元/平方米左右。小区配套设施比较齐全，环境优美，小区内设有超大中心公园，是业主茶余饭后休闲的优质场所。小区汇集跃层洋房、小砖房、板楼、板塔结合的多层或小高层建筑结

构。小区综合容积率为 1.15，绿化率为 38%，占地面积 156000 平方米，建筑面积 180000 平方米。评价的综合得分为 90.83（参见图 4-12）。

图 4-12　典型案例——集约利用（1）

　　图 4-13 位于南开区宾水西道与水上东路交口，地处南开水上板块，总建筑面积 100 万平方米，包括 45 万平米公建区和 55 万平米住宅区两部分，与奥体中心竞技区共同形成了功能完整、空间形态丰富、特点鲜明的城市奥运文化圈。容积率为 3.5，绿化水平较高，绿化率达到 38%。北侧为水上公园，西侧紧邻总占地面积达 600 亩的堆山公园，且毗邻天津市奥体中心，所以成为奥林匹克配套景点，享有配套区得天独厚的自然优势。该小区由智能商务、生态商业、首席住宅、国际级酒店等多种业态构成。所属区域目前已是天津市高档住宅的聚集区。周边交通配套服务设施完善，有 5 条主要公交线路，停车场、咖啡厅、餐厅、会所、游泳池、健身房一应俱全。该小区于 2007 年竣工，住房建筑质量高，二手房价格 18000 元/平方米，是集约的居住区（参见图 4-13）。

图 4-13　典型案例——集约利用（2）

③案例 3——中度利用

图 4-14 位于津南区双港镇汇川路与景荷道交叉口，是板塔结合的小高层，于 2011 年竣工，小区配套一户一表，煤气、暖气均已开通，附近配有：华夏之星幼儿园、双港实验小学、工程师范学院、新港园装饰城、海河医院、双港邮局、工商银行、农商银行、津南区青年创业园等生活服务设施。基础设施、生活服务设施尚可。小区占地面积 90000 平方米，综合容积率 1.47，距离容积率理想值 3.00 差距较大，从遥感影像图可以看出，住宅分布较为稀疏。该小区二手房均价 6057元/平方米，本次评价综合得分为 68.60（参见图 4-14）。

图 4-14　典型案例——中度利用

④案例 4——低度利用

图 4-15 位于天津市东丽区，卫国道以南、津滨大道以北，紧邻跃

进路东和外环东路。占地约 28.25 公顷，总建筑面积 13.87 万平方米，容积率为 0.49，总户数为 669 户，总人口约为 2676 人。经过实地调查研究发现，该区域建筑均为一层破旧平房，即所谓的棚户区，基础设施很不完备，集约度利用水平为低度利用。图 4-15 为南程林村的实景图。南程林村现低度利用的情况，主要原因为该区域即将拆迁，所以各种设施比较落后。在房地产政策上，做好拆旧建新的工作，拆迁整个过程中要与村民协调一致，避免各种冲突，做好各方面的补偿工作（参见图 4-15）。

图 4-15　典型案例——低度利用

（4）影响居住用地集约利用的因素

通过居住用地土地利用状况调查和居住功能区土地集约利用评价结果分析，影响天津中心城区居住用地集约利用状况的主要因素有三个方面。

一是土地利用的市场化程度。城市土地集约利用的实质就是城市土地资源的有效配置，而市场是资源配置的基本方式。近年来天津居住用地的市场化程度越来越高，商品住宅用地已经全部通过市场招拍挂获得，使得天津中心城区范围居住用地总体的集约度水平较高，约80%的居住用地达到集约或过度利用水平。在土地出让中，土地开发成本越高，就越容易形成容积率高、基础设施和生活服务设施都比较完备的集约住宅小区；但同时为了追求经济利益，很多新建住宅小区由于人口密度较高，教育、医疗、供水等配套设施已超负荷。

二是居住用地开发的年代。新建小区由于近几年对建设项目的严格审批,新建项目用地的用地强度、用地效益均严格控制在规划标准允许范围内,形成了容积率相对高、绿化水平较好、基础设施和生活服务设施较好的居住区,土地集约利用的水平较高。而中低度利用土地的区域大部分建设时间较早、建筑密度极高、绿化水平较低,但容积率、人口密度较低,基础设施和生活服务设施相对较差,是未来有较大潜力挖潜的空间。

三是土地管制的力度。土地开发集约利用水平的管制是土地管理中的重要内容。政府常常利用容积率、建筑密度来促进城市土地集约利用。但为了追求高额的利润,开发商会对土地进行过度开发,片面的过度利用一定程度上破坏了城市可持续发展的基础,对人们赖以生存的环境及资源造成破坏。这就需要政府对土地利用采取强有力的管理措施。近年来天津加强了对居住用地土地集约利用的管理力度,但仍然存在一些问题。相对天津中心城区控规而言,部分地区建设超过控规标准。截至 2011 年底,天津市居住用地过度利用的面积占比为4.07%。

4.4.5.2　商业功能区

(1)评价结果统计分析

根据各功能区对应的样本片区土地利用状况类型,确定不同功能区的土地利用状况类型,并予以汇总分析。44 个商业功能区总面积742.62 公顷,占评价范围的 1.88%。其土地利用状况类型及面积比例的汇总结果如表 4-24 所示。

表 4-24　商业功能区土地利用状况分类结果

集约类型	过度利用	集约利用	中度利用	低度利用	总和
功能区数量(个)	5	29	10	0	44
数量比例(%)	11.36	65.91	22.73	0	100
功能区面积(公顷)	59.88	481.79	200.95	0	742.62
面积比例(%)	8.06	64.88	27.06	0	100

由商业功能区统计数据可知：选取的 44 个功能区中，商业用地过度利用面积占商业功能区总面积的 8.06%；集约利用类型的功能区总面积占商业功能区总面积的 64.88%；中度利用类型面积占比为 27.06%；无低度利用类型。商业用地还有一定的挖潜空间。

（2）土地利用类型分布特点及规律

从商业用地的空间分布以及产业类型来看，过度利用的商业用地主要为市内六区的专业性市场，零星分布特征明显。集约利用的商业用地主要分布在海河产业发展带、和平区的小白楼以及南京路等区域，产业主要以综合零售、商务金融业为主，与和平区打造国际性金融服务中心的规划发展目标较一致。中度利用的商业用地分散分布在中心城区外围，多为专业批发的大型市场。这些市场大多 1～3 层，综合容积率相对较低，有一定的挖潜空间。

总体来看，天津市商业用地分布较为集中，旧有的商业用地区域以南京路的滨江道、大胡同为代表，新增加的商业用地主要分布在海河两岸金融发展带。

（3）典型案例

①案例 5——过度利用

图 4-16 地处河北区博爱道与民族路交口，紧靠海河沿线，距离天津站不到 2 公里，对岸紧邻天津和平路商业街，交通便利、设施完备，其环境价值因为海河景观带而逐渐升值。该主楼 40 层，裙楼 4 层，上为酒店式公寓，底部为商业街和地下停车场，总建筑面积 99000 平方米，综合容积率为 11.17，远高于容积率理想值 4.70，为过度利用类型。评价的综合得分为 100（参见图 4-16）。

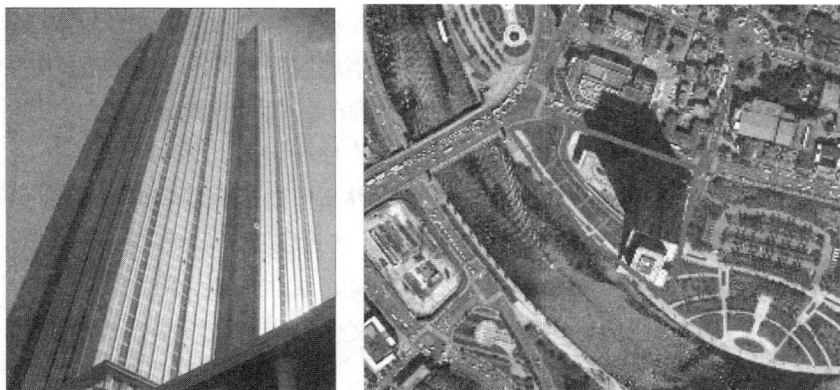

图 4-16　典型案例——过度利用

②案例 6——集约利用

图 4-17 是天津市最繁华的商业街之一。它自海河边的张自忠路起，向西南方向延伸到南京路，全长 2094 米。分两段建成，其中，张自忠路至大沽路一段建于 1886 年，大沽路至南京路一段建于 1900 年。1946 年将两段合并，定名滨江道。该商业区涉及衣食住行，可以满足人们各种日常生活所需，平日里，滨江道日客流量保持在 30 万人次，节假日及高峰时段客流量更到达 100 万人次以上。评价的综合得分为 83.53（参见图 4-17）。

图 4-17　典型案例——集约利用（1）

图 4-18 商业自古就受到人们的追捧，先后成为美国、英国的租界，

其四至是东西以海河与海大道（今大沽路）为界，南至现在的开封道，北迄现在的彰德道，总面积约 131 亩。该地区是天津目前较为繁华的主要商业街区，其间集聚了大小商家、商号、商行和购物步行街，各种新潮商品琳琅满目、应有尽有，是集购物、旅游、休闲、餐饮、娱乐等为一体的商业街市。3.2 万平方米朗香街坐落于天津市传统商圈小白楼中央商务区的中心位置，由南京路、建设门广场、滨江购物中心、滨江万丽酒店、天津图书大厦、金皇大厦、泰达大厦、五大道、起士林西餐厅共同构成天津市商业、旅游、文化重点区域网络。评价的综合得分为 92.18（参见图 4-18）。

图 4-18 典型案例——集约利用（2）

③案例 7——中度利用

图 4-19 坐落于天津市南开区卫津南路 109 号，紧邻八里台立交桥西南侧，广场总面积 15000 平方米，共分 4 层，容纳个性商铺 300 余席，商品涉及服装、饰品、化妆品、图书、玩具、餐饮等多个类别。该广场以"淘文化"为主旨，集结各类具有经商优势及特点的个体经营者，通过个性小店来满足广大年轻消费者对另类、新奇商品的需求，以此提高个体经营者的销售额，扩大新文化的品牌影响力。平日的客流量为 20000 至 30000 人次，周末可达 60000 人次。评价的综合得分为 73.34（参见图 4-19）。

图 4-19　典型案例——中度利用

（4）影响商业用地集约利用的主要因素

通过商业用地土地利用状况调查和商业功能区土地集约利用评价结果分析，影响天津中心城区商业用地集约利用状况的主要因素有三个方面。

一是土地利用的市场化程度。商业用地是天津市场化程度较高的用地，使得天津中心城区范围商业用地总体的集约度水平较高，约72.94%的商业用地达到集约或过度利用水平，无低度利用的土地。

二是区位条件。市内六区人口密集、各种设施完备，总体的利用程度高于外围地区。

三是商业用地的规模。市级商业中心规模大，总体高于区级商业中心，用地布局相对较零散的土地利用，导致土地一定程度的低效利用。

4.4.5.3　工业功能区

（1）评价结果统计分析

根据工业样本片区的土地利用状况类型确定对应的功能区的土地利用状况类型，并予以汇总分析。工业功能区共 64 个，总面积 14344.46公顷，占评价范围的 36.67%。其土地集约类型汇总如表 4-25 所示。

表 4-25　工业功能区土地利用状况分类结果

土地利用类型	过度利用	集约利用	中度利用	低度利用	总和
功能区数量（个）	3	31	25	5	64
数量比例（%）	4.69	48.44	39.06	7.81	100
功能区面积（公顷）	380.54	6912.10	6567.45	484	14344.46
面积比例（%）	2.65	48.19	45.78	3.38	100

由表 4-25 可知，天津市工业用地土地集约利用程度中等偏上，处于集约利用水平以上的工业用地只占功能区土地总量的 50.84%。中低度集约利用的工业用地占功能区土地总量的 45.78%，土地集约利用潜力有较大的挖潜空间，土地利用强度和程度都有待进一步提高。

（2）土地利用类型分布特点及规律

从工业功能区土地利用状况类型的结果，可以得出以下几点结论：第一，天津市过度利用和集约利用的工业用地主要分布在各开发区及其发展辐射范围内，如作为天津滨海高新技术产业开发区一园的北辰科技园区及其附近区域，西青区的中北工业园区、西青经济开发区，华苑产业区的环内区块，等等。这些区域的基础设施和生活配套设施条件好，入区的企业多为高投入、高产出的企业，且产业的集聚效应和发展带动作用较大，工业用地的经济实现水平较高，其土地集约利用水平较高。第二，中度利用和低度利用的工业用地主要分布在各开发区、工业区发展辐射范围外的地区以及市内六区的老工业区。这些区域，一方面企业分布较为零散，工业用地缺少统一规划，基础配套设施相对落后，甚至一些企业经营不当，正处于或已经处于破产、停产阶段，土地经济效益实现水平低，土地利用程度相对低。另一方面，市内六区的老工业区受中心城区土地资源紧缺所限和城市功能用途改变影响，其区内企业一部分向环外开发区迁移，一部分整改重组，走都市型产业发展道路，在目前阶段下，土地经济效益实现水平相对较低，土地集约利用程度不高。

（3）典型案例

①案例 8——过度利用

图 4-20 坐落于天津市南开区长江道 543 号，是一家以生产、经营汽车座椅、装饰件和零部件为主的中日合资企业，主营业务是为一汽丰田的各款车型提供配套产品。公司组建于 1995 年，注册资金 2751 万美元，现有员工 1460 人。公司占地面积 45552 平方米，建筑面积 42143 平方米。拥有进口弯管机、电脑裁床、座椅装配线、机器人二氧化碳焊接线、机器人水切割、高压注塑机等先进的成套加工设备。综合容积率为 1.81，高于理想值 1.50，给周边居住用地带来一定的环境压力，属于过度利用。随着天津汽车工业被纳入中国汽车产业战略发展布局，天津以开发区作为申报主体成为首批被国家确定的汽车及零部件出口八大基地之一，建议企业向园区转移，以发挥更大的优势（参见图 4-20）。

图 4-20　典型案例——过度利用

②案例 9——集约利用

图 4-21 是专业从事锂离子蓄电池技术研发、生产和经营的股份制高新技术企业。公司位于天津滨海高新区华苑产业区，占地 40 万平方米，成立于 1997 年 12 月 25 日，注册资本 12.5 亿元人民币，总资产 60 亿元人民币。目前公司已具有 5 亿安时锂离子电池的年生产能力，产品包括圆型、方型、聚合物和塑料软包装、动力电池四大系列几百个型号。综合容积率、单位用地工业总产值、单位用地固定资产总额、

基准地价四项指标分别为 1.18、2664.45 万元/公顷、1872.89 万元/公顷，综合得分为 83.62（参见图 4-21）。

图 4-21　典型案例——集约利用

③案例 10——中度利用

图 4-22 位于天津市南开区红旗路 278 号，占地面积 63 万平方米，是我国大中马力轮式拖拉机的骨干企业。1956 年建厂，至今已有 50 多年历史，注册资本 22223.8 万元。中国第一台汽油机、第一辆轿车、第一台中马力轮式拖拉机都是在该厂诞生的。按照天津市工业结构调整布局，该制造有限公司实施整体战略东移。综合容积率、单位用地工业总产值、单位用地固定资产总额、基准地价四项指标分别为 1.04、800.76 万元/公顷、4115.68 万元/公顷，综合得分为 59。由于该厂位于市内六区，规划容积率高；而且建厂较早，累计固定资产总值高，但该厂的发展逐渐与天津市的产业布局发展相偏离，需要向外迁移，同时该厂工业总产值逐渐下降，用地效益表现不佳，所以评价为中度利用类型是与实际相符合的（参见图 4-22）。

图 4-22　典型案例——中度利用

④案例 11——低度利用

图 4-23 地处天津市东丽区程林庄工业区，面向中环线，背靠外环线和天津滨海机场，交通便利。创建于 1970 年，总面积 25000 平方米，厂房面积 15000 平方米，月生产能力 1000 吨，总投资 1.4 亿元。实地调查后的情况为：由于该厂生产的染料废弃物对周围环境造成了较大污染，加之附近区域的逐步发展和居住人口的增多，迫使该工厂破产。厂内房屋废弃已有一段时间，房屋较为破旧。工厂占地面积较大，厂房较多，但都已破旧不堪，可以看见有很多废弃的染料工具。工厂靠近外环线，因此周边较少人烟，周边还有几个较小的工厂。该工厂规划后用途为居住用地，可以建造居民区，以发展该地区周边经济，减少环境污染。此次评价得分 49.36，土地利用状况为低度利用（参见图 4-23）。

图 4-23 典型案例——低度利用

（4）影响工业用地集约利用的主要因素

影响天津中心城区工业用地集约利用状况的主要因素有三个方面。

一是土地利用的市场化程度。尽管工业用地土地也已全部实现有偿使用，并积极落实国家招拍挂政策，市场化机制逐渐成熟，但相对于居住用地和商业用地，市场化的程度相对较低，也导致其处于集约利用水平以上的工业用地占功能区土地总量的比例低于居住用地和商业用地。

二是分布的模式。总体上，集中在园区内发展的工业用地利用程度和效益较高于零散分布在外环线内外区域的工业用地。

三是土地闲置处置管理的力度。一些企业由于经济效益低，或已经停产、破产倒闭，而土地管理上缺乏有力的土地闲置转换机制和土地重整制度。鼓励现有的二产用地向三产用地转型，促进企业部分存量与闲置土地入市，从而一定程度上减少土地的闲置浪费。

4.4.5.4　教育功能区

（1）评价结果统计分析

天津市教育功能区主要为各高等院校所利用的土地，主要涉及北辰区的河北工业大学和天津商业大学，南开区的天津大学、南开大学，西青区的城建学院、天津农学院、天津商业大学、宝德学院大学城等高等院校的用地。根据各功能区对应的样本片区土地利用状况类型，确定不同功能区的土地利用状况类型，并予以汇总分析。18个教育功能区的总面积为1592.42公顷，占评价范围的4.07%。其评价汇总结果如表4-26所示。

表4-26　教育功能区评价结果统计分析表

土地集约类型	过度利用	集约利用	中度利用	低度利用	总和
功能区数量（个）	2	11	5	0	18
数量比例（%）	11.11	61.11	27.78	0	100
功能区面积（公顷）	55.95	734.02	802.45	0	1592.42
面积比例（%）	3.51	46.09	50.39	0	100

由教育功能区统计数据可知：选取的18个功能区中，以集约利用和中度利用为主，两种类型的用地达到了96.45%，过度利用的教育用地面积占教育功能区总面积的3.51%，集约利用和中度利用类型的教育用地占比较多，几乎各占一半。

（2）土地利用类型分布特点及规律

过度利用的教育用地主要为河东区的天津工业大学以及南开区的天津医科大学。由于这两个校区位于天津市中心区域，学校建成较早，土地级别较高，建筑密度相对较大，综合容积率高，基础设施较完善，土地集约利用水平高。集约利用的教育用地主要为南开区的天津大学、南开大学校区，和平区的天津外国语大学校区，河西区的天津商业大学校区、河东区的音乐学院校区以及北辰区的河北工业大学和天津商业大学老校区，区内容积率、建筑密度和单位用地服务学生数都较大，土地利用程度高。中度利用类型教育用地为天津商业大学的新校区以及大学城的天津理工大学、天津师范大学和天津工业大学，集约水平不高，具有一定的挖潜空间。

整体来看，天津市教育用地的土地利用类型分布以南开区与和平区交界处为中心呈圈层形式，由内到外依次为过度利用、集约利用和中度利用。

（3）影响教育用地集约利用的原因

天津市教育用地近一半的土地集约利用水平不高。造成集约利用水平较低的主要原因是对于规划建设标准的把握和建设发展中近远期相结合的处理问题。近几年，依照市中心内高等院校向中心城区外围迁移的规划要求新建的校区，从高标准的要求，建筑密度相对较小，绿化率较高，教学楼和宿舍多为 5～6 层的多层建筑，容积率相对不高。同时，由于这些校区正处于发展期，其单位用地服务学生数不高，影响了教育用地集约利用的水平。

此外，位于中心城区的天津大学、南开大学、天津外国语大学等区域，尽管历史悠久，校区发展较成熟，但仍有校区内部存在部分低效利用土地，且土地利用结构较混乱。

4.4.5.5　特别功能区

（1）评价结果统计分析

在评价范围内，特别功能区 2 个，主要位于天津市中心城区的中心地带，总面积为 190.29 公顷，占评价范围的 0.49%（参见表 4-27）。

表 4-27　特别功能区评价结果统计分析表

土地集约类型	过度利用	集约利用	中度利用	低度利用	合计
功能区数量（个）	0	2	0	0	2
数量比例（%）	0	100	0	0	100
功能区面积（公顷）	0	190.29	0	0	190.29
面积比例（%）	0	100	0	0	100

（2）土地利用类型分布特点及规律

2 个特别功能区均为集约利用类型，处于中心城区和平区的南部和河北区南部与和平区交界处，分别位于五大道街区和意大利风情保护区，是著名的历史文化街区，属于天津市历史风貌保护区。这 2 个地区的开发利用以保护历史建筑风貌为主，规划用途与现状用途一样，其土地集约利用水平相对较高。

4.5　反思

4.5.1　2002 年与 2012 年定性评价的比较

2002 年的评价主要是针对天津市外环线内建设用地的评价，两次评价的空间范围不同，评价的方法不一，因此，评价的结果没有可比性。但是，2002 年的评价是我们初次对城市建设用地的评价，因为当时没有可供参考的评价方法，在评价的思路和指标体系设计上我们进行了一些有益的探索，特别是在定性分析内容上两次评价的方法存在较大的差距。与 2012 年按照行政区域和工作地域的评价不同，2002 年仅按照工作地域对城市建设用地进行了评价。在对城市建设用地整个工作地域层面上的评价中，从城市土地利用的约束条件、支持条件、土地集约利用程度三个方面进行了分析，具体的评价指标体系如表 4-28 所示。从表 4-28 可以看出，这实际上是一个基于合理的城市用地结构和城市发展的支持条件下（主要是基础设施）的城市土地集约利用程度的比较，这样的评价相对于 2012 年的城市用地状况的定性分析，反映了天津城市不断提升的土地集约利用水平的合理性，在一定程度上避免了一味追求高土地集约利用程度的状况。

表 4-28　2002 年宏观层次评价指标体系

评价项目	影响因素	评价因子	评价指标含义
城市土地集约利用约束条件	用地标准	人均城市建设用地	每人拥有的城市建设用地　（平方米/人）
	环境因素	人均公共绿地面积	城区绿地面积占城区面积的百分比（%）
土地集约利用支持条件	交通因素	道路面积率	城市道路面积占城市建设用地的百分比（%）
土地集约利用程度	开发强度	建筑容积率	单位面积土地拥有的总建筑面积
		建筑密度	单位面积土地内建筑基底面积所占比例（%）
	土地投入与产出	土地投入	近三年单位面积土地固定资产投资平均密度（万元/公顷）
		地均 GDP	单位面积土地第二、第三产业 GDP 的增加值（万元/公顷）
	土地升值潜力	高级别基准地价区所占比例	一、二、三类综合基准地价区面积占总用地面积的比例（%）
		低级别地价区所占比例	七、八、九类基准地价区用地面积占总用地面积比例（%）

　　2002 年对工作地域的分区域评价根据各区域的特点采取了不同的评价指标。按照城市空间结构的特征，我们将整个区域分成了内环线以内区域、内环线至中环线以内区域、中环线至外环线以内区域等三个区域，对每个区域的评价，除考虑常规的建筑容积率、人口密度、建筑密度、就业职工密度等指标外，还根据城市空间结构的分布特征增加特殊的评价指标，如表 4-29、表 4-30、表 4-31 分别表示各次区域的评价指标体系，这样可以从总体上了解中心城区三个区域的土地开发建设状况，为未来这三个区域城市土地利用提供一个总体的指向。这种次区域划分方法由于城市空间结构的稳定性，如果能够在未来的城市土地集约评价中连续进行，就可以使得评价的成果具有可比性。

表 4-29　内环线以内区域土地集约利用评价指标体系

次区域	评价指标	含　义
内环线以内	商业金融业用地所占比重	公共设施用地占区域内总用地面积的比例（%）
	道路面积率	每平方公里建成区面积拥有的道路面积率（%）
	建筑容积率	单位面积拥有的的总建筑面积
	建筑密度	单位面积内建筑基底面积所占比例（%）
	人口密度	单位面积居住人口数（人/公顷）
	就业职工密度	单位面积就业人口数（人/公顷）

表 4-30　内环线至中环线土地集约利用评价指标体系

次区域	评价指标	含　义
内环线—中环线	工业仓储用地所占比重	工业、仓储业的用地面积之和占区域内总用地面积的比例（%）
	道路面积率	每平方公里建成区面积拥有的道路面积率（%）
	建筑容积率	单位面积拥有的总建筑面积
	建筑密度	单位面积内建筑基底面积所占比例（%）
	人口密度	单位面积居住人口数（人/公顷）
	就业职工密度	单位面积就业人口数（人/公顷）

表 4-31　中环线至外环线区域土地集约利用潜力评价指标体系

次区域	评价指标	含　义
中环线—外环线	未建设用地所占比重	包括农田、荒地等未进行开发建设的用地面积之和占区域内总用地面积的比例（%）
	工业仓储用地所占比重	工业、仓储业用地面积之和占区域内总用地面积的比例（%）
	道路面积率	每平方公里建成区面积拥有的道路面积率（%）
	建筑容积率	单位面积拥有的的总建筑面积
	建筑密度	单位面积内建筑基底面积所占比例（%）
	人口密度	单位面积居住人口数（人/公顷）
	就业职工密度	单位面积就业人口数（人/公顷）

4.5.2　定量评价指标和指标合理值的选择

按照《规程》所进行的评价思路，是以已有的城市规划为参照来对其实施状况进行的评价，其合理值主要依赖于已有的控制性详细规划、以及其他相关的规划和规则条例。这种办法的优点是简化了评价的内容和工作量，采用这种评价办法的前提条件是各种控制性详细规划基本覆盖城市建设用地的全区域，同时评价的科学性和客观性也以规划的科学性为前提。然而，城市总体规划、土地利用规划等相关规划是基于规划制定时人们对当时城市社会经济、技术发展状况的认识，以及对未来城市社会经济发展趋势判定，对土地利用趋势和合理性做出的决策。然而，城市发展中的众多不确定性是一个普遍性的现实，特别是现代社会国内和国外政治、经济环境的不稳定与不确定性加剧了城市发展的不确定性。随着外部发展条件的变化，原来合理的规划指标也许变得不再合理，这样一味的以规划作为合理值而不考虑评价时的发展状况，尤其是城市发展中已经突出的问题，则使得评价的应用价值受到折损。争取选择合理值是值得研究的问题。同时，《规程》中基础设施的完备度、生活服务设施完备度等指标的确定方法都是值得进一步探讨的问题。

第 5 章　天津市建设用地节约集约利用潜力测算

5.1　建设用地潜力测算的理论与方法

5.1.1　建设用地潜力的内涵与外延

潜力是指在一定时期、一定生产力和某种既定用途下，某一指标可能提高或节约的能力。对建设用地集约利用潜力内涵的认识有多种观点，比较有代表性地是林坚[①]等人的观点，他们从经济学的角度将建设用地集约利用潜力界定为通过降低建设用地消耗、增加对土地的投入，不断提高土地利用效率和经济效益的一种开发经营模式；闫永涛等[②]从经济和社会发展的角度考虑，认为建设用地集约利用潜力是指在现有技术、经济和制度条件下，通过一定手段提高土地利用的效率和效益，实现土地的集约利用，由土地集约利用状态和当前利用状态的差距所换算成的土地规模。我们认同闫永涛等人的观点，认为建设用地的潜力是现有土地利用规模与特定时期内可能达到的最佳土地利用规模的差距。

建设用地集约利用潜力依据其存在形式的不同，可分为内部提升潜力和外延扩张潜力。内部提升潜力是指在特定经济、技术和制度条件下对现有低效利用土地进行追加投入，相对于某一标准而言可以实

---

① 林坚．建设用地节约集约利用的技术评价体系与思路[C]．北京土地学会，2009：202.
② 闫永涛，冯长春，丁洪建．建设用地集约利用潜力测算探讨[J]．小城镇建设，2009（4）：

36.

现的潜力，主要是通过对存量建设用地增加投入，或是对已利用但利用强度不够的土地、利用效率不好的土地进行结构性调整实现，重在建设用地利用效率的提高；外延扩张潜力是指通过各种工程、生物、技术措施对现有城乡建设用地范围内的废弃地、闲置地进行综合整治后重新利用或者充分利用空闲地可以实现的潜力，由于农用地禁止开发，开发未利用地在短期内没有成效，因此，建设用地的外延扩张主要通过整理空闲、闲置土地，利用批而未供土地等，提高建设用地的利用率。

建设用地的整理潜力是指在城镇规划区域内，对经过长期历史变迁形成的城镇土地利用布局，按城镇发展的规律和新时期城镇发展的要求进行调整和改造可增加的建设用地面积。整理对象主要是：空闲或闲置用地。具体地：工矿用地的主要潜力来源是废旧工厂以及低效利用的乡镇企业用地和工矿废弃地，农村居民点的潜力来源是大部分农村人口进入城镇后，形成的空心村等空置土地，而对交通水利用地，由于属于基础设施用地，该类用地具有公益性特征，挖掘潜力有限。

从综合程度和空间范围来讲，同一个时期不同的城镇或者同一城镇不同的地段由于其区位条件、经济技术水平的不同也具有不同的土地集约利用潜力。从长远来看，在土地利用规划的制定过程中，应鼓励区域内部土地高效集约利用，调控区域外延扩展，把外延扩展与内涵挖潜结合起来发展。[①]建设用地潜力的内涵和外延潜力来源如图 5-1 所示。

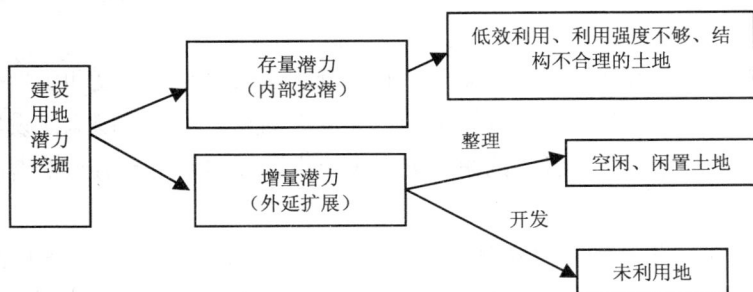

图 5-1 建设用地潜力来源

---

① 高向军，马仁会．中国农用土地等级评价研究进展[J]．农业工程学报，2002，18（1）：165～169.

5.1.2 建设用地潜力评价的技术路线

建设用地集约利用潜力测算，是在目前的自然环境、技术水平、制度供给等约束条件下，测算一定区域范围内可以挖掘的建设用地潜力规模。衡量土地节约集约利用的标准不一，其测算的内容和方法也不一样。2010年度我国城镇土地利用现状与潜力调查试点中，将土地利用潜力分为无容量土地、容量完全损失土地、未利用土地、低度利用土地、合理利用土地、过度利用土地六种类型。国土资源部 2010年制定的《开发区土地集约利用评价规程（试行）》中将开发区土地潜力划分为扩展潜力、结构潜力、强度潜力和管理潜力。

从宏观角度来看，一定区域内建设用地潜力是以整个区域为研究对象，从整体上研究整个区域建设用地节约集约利用潜力，既要考虑对存量用地的挖潜，也要考虑增量用地的潜力，其评价指标具有较强的综合性和概括性，主要强调区域的综合效益潜力、土地用地结构潜力。而从中观角度对城市建设用地的测算则主要是对存量用地开发利用的潜力测算。

国土资源部制定的《建设用地节约集约利用评价规程》（TD/T 1018-2008）只规定了进行城市建设用地集约利用潜力测算，没有提及区域建设用地利用的潜力测算。2012年的评价中，我们除了进行城市建设用地集约利用的潜力测算外，还探索性地进行了区域建设用地的潜力测算。

对区域建设用地的潜力测算，我们分别从人口利用强度和土地投入产出两个角度进行了建设用地的理论潜力测算，然后从国家建设用地指标和耕地后备资源的约束两方面来分析区域建设用地潜力挖潜的可行性。

城市建设用地潜力测算是通过把一个城镇划分为若干个评价区域，分别研究城镇内的住宅、商业、工业等用途区域的集约利用潜力。城市建设用地集约利用潜力测算分为城市用地规模潜力测算和经济潜力测算，其中城市用地规模潜力测算又根据居住、工业、商业、教育功能区的差异，分为基于现状用途的规模潜力测算和基于规划用途的规模潜力测算两种。当功能区的整体或局部无法明确规划用途时，可采用现状用途来代替相应区域的规划用途。城市用地经济潜力测算则是在基于规划用途的规模潜力测算基础上进行，在进行经济潜力测算时，主要考虑三种情形：保留现有物业，利用空闲地进行挖潜的经济潜力测算；进行部分改造，部分拆除现有物业进行挖潜的经济潜力测算；进行整体改造，拆除现有物业进行挖潜的经济潜力测算。

国土资源部《建设用地节约集约利用评价规程》（TD/T 1018-2008）中给出了城市用地潜力测算的详细步骤如下：

①确定潜力测算涉及的城市功能区及地域范围；

②开展规模潜力和经济潜力测算；

③进行城市用地规模潜力分区和经济潜力分区；

④编制潜力分区图，拟定潜力利用的时序配置方案，量算不同潜力面积并汇总；

⑤编制评价成果报告图、图件和基础资料汇编。

5.2　天津市区域建设用地利用潜力分析

5.2.1　区域建设用地利用的理论潜力

在区域用地状况调查基础上，通过城乡建设用地人口密度（PUII1）、建设用地地均地区生产总值（EUII2）等指标对比分析区域建设用地使用效率，发现区域用地过程中的差异，找出有节约集约利用潜力的地区，确定区域用地潜力的空间分布和潜力值。

由于天津市和平区、河西区、南开区、河东区、河北区、红桥区6 个区全部位于城市建成区，土地利用效率远高于其他区县，因而在总体潜力测算中，选取市内六区作为一组，其他滨海新区、西青区、津南区、北辰区、东丽区、武清区、宝坻区、宁河县、静海县、蓟县10 个区县作为一组，根据每组评价对象指标数据的平均水平测算各区县建设用地潜力值。

5.2.1.1　基于人口利用强度分析的城乡建设用地理论潜力

人口利用强度采用城乡建设用地人口密度（PUII1）指标，反映区域土地承载人口的能力。2011年天津市各区县人口、城乡建设用地、城乡建设用地人口密度（PUII1）及天津市分组的区县城乡建设用地人口密度平均数据如表5-1所示。

表5-1　2011年天津市各区县城乡建设用地人口密度现状

区县		人口（万人）	城乡建设用地（平方公里）	城乡建设用地人口密度（人/平方公里）	区县城乡建设用地人口密度平均值（人/平方公里）
市内六区	和平区	30.31	9.99	30348	25733
	河西区	90.1	37.97	23718	
	南开区	105.54	40.35	26157	
	河东区	88.98	42.13	21119	
	河北区	80.53	29.46	27335	
	红桥区	54.69	21.26	25722	
其他10个区县	滨海新区	253.66	1021.17	2484	3399
	东丽区	63.54	248.62	2556	
	西青区	74.13	195.98	3782	
	津南区	62.98	154.81	4068	
	北辰区	70.43	159.88	4405	
	武清区	100.51	285.04	3526	
	宝坻区	83.12	270.11	3077	
	宁河县	43.1	124.26	3469	
	静海县	67.43	209.36	3221	
	蓟县	85.53	251.71	3398	

如表5-1所示，天津市各区县城乡建设用地人口密度差别较大，市内六区平均人口密度25733人/平方公里，其他10个区县平均人口密度3399人/平方公里，二者相差近8倍。人口密度最大的和平区每平方公里30348人，人口密度最小的滨海新区仅为每平方公里2484人。

（1）城乡建设用地利用潜力空间分布

城乡建设用地利用潜力分析的方法是，分别以市内六区和其他 10 个区县平均人口密度作为最佳土地利用强度，假定各区县现状人口密度高于所在组平均人口密度，则土地利用效率较高，用地较集约；反之则用地粗放，效率相对不高，有一定的集约利用潜力可以释放。

如图 5-2 所示，天津市全部 16 个区县中，具有城乡建设用地集约利用潜力，可以进一步提高土地利用效率的区县共 8 个，其中市内六区包括河西区、河东区、红桥区 3 个区，其他 10 个区县包括滨海新区、东丽区、宝坻区、静海县、蓟县 5 个区县。

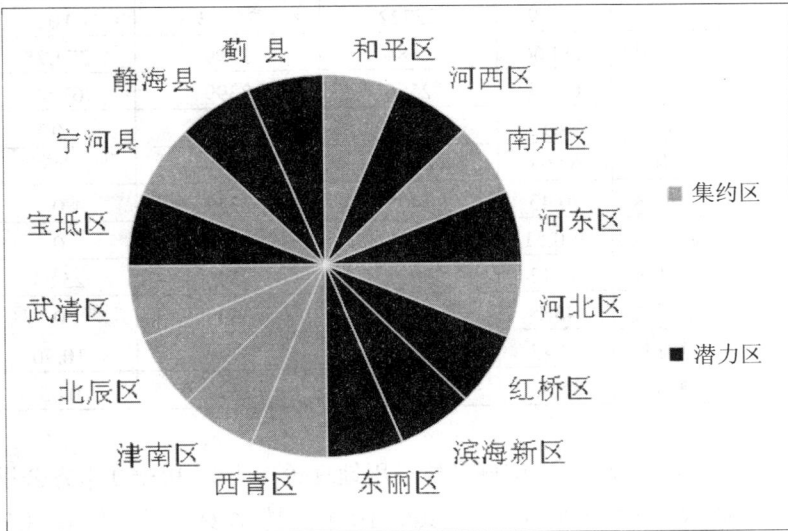

图 5-2　天津市各区县城乡建设用地潜力空间分布图

（2）城乡建设用地利用潜力值

选取市内六区和其他 10 个区县平均人口密度作为各组评价对象的期望人口密度，分别计算各区县城乡建设用地面积潜力值，计算公式如下：

$$\Delta S = P_1 \times \left(\frac{1}{PUII1} - \frac{1}{\overline{PUII1}} \right) \tag{5-1}$$

式中，ΔS 为城乡建设用地潜力，ΔS 为正数；P_1 为现状人口；PUII1 为现状人口密度；$\overline{PUII1}$ 为期望人口密度。

表5-2 天津市城乡建设用地潜力测算表

区县		现状人口（万人）	现状城乡建设用地人口密度（人/平方公里）	期望城乡建设用地人口密度（人/平方公里）	城乡建设用地潜力（平方公里）
市内六区	和平区	30.31	30348	25733	0
	河西区	90.1	23718	25733	2.97
	南开区	105.54	26157	25733	0
	河东区	88.98	21119	25733	7.56
	河北区	80.53	27335	25733	0
	红桥区	54.69	25722	25733	0.01
其他10个区县	滨海新区	253.66	2484	3399	274.75
	东丽区	63.54	2556	3399	61.66
	西青区	74.13	3782	3399	0
	津南区	62.98	4068	3399	0
	北辰区	70.43	4405	3399	0
	武清区	100.51	3526	3399	0
	宝坻区	83.12	3077	3399	25.54
	宁河县	43.1	3469	3399	0
	静海县	67.43	3221	3399	10.96
	蓟县	85.53	3398	3399	0.05

如表5-2所示，天津市城乡建设用地理论潜力共383.50平方公里，其中市内六区10.54平方公里，其他10个区县372.96平方公里。挖潜空间最大的为滨海新区，其城乡建设用地潜力面积达到了274.75平方公里；其次为东丽区、宝坻区和静海县，可挖潜面积分别为61.66平方公里、25.54平方公里和10.96平方公里；河西区、河东区、红桥区、蓟县4个区县可挖潜面积在10平方公里以下。

5.2.1.2 基于土地投入产出分析的建设用地理论潜力

以建设用地地均地区生产总值（EUII2）来反映区域土地投入产出水平，2011年天津市各区县地区生产总值、建设用地、地均地区生产总值（EUII2）及平均建设用地生产总值数据如表5-3所示。

表 5-3 2011 年天津市各区县地均地区生产总值现状

区县		地区生产总值（万元）	建设用地（平方公里）	地均生产总值（万元/平方公里）	区县平均建设用地生产总值（万元/平方公里）
市内六区	和平区	5774700	9.99	571964.20	178666.32
	河西区	5851300	37.97	148048.90	
	南开区	4800100	40.35	98133.37	
	河东区	2540600	42.13	59486.43	
	河北区	2919800	29.46	133583.70	
	红桥区	1286800	21.26	60781.29	
其他 10 个区县	滨海新区	62068700	1085.02	56349.48	20419.47
	东丽区	6028100	281.29	21205.06	
	西青区	5955000	229.44	25775.36	
	津南区	3799700	175.01	19686.02	
	北辰区	5629900	188.44	27207.18	
	武清区	4555100	340.61	12003.40	
	宝坻区	3233300	308.02	8937.87	
	宁河县	2249500	165.23	11888.99	
	静海县	3436600	263.41	12565.73	
	蓟县	2501100	286.98	8575.63	

如表 5-3 所示,2011 年市内六区平均建设用地生产总值 178666.32 万元/平方公里,其他 10 个区县平均建设用地生产总值 20419.47 万元/平方公里,各区县土地投入产出水平差异显著。市内六区中,和平区产出水平最高,每平方公里产值 571964.20 万元,土地利用效率远远高于其他区县;其他 10 个区县投入产出水平前三位的区县依次为滨海新区、北辰区、西青区,产出分别为每平方公里 56349.48 万元、27207.18 万元、25775.36 万元,产出最低的蓟县每平方公里产值 8575.63 万元,不足滨海新区的 1/6。

（1）建设用地利用潜力空间分布

分别以市内六区和其他 10 个区县平均建设用地生产总值作为最佳土地投入产出水平,假定各区县现状地均生产总值高于所在组平均建设用地生产总值，则土地投入产出水平较高，用地较集约；反之则产出相对较低，用地粗放，有一定的集约利用潜力可以释放。

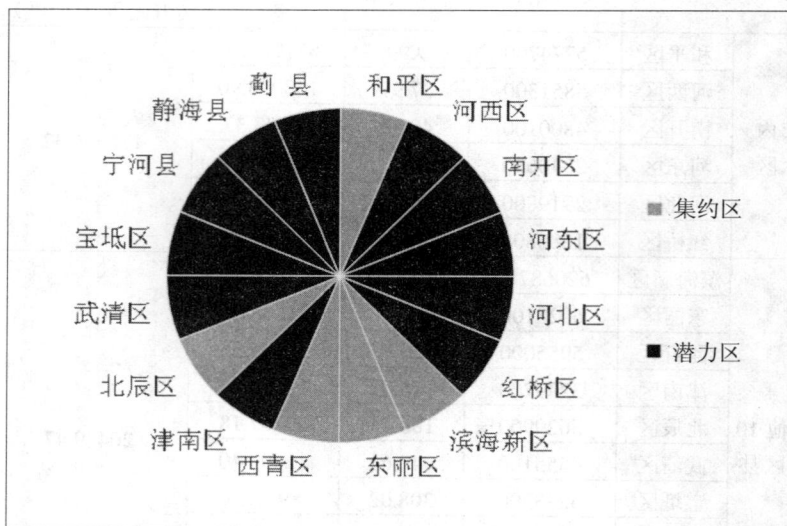

图5-3 天津市各区县建设用地潜力空间分布图

如图5-3所示，天津市全部16个区县中，共11个区县具有建设用地集约利用潜力，市内六区包括河西区、南开区、河东区、河北区、红桥区五个区，其他10个区县包括津南区、武清区、宝坻区、宁河县、静海县、蓟县6个区县。

（2）建设用地利用潜力值

选取市内六区和其他10个区县平均建设用地生产总值作为各组评价对象的期望地均地区生产总值，分别计算各区县建设用地潜力面积：

$$\Delta S = G_1 \times \left(\frac{1}{EUII2} - \frac{1}{\overline{EUII2}} \right) \tag{5-2}$$

式中，ΔS 为建设用地潜力，ΔS 为正数；G_1 为现状地区生产总值；$EUII2$ 为现状地均地区生产总值；$\overline{EUII2}$ 为期望地均地区生产总值。

表 5-4　天津市建设用地潜力测算表

区县		现状地区生产总值（万元）	现状建设用地地均地区生产总值（万元/平方公里）	期望建设用地地均地区生产总值（万元/平方公里）	建设用地潜力（平方公里）
市内六区	和平区	5774700	571964.20	178666.32	0
	河西区	5851300	148048.90	178666.32	6.51
	南开区	4800100	98133.37	178666.32	18.19
	河东区	2540600	59486.43	178666.32	28.11
	河北区	2919800	133583.70	178666.32	7.43
	红桥区	1286800	60781.29	178666.32	14.03
其他 10 个区县	滨海新区	62068700	56349.48	20419.47	0
	东丽区	6028100	21205.06	20419.47	0
	西青区	5955000	25775.36	20419.47	0
	津南区	3799700	19686.02	20419.47	6.29
	北辰区	5629900	27207.18	20419.47	0
	武清区	4555100	12003.40	20419.47	140.38
	宝坻区	3233300	8937.87	20419.47	173.19
	宁河县	2249500	11888.99	20419.47	69.02
	静海县	3436600	12565.73	20419.47	101.31
	蓟县	2501100	8575.63	20419.47	166.45

如表 5-4 所示，天津市建设用地潜力面积共 730.91 平方公里，其中，市内六区 74.26 平方公里，其他 10 个区县 656.65 平方公里。挖潜空间最大的区域为宝坻区，其建设用地挖潜面积可达 173.19 平方公里；其次为蓟县、武清区和静海县，挖潜面积分别为 166.45 平方公里、140.38 平方公里和 101.31 平方公里。

5.2.2　区域建设用地潜力的可行性分析

5.2.2.1　建设用地指标的约束

2008 年 8 月 31 日，经国务院审议并原则通过的《全国土地利用总体规划纲要》中，全面下达了天津市土地利用指标，规划到 2020 年，建设用地总规模为 4034 平方公里。其中，城镇工矿用地 1750 平

方公里，农村居民点用地 750 平方公里，交通水利及其他用地 1534
平方公里（参见表 5-5）。

表 5-5　《全国土地利用总体规划纲要》中确定的天津市建设用地指标

单位：平方公里

指标	2010 年	2020 年	指标属性
建设用地总规模	3747	4034	预期性
城乡建设用地规模	2350	2500	约束性
城镇工矿用地规模	1490	1750	预期性
农村居民点用地规模	860	750	预期性
交通水利及其他用地规模	1397	1534	预期性

　　《天津市土地利用总体规划（2006~2020 年）》严格落实《全国土
地利用总体规划纲要》下达的天津市各类建设用地指标，规划要求实
施过程中，在城乡建设用地指标不突破的前提下，对各项建设用地进
行调控，以满足经济社会发展的需求，保障滨海新区战略地位的实现。

表 5-6　天津市建设用地潜力分析表

单位：平方公里

行政名称	2009 年建设用地	2010 年建设用地	2010 年新增建设用地	2011 年建设用地	2011 年新增建设用地	规划 2020 年建设用地	2020 年规划用地指标与 2011 年建设用地现状差值
天津市	3368.87	3440.28	71.41	3504.61	64.33	4034.00	529.39
滨海新区	1072.95	1076.12	3.17	1085.02	8.90	1251.69	166.67
东丽区	268.96	278.28	9.32	281.29	3.01	270.90	-10.39
西青区	216.19	223.81	7.62	229.44	5.63	227.22	-2.22
津南区	167.91	173.66	5.75	175.01	1.35	172.87	-2.14
北辰区	176.41	182.91	6.50	188.44	5.53	197.40	8.96
武清区	312.91	324.13	11.22	340.61	16.48	353.18	12.57
宝坻区	295.76	299.96	4.20	308.02	8.06	307.32	-0.70
宁河县	154.53	160.23	5.70	165.23	5.00	240.37	75.14
静海县	241.61	254.45	12.84	263.41	8.96	322.60	59.19
蓟县	280.47	285.60	5.13	286.98	1.38	414.01	127.03

从表 5-6 中可以看出，2011 年的建设用地面积与规划 2020 年的建设用地面积仅相差 8787 公顷，因此，从增量角度看，天津市建设用地增加的可能性余地不大。参照天津市 2009~2011 年建设用地的增长趋势分析，剩余建设用地已不能满足天津市两年需求。另外，滨海新区、东丽区、津南区、西青区和宝坻区的 2011 年的现状建设用地已超过 2020 年的规划建设用地指标。受规划指标的约束，未来天津市社会经济发展初次供给用地的潜力小，必须通过提高土地集约利用水平的方式来增加土地的经济供给。

5.2.2.2　耕地后备资源约束

《全国土地利用总体规划纲要》下达的天津市 2020 年耕地保有量为 437300 公顷，而 2011 年天津市现状耕地只有 440746 公顷，加上生态退耕、农业结构调整等所带来的耕地减少，规划期间新增建设用地量的可能性仍然较小（参见表 5-7）。

表 5-7　2006~2020 年天津市耕地总量动态平衡表

单位：平方公里

规划目标年	规划耕地面积	规划期间减少耕地					规划期间补充耕地			
		减少合计	建设占用	生态退耕	农业结构调整	灾毁	补充合计	农地整理	居民点复垦	未利用地开发
2020	4373	415	333	35	20	27	233	65	44	124

数据来源：《天津市土地利用总体规划（2006~2020 年）》。

另一方面，随着天津市经济社会的迅速发展，人口增加和经济社会发展占用耕地面积巨大，经过多年占补平衡项目的实施，由于地形、灌溉水源、盐渍化等因素在内的自然适宜性限制因素；维护城市生态安全以及社会经济可持续发展的生态用地、重要的水源保护地等生态安全限制性因素；种植业成本及其收益、开发整理补充耕地成本，耕地经营成本等后备资源开发的经济可行性限制因素；区县土地利用战略地位、产业结构、产业用地生产效率等社会可接受性限制因素；宜于开垦的土地资源基本上殆尽。天津市目前剩余的所谓耕地后备资源大都是开垦后面临严重土地退化和造成生态环境恶化的生态条件十分脆弱的土地。根据 2011 年天津市土地利用变更数据，天津市未利用地面积共 74057.31 公顷，其中，沼泽地、裸地等未利用土地面积 4464.65公顷，占未利用地面积的 6.03%，而河流水面、苇地、湖泊水面、滩涂等其他土地面积为 69592.66 公顷，占未利用地面积的 97.97%，具体如表 5-8 所示。

表 5-8 天津市各区县未利用地面积表

单位：平方公里

	未利用地	其中				
		河流水面	沿海滩涂	内陆滩涂	沼泽地	裸地
天津市	740.57	270.88	303.61	121.46	39.55	5.10
滨海新区	450.95	61.04	303.58	86.32	0	0
东丽区	9.10	9.06	0	0	0	0.04
西青区	31.56	30.03	0	1.53	0	0
津南区	10.97	10.80	0	0.17	0	0
北辰区	20.42	18.08	0	2.34	0	0
宝坻区	56.47	46.86	0	9.62	0.	0
武清区	34.97	15.44	0	5.11	14.43	0
静海县	30.65	30.50	0	0.15	0	0
宁河县	72.21	32.43	0	14.66	25.12	0
蓟县	23.24	16.63	0	1.55	0	5.06

从空间分布来看，天津市未利用地主要分布在滨海新区、宝坻区、宁河县以及武清区等，未利用地面积为 61460.31 公顷，占天津市未利用地总面积的 82.99%，其中滨海新区面积最大，面积分别为 45094.6公顷，占全市未利用地总面积的 60.89%。其他的未利用地零星分布在其他区县。同时，可开发的未利用地还存在着平均斑块面积较小、分布零散、形状差异较大等情况，开发利用的难度较大。根据土地适宜性评价，在现有技术条件和经济条件下，能够作为可开发利用的耕地后备资源极为缺乏，补充耕地的能力不足。按照国家的耕地占补平衡政策要求同时受耕地后备资源不足的限制，天津市建设用地增加的空间有限，因此未来发展需要从存量建设用地角度考虑提高土地的利用

效率。

5.2.2.3　农村居民点用地的整理潜力

在《县级土地开发整理规划编制要点》中，农村居民点整理潜力被定义为"通过对现有农村居民点改造、迁村并点等，可增加的有效耕地及其他用地面积"，尽管在这个表述中，农村居民点整理出的土地被确定为耕地，但也有一部分被整理的土地被作为了建设用地。2005年，国土资源部制定了《关于规范城镇建设用地增加与农村建设用地减少相挂钩试点工作的意见》，为天津增加城市建设用地提供了一条有效的途径。

（1）农村居民点整治规划释放的建设用地潜力

《全国土地利用总体规划纲要（2006~2020 年）》（简称《全国纲要》）下发给天津市农村居民点用地指标规模为 750 平方公里。综合考虑农村居民点整理的速度，将《全国纲要》下达指标与现状之差作为农村居民点整理的实际潜力。即到 2020 年，农村居民点应整理规模为 113 平方公里。规划期内，如果加强城镇建设区内的城中村改造，推进村改居和村民转居民工作，规划期末可完成城镇规划建设区内近 80 平方公里的农村居民点改造工作。

通过加大农村居民点整治力度，引导农村人口向城镇和中心村转移。重点整理空心村、城市边缘村和人口少于 500 人的自然村。本着节约用地、确保生态生产生活安全、注重历史文化保护的原则，分区划类，因地制宜积极有序地推进近环城四区及滨海新区（原塘沽、大港、汉沽）农村居民点整理。结合基本农田保护区的建设、生态环境的保护与建设，适时向其他 5 个区县推进。规划期末，农村居民点用地整理复垦面积可达到 134 平方公里。新增农村居民点用地 38 平方公里。

（2）实施城乡建设用地增减挂钩政策释放的城市建设用地潜力

2006 年，国土资源部向天津市下达城乡建设用地增减挂钩周转指标。此后，国土资源部分别于 2008 年至 2011 年，连续三次向天津市下达增减挂钩指标，共 8181.1 公顷。其中，第一批挂钩试点项目区 9 个，使用周转指标 827.2 公顷；第二批挂钩试点项目区 12 个，使用周转指标 605.2 公顷；第三批挂钩试点项目区 17 个，使用周转指标 3436.6 公顷；第四批挂钩试点项目区 25 个，使用周转指标 3312.1 公顷。

通过实施第一批挂钩试点减少农村居民点用地 1282 公顷，净增用于安排城市建设的新增建设用地指标 849 公顷；第二批挂钩试点减少农村居民点用地 851 公顷，净增用于安排城市建设的新增建设用地指标 246 公顷；第三批挂钩试点减少农村居民点用地 4027 公顷，净增用于安排城市建设的新增建设用地指标 590 公顷；第四批挂钩试点减少农村居民点用地 3535 公顷，净增用于安排城市建设的新增建设用地指标 223 公顷。

5.3 天津市城市建设用地集约利用潜力测算

由于城市的不断发展变化，某些过去较为集约的土地利用随着周边环境的变化，技术的改进等种种原因，今天可能成为低效利用土地方式。在城市发展的任何阶段都会存在低效利用的土地。城市建设用地潜力测算是针对城市用地状况评价中的低度利用区和中度利用区，开展的用地潜力测算。按照《规程》，2012 年天津市城市建设用地集约利用潜力评价工作首先确定了利用潜力区域，然后分别基于规模潜力和用地经济潜力进行测算。

5.3.1 土地利用潜力区域

按照《建设用地节约集约利用评价规程》，把天津市城市建设用地评价中低度利用区和中度利用区的区域作为土地利用潜力测算区域。

根据第四章功能区土地集约度评价结果，得到各类型中低度集约利用水平的功能区，汇总得到表 5-9。

从整体来看，对天津市城市土地利用潜力测算的土地总面积为 12656.40 公顷，占评价范围的 32.35%，主要分布在市内六区以外的区域，围绕外环线呈圈层式分布。部分功能区零星分布在中心城区内的城中村改造区域，建筑密度高，综合容积率和绿化率相对较低，土地集约利用水平不高。

分评价功能区来看，中度利用和低度利用的功能区 89 个，包括 72 个中度利用，17 个低度利用。其中，居住功能区 44 个，包括中度利用 32 个、低度利用 12 个，总面积 4601.17 公顷；商业功能区 10 个，均为中度利用，面积 200.96 公顷；工业功能区 30 个，包括 25 个中度利用和 5 个低度利用，总面积 7051.82 公顷；教育功能区 5 个，全部为中度利用，总面积 802.45 公顷。

表 5–9　天津市城市用地潜力测算区域

功能区类型	土地利用状况类型	功能区个数	功能区面积（公顷）	占各类功能区总面积比例（％）
居住功能区	中度利用	32	3036.07	13.65
	低度利用	12	1565.10	7.03
商业功能区	中度利用	10	200.96	27.38
工业功能区	中度利用	25	6567.45	45.78
	低度利用	5	484.37	3.38
教育功能区	中度利用	5	802.45	50.39
合计	中度利用	72	10606.93	27.11
	低度利用	17	2049.47	5.24

5.3.2　规模潜力测算

5.3.2.1　基于现状用途的城市用地规模潜力测算

（1）测算方法

城市用地规模潜力测算以提高土地的容积率为出发点，分别测算在满足城市规划及法规的要求下能够挖潜增效的土地利用绝对规模潜力和相对规模潜力。

①城市用地绝对规模潜力测算

城市用地绝对规模潜力测算按照下式进行：

$$Q_c = Q \times \frac{R_c - F_c}{R_c} \tag{5-3}$$

式中：

Q_c 为城市用地绝对规模潜力，单位为公顷；

Q 为功能区现状土地面积，单位为公顷；

R_c 为功能区规划或法规允许的容积率，按照相同用途，以规划标准中的容积率最高值、控制性详细规划指标或其他方法确定的合理值来确定；

F_c 为功能区现状容积率，可以选用样本片区的数值或平均值作为代表。

②城市用地相对规模潜力测算

城市用地相对规模潜力测算按照公式（5-4）或公式（5-5）进行

$$q_c = \frac{Q_c}{Q} \times 100 \tag{5-4}$$

$$q_c = \frac{R_c - F_c}{R_c} \times 100 \tag{5-5}$$

式中：q_c 为城市用地相对规模潜力，单位为%。其他指标含义同公式（5-3）。

《规程》提出，可以根据工作需要，对工业功能区、教育功能区的土地规模潜力做补充估算，但是考虑到工业功能区估算理想的产出强度或投入强度的值的选择，教育功能区理想的单位用地服务学生规模值的确定都带有很大的主观意识，本次测算没有对两类功能区进行补充估算。

（2）测算结果

①规模潜力的统计结果分析

基于现状用途的城市用地除 298 个无潜力区外，剩余 89 个功能区总绝对规模潜力为 6144.11 公顷，平均相对规模潜力为 48.55%（参见表 5-10）。其中，工业功能区、居住功能区总绝对规模潜力最大，分别为 2979.69 公顷和 2704.59 公顷，是商业功能区的近 20 倍、教育功能区的近 10 倍。这说明就潜力的规模而言，由于工业用地通常占地较大，工业功能区具有较大的改造开发潜力，是今后天津市建设用地挖潜的重点对象，应积极注重规划引导工业布局，促进工业向工业园区集中，提高工业园区集约用地水平，通过挖潜工业用地的存量建设用地，以满足商业功能、教育功能等其他功能用途的发展需要。

表 5–10　基于现状用途的天津市城市用地规模潜力

功能区类型	总绝对规模潜力（公顷）	平均相对规模潜力（%）
居住功能区	2704.59	58.78
商业功能区	153.41	76.34
工业功能区	2979.69	42.25
教育功能区	306.42	38.19
评价范围	6144.11	48.55

注：平均相对规模潜力的计算不包括无潜力区。平均相对规模潜力=功能区总绝对规模潜力/功能区总面积。

对于相对规模潜力，各功能区各不相同，分别为居住功能区58.78%、商业功能区76.34%、工业功能区42.25%、教育功能区38.19%。居住功能区和工业功能区虽然总绝对规模潜力都比商业功能区的大，但是平均相对规模潜力却比商业功能区的小。这是因为相对规模潜力与用地的占地面积无关，它更能体现一种功能区今后改造再开发的规模潜力空间。从各功能区的平均相对规模潜力的对比来看，就功能用途自身的挖潜空间而言，商业用地的挖潜空间最大，教育用地的挖潜空间最小，而居住用地的利用强度还有进一步提升的空间。

②规模潜力分区的空间分析

潜力分区的方法与标准。基于现状的城市用地潜力分区针对不同类型的土地相对规模潜力，通过单因素的聚类分析进行归类，分为高潜力区、中潜力区、低潜力区，同时，将过度利用和集约利用类型功能区划入无潜力区，分区的标准如表5-11所示。

表 5-11 基于现状用途的天津市城市用地潜力分区数值标准表

分区类型 数值 标准 功能区 类型	高潜力区	中潜力区	低潜力区	无潜力区
居住功能区	λ≥75	75>λ≥60	λ<60	过度利用和集约利用类型的功能区
商业功能区	λ≥90	90>λ≥70	λ<70	
工业功能区	λ≥75	75>λ≥60	λ<60	
教育功能区	参与测算的 5 个教育功能区均为中度利用，且相对规模潜力区分度小，因此全部划入中潜力区，不作细分			

注：λ 表示功能区的相对规模潜力。

潜力分区结果及分析。根据上述潜力分区的数值标准，天津市城市用地规模潜力分区结果汇总如表 5-12 所示。

表 5-12 基于现状用途的天津市城市用地规模潜力分区

类型		高潜力区	中潜力区	低潜力区	无潜力区	总计
居住功能区	面积（公顷）	1178.70	809.65	2612.82	17647.80	22248.97
	比例（%）	5.30	3.64	11.74	79.32	100.00
	数量	10	13	21	215	259
	绝对规模潜力	970.27	548.42	1185.90	0.00	2704.59
商业功能区	面积（公顷）	22.61	105.12	73.23	541.67	742.62
	比例（%）	3.04	14.16	9.86	72.94	100.00
	数量	3	4	3	34	44
	绝对规模潜力	21.64	88.70	43.07	0.00	153.41
工业功能区	面积（公顷）	1065.35	467.17	5519.30	7292.78	14344.46
	比例（%）	7.43	3.26	38.48	50.84	100.00
	数量	8	4	18	34	64
	绝对规模潜力	842.06	312.05	1825.58	0.00	2979.69
教育功能区	面积（公顷）	0.00	802.45	0.00	789.97	1592.42
	比例（%）	0.00	50.39	0.00	49.61	100.00
	数量	0	5	0	13	18
	绝对规模潜力	0.00	306.42	0.00	0.00	306.42

续表

类型		高潜力区	中潜力区	低潜力区	无潜力区	总计
合计	面积（公倾）	2266.66	2184.39	8205.35	26272.22	38928.62
	比例（%）	5.82	5.61	21.08	67.49	100
	数量	21	26	42	296	385
	绝对规模潜力	1833.97	1255.59	3054.55	0	6144.11

由表 5-12 可知，天津市城市用地的高潜力区共有 21 个功能区，面积 2266.66 公顷，占评价功能区总面积的 5.82%，绝对规模潜力为 1833.97 公顷，主要分布在河西区中南部，河东区的南部，红桥区西部及与河北区交界边缘，东丽区与外环线交界的南、北区域，西青区东部以及津南区的南部；中潜力区包括 26 个功能区，面积 2184.39 公顷，占评价功能区总面积的 5.61%，绝对规模潜力为 1255.59 公顷，主要分布在西青区西部、华苑产业区（环外区块）的南部，北辰区的中部，东丽区西部，津南区的北部与外环线交界区域；低潜力区包括 42 个功能区，面积 8205.35 公顷，占评价功能区面积的 21.08%，绝对规模潜力为 3054.55 公顷，主要分布在环城四区紧邻外环线的区域，以及和平区、南开区、河北区及红桥区的零星地块；无潜力区共 296 个功能区，面积 26272.22 公顷，占评价功能区面积的 67.49%，主要分布在评价地域的核心区域，即市内六区的大部分区域以及环城四区的中心镇区域。天津市城市用地的再开发规模潜力集中分布趋势明显，大部分分布在市内六区中的红桥区、北辰区中南部以及河西区、河东区与西青区、津南区相邻区域，高、中、低潜力分区混杂其中。其中，市内六区的核心区域，由于多数建设用地集约利用度已经处于较高或过高的水平，因此这些区域的城市用地规模潜力较低，甚至为 0。

对于各种类型的功能区，居住功能区的高潜力区大多位于北辰区与河北区交界处、河东区南部的城中村地带，低潜力区大多位于西青区杨柳青镇、大寺镇辖区内以低矮平房为主的村庄。工业功能区的高潜力区主要位于河西区中南部陈塘庄工业区，低潜力区主要分布在北辰区中南部工业区、东丽区东部工业区。教育功能区全部为中潜力区，均是近几年新建的近郊校区，这些校区还没完全建设成熟，容积率低，绿化率高，有一定量的待建空闲地。

③不同类型功能区的规模潜力情况

不同居住、商业和工业功能区之间的绝对规模潜力、相对规模潜力差别很大。居住功能区绝对规模潜力最大的为 321.24 公顷，是最小值（5.11 公顷）的 62 倍多；相对规模潜力最大的为 91.86%，是最小值（26.75%）的 3.40 倍。商业功能区绝对规模潜力最大的为 35.89 公顷，是最小值（0.95 公顷）的 37.78 倍；相对规模潜力最大为 96.95%，最小为 56.31%。工业功能区的绝对规模潜力最大的为 513.14 公顷，最小的仅为 9.87 公顷，相差 503.27 公顷；相对规模潜力最大的为 96.00%，最小的为 20.00%，相差 76.00%。教育功能区最大绝对规模潜力为 118.94 公顷，最小值 20.95 公顷；相对规模潜力最大值 53.33 公顷，最小值 30.00 公顷。

绝对规模潜力的差异主要是由功能区的划分所引起的，但也说明了有些地块若进行再开发和改造，有比较多的土地潜力，而有些地块潜力规模较小。52.27% 的居住功能区的相对规模潜力在 60% 以上，90% 的商业功能区的相对规模潜力在 60% 以上，40% 的工业功能区的相对规模潜力在 60% 以上，这说明，商业功能区的再开发改造的规模潜力挖潜效果比其他类型功能区的大，居住功能区次之，工业功能区的绝对规模潜力虽然最大，但其再挖潜的效率最小。

④潜力测算与用地规划的协调性

根据潜力测算结果，居住用地、工业用地绝对规模潜力相对较大，与天津市土地利用总体规划中，利用好存量土地，做好内涵挖潜，提高综合容积率，通过调整优化，实施旧城有机更新，严格控制城市规模的用地规划相符合。同时，测算结果有利于进一步指导土地的集约利用和内涵挖潜。

5.3.2.2　基于规划用途的城市用地规模潜力测算

（1）测算方法

基于规划用途的城市用地规模潜力按照基于现状用地的城市用地规模潜力规定的方法测算。公式（5-3）、（5-5）中的 R_c 为规划用途所对应的规划允许容积率，F_c 为现状用途对应的现状容积率。

基于规划用途的城市用地规模潜力测算原则如下：

①对于规划用途与现状用途一致的情形，直接采用该功能区基于现状用途的规模潜力测算结果。

②对于基于规划用途的城市用地潜力测算区域和功能区不能完全重合的区域，分块计算对应功能区内不同地块的土地规模潜力：一是规划用途和现状用途不一致的部分，按基于规划用途的规模潜力计算；二是规划用途和现状用途一致的部分，按基于现状用途的规模潜力计算，并将有关结果加总，作为功能区的基于规划用途的规模潜力。

（2）测算结果

①规模潜力的结果统计分析

按照上述公式和原则进行计算，得到天津市城市用地规模潜力（基于规划）的结果，并与基于现状的规模潜力进行对比统计，其结果如表 5-13 所示。

表 5-13　基于规划用途和基于现状用途的天津市城市用地规模潜力对比

功能区类型	总绝对规模潜力（公顷）			平均相对规模潜力（%）		
	基于规划	基于现状	差值	基于规划	基于现状	差值
居住功能区	2151.18	2704.59	-553.41	46.75	58.78	-12.03
商业功能区	99.14	153.41	-54.27	49.33	76.34	-27.01
工业功能区	2838.80	2979.69	-140.89	40.26	42.25	-1.99
教育功能区	278.87	306.42	-27.55	34.75	38.19	-3.44
合计	5367.99	6144.11	-776.12	42.41	48.55	-6.14

第一，基于规划用途的绝对规模潜力。从表 5-13 中可以看出，基于规划用途的城市用地总绝对规模潜力达 5367.99 公顷，平均相对规模为 42.41%。从不同功能区类型来看，对于总绝对规模潜力，工业功能区总绝对规模潜力最大，达 2838.80 公顷，是商业功能区的近 30 倍。对于平均相对规模潜力，商业功能区最大，居住功能区次之，教育功能区最小。这说明从城市用地挖潜的量来说，工业用地由于占地规模较大，工业功能区的绝对规模潜力最大，可作为重点的挖潜对象。从城市功能用地挖潜能力的角度来说，商业功能区的相对挖潜空间最大，

挖潜效率最好。

第二，基于现状和基于规划用途的规模潜力对比。从基于现状和基于规划用途的总绝对规模潜力对比来看，整体上基于规划用途的城市用地的各项对比指标比基于现状用途均有不同程度的减少。对于总绝对规模潜力，评价范围内基于规划的比基于现状的减少776.12公顷。其中，现状用途为居住功能区减少最多，高达553.41公顷，现状用途为教育功能区最小，减少27.55公顷。这表明天津市城市用地的开发强度已经过高，城市用地集约水平较高。近年来，天津市城市规划中绿地、公园、基础设施和生活服务设施的比重逐渐加大，说明天津市城市建设正从着重提高用地强度和用地程度逐渐向改善生活工作环境与提高城市用地强度并重的方向转移。

对于平均相对规模潜力来说，基于规划用途的比基于现状用途的同样减少。评价范围内平均相对规模潜力 42.41%，比基于现状的48.55%减少了6.14%。

以上数据表明，不管是从挖潜的量上还是从挖潜效率上，基于规划的城市用地规模潜力均比基于现状的低。这说明，依据规划，天津市在未来的发展中，将有一定量的居住、商业或工业用地转化为容积率较低的绿地、公共服务设施用地等基础设施和生活服务设施用地，城市功能将更加齐全，与生态环境良好的宜居城市的城市职能更加吻合。

②规模潜力的空间分析

潜力分区的方法。同样，基于规划的城市用地潜力分区是依据土地的相对规模潜力，通过单因素的聚类分析进行归类，其具体分区标准如表5-14所示。

表 5-14　基于规划用途的天津市城市用地潜力分区数值标准表

分区类型 数值 标准 功能区 类型	高潜力区	中潜力区	低潜力区	无潜力区
居住功能区	λ≥75	75>λ≥60	λ<60	过度利用和 集约利用类 型的功能区
商业功能区	λ≥75	75>λ≥60	λ<60	
工业功能区	λ≥70	70>λ≥50	λ<50	
教育功能区	参与测算的 5 个教育功能区均为中度利用，且相对规模潜力区分度小，因此全部划入中潜力区，不作细分			

注：λ 表示功能区的相对规模潜力。

潜力分区结果及分析。根据上述潜力分区的标准，得到天津市基于规划的城市用地规模潜力，再结合基于现状的城市建设用地规模潜力测算结果，二者汇总对比如表 5-15 所示。

表 5-15　基于规划用途和基于现状用途的天津市城市用地规模潜力分区对比

类型	面积（公顷）	比例（%）	功能区数量	绝对规模潜力（公顷）	绝对规模潜力（规划-现状差值）（公顷）
高潜力区	1633.91	4.20	18	1273.11	-560.86
中潜力区	2039.00	5.24	26	1095.00	-160.59
低潜力区	8983.11	23.08	45	3143.33	88.78
无潜力区	26272.22	67.49	298	0.00	0.00
总计	38928.24	100.00	387	5511.44	-632.67

基于规划用途的城市用地规模潜力从总体上和不同类型的功能区都与基于现状用途的城市用地规模潜力类似，因此，这里从总体上分析天津市基于规划用途的城市建设用地的规模潜力分区及空间分布。

天津市基于规划用途的城市建设用地规模潜力中，高潜力区包括 18 个功能区，面积 1633.91 公顷，占功能区总面积的 4.20%，绝对规

模潜力 1273.11 公顷，比基于现状的绝对规模潜力低 560.86 公顷，主
要分布在红桥区、津南区西部以及市内六区中零星的城中村。中潜力
区包括 26 个功能区，面积 2039.00 公顷，占功能区总面积的 5.24%，
绝对规模潜力 1095.00 公顷，比基于现状的绝对规模潜力低 160 多公
顷，主要分布在西青区与外环线交界处、杨柳青镇及大寺镇部分列入
小城镇计划的农村居民点，市内六区的零星城中村改造区。低潜力区
共包括 45 个功能区，面积 8983.11 公顷，占功能区总面积的 23.08%，
其绝对规模潜力 3143.33 公顷，比基于现状的绝对规模潜力高出 88.78
公顷，主要分布在环外环线一周的城市边缘区域。无潜力区共包括 298
个功能区，面积 26272.22 公顷，占功能区总面积的 67.49%，主要分
布在市内六区的核心区域，即和平区、南开区东部、河西区北部、河
东区东部及河北区南部。由此可见，基于规划进行的城市用地结构调
整使居住、商业、工业及教育等功能用地的一部分转化成容积率相对
较小的绿地、公益性用地或公共服务与管理用地，因此，基于规划的
城市用地规模潜力高、中潜力区比基于现状的是减少的，而低潜力区
有微量提高。

　　③潜力测算与用地管理

　　潜力测算结果表明，居住用地、工业用地绝对规模潜力较大，其
中居住用地相对规模潜力也较大，与天津市土地利用总体规划中，加
快城市住宅建设，积极调整工业、仓储用地布局的用地布局调整与规
划相符合。

　　根据基于规划规模潜力测算结果，相关部门可进一步完善城市功
能，优化城市布局，通过调整城市功能布局与产业结构，提升金融、
商贸、科教、信息、旅游等现代服务职能，适当发展都市型工业，塑
造城市文化特色，改善城市生活环境，提升城市环境质量。

5.3.3　城市用地经济潜力测算

5.3.3.1　测算方法

城市经济潜力测算是基于规划用途的规模潜力测算的基础上进行
的，共分为三种挖潜方式，分别为保留现有物业，利用空闲地进行挖

潜的土地经济潜力测算；进行部分改造，部分拆除现有物业进行挖潜的经济潜力测算；进行整体改造，拆除现有物业进行挖潜的经济潜力测算。在功能区挖潜方式判别的基础上，根据不同的挖潜方式选择对应的经济潜力测算方法。

（1）保留现有物业，利用空闲地进行挖潜的土地经济潜力测算

①土地经济潜力测算

$$E_c = \sum_{i=1}^{n} [Q_i \times R_{ci} \times (J_{ci} - C_{ci})] \tag{5-6}$$

式中：

E_c 为保留现有物业，利用空闲地进行挖潜的土地经济潜力，单位为万元；

Q_i 为功能区内第 i 块空闲地的现状土地面积，单位为公顷；

R_{ci} 为功能区内第 i 块空闲地规划允许的容积率；

J_{ci} 为功能区内第 i 块空闲地新建物业单位建筑面积市场价格，单位为元/平方米；

C_{ci} 为功能区内第 i 块空闲地新建物业单位建筑面积开发成本，单位为元/平方米；

n 为空闲地数。

②单位经济潜力测算

$$e_c = E_c / \sum_{i=1}^{n} Q_i \tag{5-7}$$

式中：

e_c 为保留现有物业，利用空闲地进行挖潜的单位土地经济潜力，单位为元/平方米；

E_c、Q_i、n 参照公式（5-6）说明。

（2）进行部分改造，部分拆除现有物业进行挖潜的经济潜力测算

①土地经济潜力测算

$$E_P = \sum_{i=1}^{n} [Q_i \times (R_{ci} \times J_{ci} - F_{ci} \times J_{xi} - R_{ci} \times C_{ci})] \tag{5-8}$$

式中：

E_p 为进行部分改造，部分拆除现有物业进行挖潜的土地经济潜力，单位为万元；

Q_i 为功能区内第 i 块改造地现状土地面积，单位为公顷；

R_{ci} 为功能区内第 i 块改造地规划允许的容积率；

F_{ci} 为功能区内第 i 块改造地现状容积率；

J_{ci} 为功能区内第 i 块改造地新建物业单位建筑面积市场价格，单位为元/平方米；

C_{ci} 为功能区内第 i 块改造地新建物业单位建筑面积开发成本，单位为元/平方米；

J_{xi} 为功能区内第 i 块改造地现有物业单位建筑面积市场成本，单位为元/平方米；

n 为改造地个数。

②单位经济潜力测算

$$e_P = E_P / \sum_{i=1}^{n} Q_i \tag{5-9}$$

e_p 为进行部分改造，部分拆除现有物业进行挖潜的单位土地经济潜力，单位为元/平方米；

E_p、Q_i、n 参照公式（5-8）说明。

（3）进行整体改造，拆除现有物业进行挖潜的经济潜力测算

①土地经济潜力测算按照公式（5-10）进行。

$$E_a = Q \times (R_c \times J_c - F_c \times J_x - R_c \times C_c) \tag{5-10}$$

式中：

E_a 为进行整体改造，拆除现有物业进行挖潜的土地经济潜力，单位为万元；

Q 为功能区内现状土地面积，单位为公顷；

R_c 为功能区内规划允许的容积率；

F_c 为功能区内现状容积率；

J_c 为功能区内新建物业单位建筑面积市场价格，单位为元/平方米；

C_c 为功能区内地新建物业单位建筑面积开发成本，单位为元/平方

米；

J_x 为功能区内现有物业单位建筑面积市场成本，单位为元/平方米。

②经济潜力测算

$$e_a = E_a / Q \qquad\qquad (5-11)$$

e_a 为进行整体改造，拆除现有物业挖潜潜力测算的单位土地经济潜力，单位为元/平方米；

E_a、Q 参照公式（5-10）说明。

5.3.3.2　测算结果

城市用地经济潜力测算应在基于规划用途的基础上进行，首先对其经济潜力测算的方式进行判别。根据天津市中心城区控制性详细规划和环城四区近期土地利用规划中确定的功能区的规划用途，结合实地踏勘得到的实际情况，对功能区的经济挖潜方式进行判别，各功能区按照不同的挖潜方式分类结果如　表 5-16 所示。

表 5-16　天津市功能区挖潜方式分类结果　（单位：公顷）

类型		保留现有物业，利用空闲地进行挖潜	进行部分改造，部分拆除现有物业进行挖潜	进行整体改造，拆除原有物业进行挖潜
居住功能区	功能区数量	11	20	13
	面积	1283.87	2214.00	1103.31
商业功能区	功能区数量	4	3	3
	面积	36.37	106.81	57.77
工业功能区	功能区数量	15	9	6
	面积	2917.00	3212.00	923.19
教育功能区	功能区数量	5	0	0
	面积	802.45	0	0
合计	功能区数量	35	32	22
	面积	5039.69	5532.81	2084.27

总体看来，保留现有物业，利用空闲地进行挖潜的功能区最多，

共 35 个,面积为 5039.69 公顷;进行部分改造,部分拆除现有物业进行挖潜的功能区,潜力最大,包括 32 个,面积 5532.81 公顷;进行整体改造,拆除原有物业进行挖潜的功能区有 22 个,面积为 2084.27 公顷。

分功能区类型来说,居住、商业、工业功能区经济潜力的挖潜方式多样,均包含三种方式。其中,居住、商业功能区均以进行部分改造,部分拆除现有物业进行挖潜的方式为主;工业功能区以部分改造及保留现有物业的方式为主,改造面积达 6129 公顷;教育功能区则全部为保留现有物业,利用空闲地进行挖潜。

(1)居住功能区

居住功能区中大部分功能区的用途发生了改变,由居住用地规划转变为商业用地或容积率相对较低的基础设施用地、生活服务设施用地及绿地等,其中保留现有物业、利用空闲地进行挖潜的有 11 个功能区;进行部分改造,部分拆除现有物业进行挖潜的有 20 个功能区,有 13 个功能区是进行整体改造,拆除现有物业进行挖潜的。

居住功能区保留现有物业、利用空闲地进行挖潜的土地经济潜力总量为 1020.45 亿元,平均土地经济潜力为 61.02 亿元,平均单位土地经济潜力为 21209.72 元/平方米,如表 5-17 所示。其中,土地经济潜力最大的为 375.18 亿元,其单位土地经济潜力为 21406.13 元/平方米;土地经济潜力最小的是 4.60 亿元,相应的单位土地经济潜力为 18681.18 元/平方米。单位土地经济潜力在平均单位土地经济潜力 21209.72 元/平方米之上的有 5 个功能区,其经济潜力的挖潜效率相对较好,在经济潜力时序配置时,可适当结合相对规模潜力,将这些功能区划入短期或近期的开发时序中。

表 5-17 居住功能区保留现有物业,利用空闲地进行挖潜的城市用地经济潜力

功能区编码	土地经济潜力(万元)	单位土地经济潜力(元/平方米)	功能区编码	土地经济潜力(万元)	单位土地经济潜力(元/平方米)
R021	259705.61	26900.00	R145	168713.65	9383.41
R031	277008.68	32470.00	R165	3751842.97	21406.13

功能区编码	土地经济潜力（万元）	单位土地经济潜力（元/平方米）	功能区编码	土地经济潜力（万元）	单位土地经济潜力（元/平方米）
R060	321195.40	22550.00	R175	188518.55	50546.15
R077	237528.59	11060.00	R177	46021.49	18681.18
R087	182097.64	15300.00	R231	184558.20	15341.06
R134	1095203.30	9668.96			

居住功能区选择部分改造，部分拆除现有物业进行挖潜的土地经济潜力总量为 724.98 亿元，平均土地经济潜力为 36.25 亿元，平均单位土地经济潜力为 7158.88 元/平方米，其中经济潜力最大为 164.33 亿元，其单位土地经济潜力为 12906.30 元/平方米，经济潜力最小为 1.62 亿元，相应的单位土地经济潜力为 615.30 元/平方米（参见表 5-18）。

表 5-18　居住功能区部分改造，部分拆除现有物业进行挖潜的经济潜力

功能区编码	土地经济潜力（万元）	单位土地经济潜力（元/平方米）	功能区编码	土地经济潜力（万元）	单位土地经济潜力（元/平方米）
R005	112266.08	1858.01	R094	1643250.58	12906.30
R022	80524.04	22450.00	R109	229102.44	13700.17
R027	1241661.42	20310.00	R120	132387.78	7836.75
R033	195433.67	8448.92	R128	1458537.10	12852.69
R039	188671.71	11340.00	R137	388238.56	2104.09
R043	19018.39	2936.79	R140	16231.69	615.30
R048	287761.590	2459.50	R142	395443.24	5019.59
R049	93997.89	2538.21	R156	321481.50	4504.90
R082	164912.34	3253.68	R162	53219.61	1768.89
R084	173109.71	3694.24	R167	54552.84	2579.56

居住功能区选择整体改造，拆除现有物业进行挖潜的土地经济潜力为 580.70 亿元，平均土地经济潜力为 44.67 亿元，平均单位土地经

济潜力为 7189.99 元/平方米（参见表 5-19）。

表 5-19 居住功能区整体改造，拆除现有物业进行挖潜的经济潜力

功能区编码	土地经济潜力（万元）	单位土地经济潜力（元/平方米）	功能区编码	土地经济潜力（万元）	单位土地经济潜力（元/平方米）
R001	320771.64	2077.54	R083	514273.19	9771.22
R006	158302.59	2411.04	R138	450469.25	4357.61
R009	101933.47	1650.77	R139	1124525.92	5207.48
R037	1075825.47	17350.00	R141	139572.87	2480.02
R041	579578.65	30050.00	R159	149092.42	4505.00
R055	378234.60	3585.16	R166	182221.06	5518.00
R080	632192.37	4506.00			

（2）商业功能区

商业功能区一共 10 个参与经济潜力测算，4 个功能区采用保留现有物业，利用空闲地的方式进行挖潜，3 个功能区采用部分改造，部分拆除现有物业的方式进行挖潜，3 个功能区采用整体改造，拆除现有物业的方式进行挖潜。

商业功能区保留物业，利用空闲地进行挖潜的经济潜力总量为 29.65 亿元，平均土地经济潜力为 7.41 亿元，平均单位土地经济潜力为 47057.92 元/平方米（参见表 5-20）。

表 5-20 商业功能区保留现有物业，利用空闲地进行挖潜的经济潜力

功能区编码	土地经济潜力（万元）	单位土地经济潜力（元/平方米）
C021	44383.53	39121.36
C033	38385.21	31520.12
C037	159864.08	80277.93
C043	53817.98	37312.28

商业功能区采用部分改造，部分拆除现有物业的方式进行挖潜的经济潜力总量是 29.90 亿元。其中编号 C017 的功能区由于规划用途是

容积率为 0 绿地，这里认为该功能区基于规划用途是没有经济潜力可挖掘的，因此其土地经济潜力和单位土地经济潜力均为 0。剩余 2 个功能区中，平均土地经济潜力为 14.95 亿元，平均单位土地经济潜力为 8426.78 元/平方米（参见表 5-21）。

表 5-21　商业功能区部分改造，部分拆除现有物业进行挖潜的经济潜力

功能区编码	土地经济潜力 （万元）	单位土地经济潜力 （元/平方米）
C013	250384.25	12747.00
C014	48580.48	4106.55
C017	0.00	0.00

商业功能区采用整体改造，拆除现有物业的方式进行挖潜的经济潜力总量为 44.45 亿元，平均土地经济潜力为 14.82 亿元，平均单位土地经济潜力为 11671.97 元/平方米（参见表 5-22）。

表 5-22　商业功能区整体改造，拆除现有物业进行挖潜的经济潜力

功能区编号	土地经济潜力 （万元）	单位土地经济潜力 （元/平方米）
C004	263267.53	6735.10
C007	17806.22	1400.96
C012	163456.32	26879.84

（3）工业功能区

工业功能区中有 15 个功能区因功能区划分时依据地物边界一致性、行政区划完整性原则和相关规划，将部分空地作为工业发展预留地划入了功能区范围，加之实地踏勘调研得到现有部分企业建设和发展状况良好，因此采用了保留现有物业、利用空闲地的方式进行挖潜；有 9 个功能区保留了其中建设情况良好、发展方向与区域规划相一致的企业，选择了部分改造，部分拆除现有物业的方式进行挖潜；而剩余的 6 个功能区由于企业布局零散，经营状况临近破产，采用了整体改造，拆除现有物业的方式进行挖潜。

工业功能区保留现有物业、利用空闲地进行挖潜的土地经济潜力总量为 528.24 亿元，平均土地经济潜力为 35.22 亿元，平均单位土地经济潜力为 7363.52 元/平方米，其中土地经济潜力最大的为 181.36 亿元，其单位土地经济潜力为 5326.11 元/平方米，最小为 768 万元，其单位土地经济潜力为 24.80 元/平方米（参见表 5-23）。

表 5-23 工业功能区保留现有物业，利用空闲地进行挖潜的经济潜力

功能区编码	土地经济潜力（万元）	单位土地经济潜力（元/平方米）	功能区编码	土地经济潜力（万元）	单位土地经济潜力（元/平方米）
I004	797.09	24.80	I022	430293.43	15890.00
I005	731951.52	9994.01	I035	105838.88	3826.55
I006	88699.92	2122.56	I036	373819.52	3852.94
I008	768.00	24.80	I048	289230.76	1860.11
I014	372065.33	9093.26	I051	1813625.25	5326.11
I017	588510.03	17370.00	I053	17068.39	3430.67
I019	163792.51	10230.00	I060	69532.56	11246.98
I020	236359.53	16160.00			

功能区进行部分改造，部分拆除现有物业挖潜的土地经济潜力总量为 546.76 亿元，平均土地经济潜力为 60.75 亿元，平均单位土地经济潜力为 5247.59 元/平方米（参见表 5-24）。

表 5-24 工业功能区部分改造，部分拆除现有物业进行挖潜的经济潜力

功能区编码	土地经济潜力（万元）	单位土地经济潜力（元/平方米）	功能区编码	土地经济潜力（万元）	单位土地经济潜力（元/平方米）
I007	187642.94	1485.69	I027	309661.60	10385.51
I016	41507.85	2883.27	I028	892978.16	16269.90
I023	1643342.73	10560.00	I030	835570.91	3665.35
I024	870842.05	641.59	I042	2166.37	135.84
I025	683864.30	1201.19			

功能区进行整体改造，拆除现有物业挖潜的土地经济潜力总量为

1087.06 亿元，平均土地经济潜力为 181.18 亿元，单位土地经济潜力为 8679.04 元/平方米（参见表 5-25）。

表 5-25 工业功能区整体改造，拆除现有物业进行挖潜的经济潜力

功能区编码	土地经济潜力（万元）	单位土地经济潜力（元/平方米）	功能区编码	土地经济潜力（万元）	单位土地经济潜力（元/平方米）
I055	2673102.6100	2726.7500	I038	1387133.8000	9146.1500
I015	1602778.6800	18340.0000	I039	3861913.7000	8475.2300
I037	1316973.3800	12295.6300	I041	28732.7800	1090.4600

（4）教育功能区

教育功能区全部为中潜力区，且教育功能区的挖潜方式为第一种，即保留现有物业，利用空闲地进行挖潜。经过计算，其土地经济潜力总量为 140.75 亿元，单位土地经济潜力为 6719.43 元/平方米（参见表 5-26）。

表 5-26 教育功能区保留现有物业、利用空闲地进行挖潜的土地经济潜力

功能区编码	土地经济潜力（万元）	单位土地经济潜力（万元/平方米）
E003	603828.84	6589.32
E007	109157.90	6534.39
E009	121100.97	11911.00
E011	319433.75	4281.23
E012	253943.73	4281.23

5.3.3.3 经济潜力分区

（1）经济潜力分区的方法

根据《建设用地节约集约利用评价规程》，对功能区的单位土地经济潜力进行聚类分析并归类，得到经济潜力分区的数据标准，如表 5-27 所示。

表 5-27　城市用地经济潜力分区数值表

类型	高潜力区	中潜力区	低潜力区
划分标准	$\lambda \geq 30000$	$30000 > \lambda \geq 10000$	$\lambda < 10000$

注：λ 表示单位土地经济潜力。

（2）经济潜力分区结果分析

城市用地经济潜力分区结果如表 5-28 所示。城市用地经济潜力高潜力区可挖潜土地面积共 95.24 公顷，占挖潜土地总面积的 75%；可挖潜功能区 7 个，占可挖潜功能区总个数的 7.78%，主要分布在中心城区核心区域，即海河沿和平区、河东区、河北区、南开区到红桥区的河段沿岸。这些区块多为城中村的低矮平房区域，部分是商业的新建项目空闲地，部分是容积率远低于规划标准的小规模商业市场。中潜力区可挖潜土地面积共 2616.77 公顷，占可挖潜土地总面积的 20.68%，挖潜功能区 27 个，占可挖潜功能区总个数的 30.34%，主要分布在红桥区及红桥区与西青区交界处，河东区南部与外环线相交区域，河西区的中南部，以及东丽区西部沿外环线的狭长相交区域。低潜力区可挖潜土地面积 9944.40 公顷，占可挖潜土地总面积的 78.57%，挖潜功能区 55 个，占可挖潜功能区总个数的 61.80%，主要分布在外环线外围的城市边缘处，多数为工业用地。

表 5-28　天津市城市用地经济潜力

分区	挖潜土地		挖潜功能区	
	面积（公顷）	比例（%）	个数	比例（%）
高潜力区	95.24	0.75	7	7.87
中潜力区	2616.77	20.68	27	30.34
低潜力区	9944.40	78.57	55	61.80
合计	12656.41	100	89	100

高潜力区内的功能区现状用途多为居住或商服用地，规划转变为容积率更高的商业用地后，其基于规划的经济潜力比较可观。同时，

由于现有功能区内多为容积率较低的低矮平房、六七十年代兴建的老居民楼、普通居住小区，或是新建项目尚未完善的空闲地，按照高潜力区所在中心城区核心区域的地理位置，结合天津市中心房价寸土寸金的实际情况，使得规划改造后的商业功能区的市场价格远高于其改造开发成本。因此，高潜力区的功能区具有较高的经济潜力。

中潜力区内的功能区现状用途主要是居住用地或工业用地，规划转变为容积率更高的居住用地或商业用地后，相对远离市区中心使其有了较低的土地开发成本，但也由于这个原因，使其规划后功能区内新建物业单位的建筑面积市场价格不及中心城区内新建物业市场价格。因此，此区域内功能区只具有中等经济潜力。而分布于市内六区的红桥区、河西区中南部的中潜力区多为居住用地规划提升为容积率更高的居住用地，分布于河东区中南部的中潜力区多为工业用地规划转变为居住用地或商业用地，中心城区的区位虽然提高了土地开发成本，但也使规划后功能区内新建物业单位的建筑面积市场价格远远高于现状功能区内物业市场价格。因此，此区域功能区也具有中等经济潜力。

低潜力区内的功能区主要分布在外环线外的城市边缘区域，绝大部分由工业用地规划转变为容积率高的居住用地，或者为改变现状企业的零散分布状态，促使企业向工业区集中，统一规划为具有集聚效应的工业用地，容积率提高幅度虽不如工业用地转变为居住用地或商业用地的幅度大，但布局集中、结构合理，同样提高了城市建设用地的集约利用水平。但由于其所在的地理区位，无论是规划为居住功能区还是统一规划为工业功能区，其新建物业单位的建筑面积市场价格，相对于现状工业功能区内物业市场价格增加幅度也不高。因此，此区域功能区具有较低的经济潜力。

（3）潜力测算与用地管理

从经济潜力分布图可以看出，高潜力区、中潜力区、低潜力区由中心区域向外呈圈层式扩散，与天津市建设用地范围向外扩张的发展趋势一致。同时可挖潜土地 12656.41 公顷，可挖潜面积较大，表明天津市城市建设用地挖潜空间大，城市发展三种方式的经济挖潜方式对于指导用地改造具有理论价值。

5.3.4 城市用地潜力利用时序配置

参照经济潜力分区，以城市单位土地经济潜力为主要依据，结合基于规划用途的规模潜力分区进行各功能区潜力利用时序的配置，将功能区的潜力利用时序分为短期（2年内）、近期（3~5年）、长期（6~10年）三种类型。其具体配置标准如表 5-29 所示。

表 5-29　城市用地潜力利用时序配置标准

利用时序	单位土地经济潜力（万元/公顷）	基于规划用途的相对规模潜力（%）
短期（2 年内）	β≥30000	——
近期（3~5 年）	10000≤β＜30000	且 λ≥50%
长期（6~10 年）	β＜10000	——

注：β 表示单位土地经济潜力，λ 表示基于规划用途的相对规模潜力。

根据以上标准对功能区的潜力利用时序进行配置，结果如表 5-30 所示。89 个功能区中，短期内进行土地潜力挖潜的功能区 7 个，主要分布在市内六区中心区域的海河沿岸；近期内进行挖潜的功能区有 27 个，主要分布在红桥区与河北区交界处的城中村区域，西青区东部与红桥区相邻区域及杨柳青镇的村庄，东丽区的南程林村；长期内进行挖潜的功能区有 55 个，现状主要为工业用地，主要分布在环外环线一周的城市边缘区域。

表 5-30　城市用地潜力利用时序配置结果

利用时序	功能区个数	土地经济潜力（亿元）	面积（公顷）
短期（2 年内）	7	134.16	95.24
近期（3~5 年）	27	1576.07	3207.92
长期（6~10 年）	55	2673.49	9353.24

总体来说,天津市城市用地潜力利用时序具有较明显的圈式结构,以市内六区中心区域为中心由内及外，依次为短期利用、近期利用和

长期利用。

根据《天津市近期规划（2011~2015 年）》，天津市中心城区及环外地区重点建设北部新区、京津公路地区和双青新家园等地区，推动北部地区公共服务、居住、环境等品质的提升和现代服务业的发展。城市用地潜力利用时序的近期安排主要是中心城区的北部及西部的城中村区域，重点进行城中村改造和示范小城镇建设，与天津市近期规划中重点建设北部新区、提升城市品质的要求相适宜。

此外，根据《天津市城市总体规划》（2005~2020 年），天津市到 2020 年重点建设的地区和城镇用地的扩展区包括中心城区，11 个新城及 30 个中心镇，从扩展方向来看，中心城区西部区域、津滨走廊地区和滨海新区将是城镇用地扩张的重中之重。因此，应首先满足这些地区的合理城镇用地需求。此次评价潜力测算近期安排主要分布在中心城区的西北区域与城市规划要求是相吻合的。

5.4　天津市建设用地节约集约利用潜力实现的途径

随着天津市经济社会的迅速发展，人口增加和经济社会发展占用耕地面积巨大，经过多年占补平衡项目的实施，宜于开垦的土地资源基本上殆尽，未来发展将主要从挖掘存量建设用地角度考虑提高土地的利用效率。

5.4.1　有序推进农村居民点用地的整理

农村居民点面广量大，人均用地超标，土地浪费严重，有一定的整理潜力，是天津增加耕地和建设用地的途径之一。通过城乡建设用地增减挂钩还可以增加城市用地。建议通过建设多层住宅，提高开发强度；农村居民点整理与小城镇建设相结合，对分散的自然村实行规模搬迁，小村归并，引导农村居民点向小城镇集中；对村内空闲地多的村庄居民点缩村填实等多种模式,释放农村居民点的建设用地潜力。

5.4.2   优化城市建设用地布局和结构

天津市中心城区土地潜力的重要来源之一，是通过再开发将经济效益较低的工业用地、居住用地转变为能创造更高经济价值的商服用地和提升城市整体价值的其他用地。因此，优化城镇用地布局和结构是提升土地潜力的重要途径之一。从中心城区土地潜力分析结果，未来重点要加强三方面的布局调整。

（1）增加公共设施用地的比例，优化公共设施布局。基于规划的城市用地潜力低于基于现状的规划用地潜力，表明了天津市未来土地利用中，需要通过增加绿地、公园、城市基础设施和公共服务设施用地的比例，提升中心城区的社会公共服务功能，满足人民群众不断增长的物质、文化需求，保障城市综合效益的最大化。

（2）优化商服用地、居住用地和工业用地的比例与布局。分析结果表明，商业功能区再开发改造的规模潜力效果大于其他类型的功能区，同时结合未来天津市经济结构调整的方向，在城市用地结构的调整中，建议增加商服用地比例，适当减少居住用地和工业用地的比例，这样既支持了天津城市经济结构的调整，也提高了城市用地的经济效益。从经济分区结果分析，未来天津市用地结构的优化中，中心城区核心区的布局调整以增加商服用地为主，引导金融、商务、信息服务等行业向其聚集，提高商业用地的集约利用度；居住用地向外环线线外的区域转移；工业、仓储用地布局继续实施工业战略东移，引导对环境影响大的工业企业向滨海新区和工业园区搬迁。

（3）发挥规模经济效益的作用，按照集中成片发展。商业用地分级、分类发展，引导具有发展前景和土地产出率较高的工业向园区聚集，以形成产业聚集区。

5.4.3   因地制宜采取多种开发模式

不同的挖潜方式带来的用地的经济效益不同，建议总体上天津未来的用地挖潜以保留现有物业，利用空闲地挖潜和进行部分改造、部分拆除现有物业进行挖潜两种方式为主。

具体到各类功能区来说，建议居住、商业功能区以部分改造、部分拆除现有物业的挖潜方式为主；工业功能区以部分改造及保留现有物业的方式为主，教育功能区则全部为保留现有物业，利用空闲地进行挖潜。

5.4.4 合理安排城市用地潜力的利用时序

潜力的实现或释放需要一个过程，随着城市的发展，一些区域周边的环境会发生变化，一些目前的低潜力区会因此变成中潜力区，甚至高潜力区，这就需要掌握好挖潜的时序。按照天津市经济潜力的分区测算，未来建议以市内六区中心区域为中心由内及外，以此进行短期挖潜利用、近期挖潜利用和长期挖潜利用。

5.4.5 分区调整城镇用地的利用强度

总体布局上，天津市内六区的核心区域未来发展将疏散部分人口和功能，增强城市公共设施用地，降低开发强度，鼓励在符合规划的前提下，采取"高层低密度"的模式，提高土地的利用强度，这样既提高了土地的利用效率，又留出更多的开敞空间减缓水泥森林带来的压抑感，向改善生活和工作环境与提高城市用地强度并重的方向转移；外围区域则重点通过政策引导等方式提高城镇用地，特别是工业用地的利用强度，以进一步提高土地利用效率。为此，建议如下。

（1）严格土地的审批管理，提高土地的利用效率。制定一套适合天津市的土地利用控制指标体系，以此作为新增建设项目确定用地审批与否的科学依据。加强对用地项目的审批、审核，根据项目的性质、规模、项目投资量的大小、项目的土地产出率等各项指标，综合确定项目用地规模。按照是否促进天津市经济发展水平的标准来批准项目开发，不断提高土地的利用效率。

（2）鼓励土地使用者对现有用地再开发，提高土地利用强度。通过实施指标奖励的方法，鼓励土地使用者再开发现有用地，提高土地利用强度。对采取出让方式取得的建设用地，如果按照城市规划在原有用地上提高开发强度，原则上不再加收土地出让金，税收优惠。对落实建设用地集约利用政策较好、土地利用集约度较高的地区，优先办理农用地转用、土地征用审报等手续，优先供地。

5.4.6　积极盘活闲置、低效用地

天津市城市评价单元中，有占评价范围 32.35% 的用地属于中低度用地，这些土地的低效利用，甚至完全不用，无疑是对宝贵资源的巨大浪费，因此，未来应该在用地规划和管理中，从激活零星、低效工业园区用地入手，对存量建设用地中的批而未供、已批未用、部分闲置、低效利用等各类土地采取二次开发、主体调整、收购储备等措施进行有效激活，充分挖掘土地应有的潜在价值。建议：

（1）分类处理闲置土地。对闲置土地，收取土地闲置费，并令其限期开发建设，否则，收回建设单位的土地使用权；对土地闲置而建设单位确无力实施开发的，由国土部门收回土地使用权，重新按规划出让；对由于政府或政府相关部门的原因造成项目不能实施的，区别不同的情况，采用补偿、置换或延期开发方式解决土地的利用问题，加大对闲置土地的处置力度，从制度上防止和减少闲置土地的产生。

（2）搞好土地置换。将城市范围内占地面积大、区位条件好、利用效率低的工厂、企业等企业用地，通过出让、异地搬迁等形式，促进存量土地集约利用。

（3）加大对城中村的改造。城中村具有巨大的用地规模潜力和经济潜力。要继续加大城中村的改造力度，因地制宜地改造城中村，改善居住环境，努力提升城中村价值和土地利用的效率，同时，加快推进城乡新社区建设，改善城乡人居环境，防止新的城中村出现。

（4）加强对建设用地管理制度，建立存量土地地籍档案，对低效用地实行跟踪，并及时把存量土地信息向社会发布，把低效用地的信息推向市场，促进利用。

5.5　反思

第一，城市规划的科学性是保证建设用地潜力测算成果科学性的前提条件。从《规程》来看，目前的城市建设用地潜力测算是以一定时期的规划目标作为理想值，以某一个时点的现状作为基点来进行测算的，因此，规划的科学性是保证建设用地测算成果科学性的关键，规划中对于各个地块所确定的相关值，主要是容积率的大小，直接决定了建设用地潜力的测算值。

第二，按照我国的《城乡规划法》，规划一经批准就具有法律效力，任何人都不得擅自修改。这样，基于现状用途的城市用地规模潜力测算值，即使大于基于规划用途的潜力测算值也是一个无意义值的测算，充其量只是用于比较两种模式测算城市用地规模的差值后作为是否修改城市规划的条件之一。

第三，建设用地集约利用潜力有理论潜力和现实潜力。城市用地规模潜力可以认为是参照规划标准，在一定时期内达到土地集约利用理想状态时所能挖掘的用地潜力；城市用地经济潜力测算是基于不同的挖潜方式和约束条件的现实潜力。这种测算对政府决策具有更重要的意义。但是在对城市用地经济潜力的测算中，由于新建物业单位建筑面积的市场价格和单位建筑面积开发成本值是一个瞬间变化的值，其值的选择办法的科学性将直接影响到最终的测算结果。

第四，城市建设利用潜力是一个动态的概念，集约利用潜力的大小不仅取决于现状开发利用的程度，也取决于未来一定时期内地区经济发展和技术水平等多种因素。目前的潜力测算既不涉及未来新增建设用地的潜力，也不涉及未来技术水平、自然环境和制度供给等约束条件的变化。总体上这是一种静态的考虑。仅仅基于城市单位土地经济潜力作为用地潜力时序配置的主要依据，既不考虑各类潜力区的供给量，也不考虑土地的市场需求，其测算结果的价值值得商榷。

第五，本次建设用地测算中，我们探索性地进行了区域建设用地的潜力测算，这种测算，以区县为单位，分别从人口土地利用强度和土地投入产出来对集约利用的潜力进行总体判断，可以被看作是对建设用地集约利用潜力的概略测算，同时它对未来新增建设用潜力、以及实现潜力途径的分析，弥补了城市建设用地潜力不涉及未来新增建设用地潜力的不足。但是由于对区域建设用地的测算与区域建设用地评价相一致，是基于人口和土地的投入产出分析得出的，依据的是经济和社会发展的现状，理论上一定区域内的人口密度存在一个最大值，超过一定人口密度值的区域会产生环境恶化等问题；而经济密度不存在最大值，经济发展会随着产业结构、技术水平的提高不断地提高，因此，最终我们认为基于土地投入产出的潜力分析的应用价值不大。

第6章　天津市建设用地节约集约评价工作的体会与建议

6.1　工作体会

（1）科学的计划和有效的组织是评价工作顺利完成的保障

天津市建设用地节约集约利用评价得到市政府高度重视，组成了专门的领导小组，并由市国土房管局牵头组织协调，在工作前期组织编制了工作方案、工作计划和技术细则，落实了人员部署和安排，为评价工作的全面开展打下了坚实的基础。同时评价工作得到了规划、统计、经济和信息化等部门和区县人民政府及相关部门的积极配合，保障了评价工作的顺利完成。

（2）深入细致的数据调查和科学的数据分析是保证评价结论科学性和准确性的基石

数据调查是建设用地节约集约用地评价的基础，天津市建设用地节约集约利用评价工作中十分重视数据的调查和处理。在项目启动前期编制了数据调查工作方案和资料清单，设计了调查表格，明确数据的来源、内容和要求，确保基础数据和资料来源清楚、内容准确。在基础数据全面调查的基础上，对调查数据进行了科学统计分析，保障了评价结论的真实性和客观性。

（3）充分利用现代信息技术是提高评价工作效率的有效手段

城市，特别是特大城市土地集约利用潜力评价，必须运用现代信息技术。一方面，各地的政府管理都朝着电子化、数字化的方向发展，土地集约利用潜力评价成果要想具备更多的实际应用价值，就必须与政府的电子政务平台相对接，而现代信息技术的应用是最基本的前提和保证；另一方面，对特大城市来讲，评价所涉及的现状基础资料极为庞大，涉及土地、社会、经济、人口、管理、规划等各方面的数据，大量数据的统计、分析工作，依靠传统的手工操作是不可能完成的，必须把现代的信息技术运用到城市土地集约利用潜力评价中。为快速准确地收集基础数据，在工作中，我们结合现有的技术，初步建立起了一套基于 ArcView GIS 软件的图形和 FoxPro 的数据库系统。我们以遥感影像和 3D 电子地图为辅助，快速识别空间地物，及时核准数据信息，并尝试性地把 SPSS 10.0 统计分析软件包引入城市土地集约利用潜力评价工作，并对中心城区范围内所有用地街坊的人口、建筑、就业情况等数据进行了统计分析，使我们从另一个角度、更全面地把握中心城区的土地利用状况。因此，我们认为在试点城市工作经验的基础上，专门针对城市土地集约利用潜力评价工作，开发统一适用的技术软件包是非常必要的。

（4）控制性详细规划全覆盖是城市建设用地评价的条件

城市建设用地集约利用状况的评价和潜力挖潜的测算是以控制性详细规划中的开发条件作为参考值的，因此，覆盖整个区域的控制性详细规划是评价的条件。目前，天津市中心城区范围内已实现了控制性详细规划的全覆盖，在此次评价工作中，我们根据土地集约利用潜力评价工作的特点和特殊的技术要求，对控制性详细规划的成果进行整理，在有关指标合理值的确定等方面，尽可能考虑与控制性详细规划的衔接，一方面使评价成果和结论与规划管理保持协调，另一方面也使评价成果对土地管理和规划管理更具应用价值。

6.2 评价成果的应用前景与方向

城市土地集约利用潜力评价，无疑对城市土地管理和规划管理具有重要的指导作用。它实际上是从一个新的角度与层面来观察和了解城市建设在一定时期土地利用的强度与效率。由于评价成果完成的时间不长，加上这两次评价还处于一个探索阶段，特别是由于现有土地节约集约利用评价体系中的指标都是相对指标，而不是绝对指标，从而使得本次评价结果难以适用于天津市与其他城市间的建设用地节约集约利用情况的比较，也无法实现天津市中心城区不同年份的用地状况的精细比较，降低了评价成果对建设用地利用状况监管的作用，及其应用价值。但是随着城市土地集约利用潜力评价本身的技术方法等各个方面的不断完善，它对城市土地管理和规划管理所发挥的指导作用会日益重要。

当然，也应该看到，相对于城市这一复杂的大系统来说，城市土地集约利用潜力评价这一工作及其工作成果，对城市发展来说，也不是万能的，它应该是给人们提供了一种进一步认识城市发展及土地利用的工具。这是同一问题的两个方面。从其评价所涉及的内容和资料来看，未来在三个方面可能存在应用的前景。

（1）服务土地管理，促进土地管理向精细化方向发展

近年来，国家和天津市政府出台了众多的土地管理政策，这些政策为建设用地审批、土地供应、土地管理提供了依据，在促进经济平稳较快发展特别是促进经济结构调整和发展方式转变中发挥了积极作用。应该说国家对土地管理的大政方针已基本确定，未来国家和天津市对土地管理的方针政策需要通过精细化的管理落实到具体的土地空间，促成土地的节约集约利用。通过对天津市各区县建设用地节约集约利用水平进行系统的调查和评价，全面摸清了城市建设用地利用状况、集约利用水平、潜力规模与空间分布。这样定期开展规划实施情况评估，对土地管理具有重要的指导意义。

第一，通过了解城市土地使用的总体效率，为管理决策部门选择正确的城市发展方式和用地开发模式提供了一个比较明确的指向。依据土地集约利用的综合指数，可以从大体上对城市的土地开发状况作出比较明确的判断，从而可以看出城市土地目前的总体开发状况是属于过度利用、适度利用或是低度利用。因而可以作为对城市今后所采取的发展方式进行决策的依据，即如果城市的土地利用集约化综合指数已达到适度利用的状态，则城市在未来的发展中主要是采取外延式

的用地拓展方式加以发展，而如果城市土地集约利用综合指数还处于低度利用状态，则应该控制城市土地的外延扩张，城市发展主要应通过内涵式的用地挖潜方式来加以发展。

第二，通过了解建设用地总体利用水平下不同区域、不同项目、不同因素对总体评价结果的影响程度，能够在更深一层次上分析导致城市土地一定集约利用或低度利用的原因，从而可以为节约集约程度不同的区县采取差别化供地计划用地政策制度和管理提供科学依据，遏制部分区县建设用地的盲目扩张，以增强计划调节力度。

第三，利用评价成果，为天津市合理调整建设用地开发规模、结构、时序，盘活存量建设用地，进而深度开发利用城市地上地下空间提供技术支撑，为城市管理部门提供精细化管理的方向和依据。

第四，利用本次工作的成果及其在此基础上建立起的一套基于ArcView GIS 软件的图形和 FoxPro 的数据库系统，不但为我们土地集约利用评价工作本身的进一步深化和不断完善奠定了基础，也为这一成果在规划管理和土地管理中更广泛的应用提供了更大的可能与更方便的手段。

（2）服务于城市规划，提升城市规划的科学性

从本次评价中，我们已经深刻地认识到城市规划是衡量建设用地节约集约利用水平的标准，城市规划的科学性是保证建设用地潜力测算成果科学性的前提条件。城市节约集约利用评价既是对城市规划执行落实状况的评价，也是城市规划修编的基础和参考，通过土地节约集约利用的连续评价成果，可以了解市场化配置的规律，检验规划的可行性。例如，从评价中我们发现，城市用地结构调整和布局优化是提高土地利用效率的有效途径之一，则在未来城市规划中应注重在中心城区增加服务业用地，促进工业进入园区发展。

（3）服务于企业空间选址，引导企业开发利用闲置、低效土地

企业的空间选址是企业发展中所要关注的重要问题之一。闲置、低效用地是最需开发利用的土地，也是企业选址中最关注的用地，评价工作在微观层次上的评价，是对中心城区范围内所有用地（除河流、及规划道路广场建设之外）的全覆盖，对闲置、低效用地信息的了解，

有利于引导企业开发利用这些土地，提高土地利用的效率。

6.3 相关建议

（1）以评价为基础，更深入探讨城市土地、特别是特大城市土地节约集约利用与评价的理论和方法，为科学合理的城市土地节约评价集约工作奠定理论基础。

城市土地节约集约利用潜力的评价是根据我国新一轮的国土规划纲要开展的，属于国土资源大调查的子项目。虽然在国内部分城市进行了试点工作，但整体上还处于探索阶段。城市土地节约集约利用评价是一项复杂的系统工程，它涉及社会、经济发展，以及自然、环境、技术等多个方面。按照《规程》要求，天津市建设用地节约集约评价分别针对区域建设用地和城市建设用地的节约集约利用状况进行了评价，但是正如前面我们对各类评价的反思一样，由于这项工作刚刚起步，评价的步骤、技术路线、技术指标的设定等各个方面都存在许多值得探讨的问题，从评价的角度建议重点加强以下几方面的研究。

第一，土地集约利用的内涵及其形成的机理研究。城市土地集约利用基础理论的研究，特别是集约利用内涵的界定，是确定评价指标体系的基础。从其最基本的意义来看，它肯定包含土地投入、产出的概念，但由于土地的多用途性，土地的产出的内容是多样的，如土地的经济产出效益、土地的建筑空间的产出、土地容纳的人口等，在对城市建设用地集约利用评价中用什么指标来衡量这种产出的多样性？影响城市土地集约利用的因素有多少？它们对集约利用的影响程度有多大？只有深刻地认识了这些问题，才能对土地节约集约利用状况作出科学的评价。

第二，建设用地节约集约利用评价体系研究。我国城市土地集约利用评价体系，经历了单指标评价、多指标评价和指标体系评价的过程，目前已经初步建立了建设用地节约集约利用评价的理论框架，形成了《建设用地节约集约利用评价规程》（TD/T 1018-2008），但是这一规程还存在着许多值得商榷的地方。例如，建立一套包含多少指标的评价体系是适宜的？不同规模的城市，有没有可能采用相同或相近的评价指标体系，城市越大、所采用的评价指标体系是应该越多还是越少，都还有待加以研究。通过研究，细化该《规程》的评价指标体系，加强新技术、新方法在土地节约集约利用评价中的应用，促进评价结果与城市土地管理机制的衔接，提高评价成果实际应用价值。

第三，科学确定评价指标的理想值方法。理想值是土地集约利用程度评价指标取值的标准，也可以理解为土地节约集约利用应该达到的最佳水平，该指标的取值直接影响土地集约利用评价结果和潜力测算结果，是评价过程中最为关键的技术要点。但该《规程》实质上并未对其确定方法作出明确规定，发展趋势估计法、发达地区水平的逼近法、问卷调查法、专家咨询确定法等方法理论上可行，但在实际过程中由于这些方法和所参照的评价标准具有多种状况，导致评价操作者过大的自由裁量空间，确定的理想值因人、因地结果差异很大，也影响到最终评价结果，此外，理想值的动态性和地域性等问题都是值得研究的问题。

（2）以评价为契机，加强基础数据管理，建立建设用地资料更新、调查和动态监测机制

土地调查工作是建设用地节约集约利用评价工作的基础，也是遇到问题最多、难度最大、成本最高的工作，存在类型、时序、统计口径、归档文件格式等多方面不协调、不一致和信息缺失的情况。随着我国社会经济发展，将对土地管理提出更高的要求，本次评价调查整理了天津市近三年的社会经济和建设用地等各方面的基础数据，形成了比较完整的数据库，建议以评价的基础数据为基础，整理归档，对数据来源和要求进行详细说明，将土地利用类型、基准地价、综合容积率、地籍产权等土地资料进行汇总，建立土地信息数据库平台，涵盖国土、规划等相关部门，以解决不同部门土地资料难以协调和不一致的问题，为土地集约利用评价与管理提供基础信息保障。

随着城市的发展，建设用地的数量和结构处于不断变化中，为此，建议建立土地利用资料动态更新机制，每年对相关数据进行更新，为

土地资源管理提供数据支持，也为以后研究，特别是建设用地节约集约评价减少工作成本和难度。

为充分利用本轮评价工作成果，建设节约集约用地信息和考评数据库，设计开放式、可增长的数据库架构和动态更新软件，通过信息化管理手段，实现建设项目信息、用地标准信息和考评指标信息的自动动态更新，创新节约集约用地管理模式。

（3）充分利用评价成果，构建用地状况监控、反馈长效机制

建设用地节约集约利用评价工作对于加强土地资源管理，挖掘土地利用潜力，不断提高建设用地利用效率和经济效益具有重要指导意义和作用，是一项非常重要的基础性工作。天津市建设用地节约集约用地评价工作范围全面，内容广泛，应充分应用评价成果，构建建设用地利用状况的监控和反馈长效机制，为土地动态监控、制定城市土地开发战略与政策等提供依据。避免评而不用，造成浪费。对评价中反映的问题应充分重视，将成果应用到实际的土地管理中，针对评价成果的利用方向，利用工作成果评价现有规划控制指标，按照节约集约用地原则，严格控制城市用地规模。

附 录

附表 1   区域用地状况评价必选指标基础数据填报表

评价对象名称:			2009 年	2010 年	2011 年
社会经济情况	人口数据:				
		常住人口（万人）			
		户籍人口（万人）			
		非农业人口（万人）			
		居住半年以上暂住人口（万人）			
		居住一年以上暂住人口（万人）			
		城镇人口（万人）			
	经济数据:				
		地区生产总值（万元）			
		全社会固定资产投资（万元）			
土地利用情况	土地面积数据:				
		土地总面积（平方公里）			
		农用地面积（平方公里）			
		建设用地面积（平方公里）			
		城乡建设用地面积（平方公里）			
		商服用地面积（平方公里）			
		工矿仓储用地面积（平方公里）			
		工业用地面积（平方公里）			
		采矿用地面积（平方公里）			
		仓储用地面积（平方公里）			
		住宅用地面积（平方公里）			
		城镇住宅用地面积（平方公里）			

评价对象名称：		2009 年	2010 年	2011 年
	农村宅基地面积（平方公里）			
	公共管理与公共服务用地面积（平方公里）			
	街巷用地面积（平方公里）			
	空闲地面积（平方公里）			
	新增建设用地面积（平方公里）			
	新增城乡建设用地面积（平方公里）			
	土地供应数据：			
	批准批次土地面积（公顷）			
	实际供应城市土地总量（公顷）			
	土地市场数据：			
	城市划拨用地（公顷）			
	城市出让用地（公顷）			
土地利用情况	城市招标出让用地（公顷）			
	城市拍卖出让用地（公顷）			
	城市挂牌出让用地（公顷）			
	城市协议出让用地（公顷）			
	城市土地供应总量（公顷）			
	土地利用：			
	城市闲置土地（公顷）			
	城市空闲土地（公顷）			

附表 2 居住功能区样本片区必选指标基础数据填报表

片区名称		片区初始编码	
隶属功能区名称		片区编号	
社会经济情况	居住人口（万人）		
	土地级别		
用地情况	土地面积（公顷）		
	建筑总面积（万平方米）		

附表 3 商业功能区样本片区必选指标基础数据填报表

片区名称		片区初始编号	
隶属功能区名称		片区编号	
社会经济情况	单位土地地价（元/平方米）		
	土地级别		
	所在级别商业基准地价（元/平方米）		
用地情况	土地面积（公顷）		
	建筑总面积（万平方米）		

附表 4 工业功能区样本片区必选指标基础数据填报表

片区名称		片区初始编码	
隶属功能区名称		片区编号	
社会经济情况	固定资产总额（万元）		
	工业总产值（万元）		
	土地级别		
用地情况	土地面积（公顷）		
	建筑总面积（万平方米）		

附表 5 教育功能区必选指标基础数据填报表

片区名称			片区初始编码	
隶属功能区名称			片区编码	
社会经济情况	样本片区服务学生总数（人）			
	土地级别			
用地情况	土地面积（公顷）			
	建筑总面积（万平方米）			
	建筑基底总面积（万平方米）			

附表 6 特别功能区必选指标基础数据填报表

片区名称		片区初始编码	
隶属功能区名称		片区编码	
用地情况	土地面积（公顷）		
	土地级别		
	建筑总面积（万平方米）		
	建筑基底总面积（万平方米）		

附表 7 居住功能区指标实际值、理想值、标准化值对比表

片区编码	指标实际值					指标理想值				指标标准化值				指标权重值				土地集约度	集约利用类型
	土地面积	综合容积率	人口密度	基础设施完备度	生活服务设施完备度	综合容积率	人口密度	基础设施完备度	生活服务设施完备度	综合容积率	人口密度	基础设施完备度	生活服务设施完备度	综合容积率	人口密度	基础设施完备度	生活服务设施完备度		
R001-01	42.3987	0.68	183.97	90	100	1.50	200	100	100	0.45	0.92	0.90	1.00	0.34	0.25	0.22	0.19	77.37	中度利用
R001-02	18.8367	0.63	169.88	90	100	1.10	200	100	100	0.57	0.85	0.90	1.00	0.34	0.25	0.22	0.19	79.63	中度利用
R002-01	58.8281	1.28	409.67	100	100	1.60	300	100	100	0.80	1.00	1.00	1.00	0.34	0.25	0.22	0.19	93.30	集约利用
R002-02	55.2313	1.28	391.08	100	100	1.60	300	100	100	0.80	1.00	1.00	1.00	0.34	0.25	0.22	0.19	93.30	集约利用
R003-01	61.4844	0.75	240.71	92	100	1.10	200	100	100	0.68	1.00	0.92	1.00	0.34	0.25	0.22	0.19	87.52	集约利用
R003-02	39.3602	1.36	434.45	92	100	1.60	300	100	100	0.85	1.00	0.92	1.00	0.34	0.25	0.22	0.19	93.21	集约利用
R004-01	10.7803	1.32	426.70	100	100	1.70	300	100	100	0.78	1.00	1.00	1.00	0.34	0.25	0.22	0.19	92.63	集约利用
R004-02	20.8279	1.89	604.96	100	100	2.30	350	100	100	0.82	1.00	1.00	1.00	0.34	0.25	0.22	0.19	93.97	集约利用
R005-01	9.6927	0.77	185.71	90	100	1.60	200	100	100	0.48	0.93	0.90	1.00	0.34	0.25	0.22	0.19	78.62	中度利用
R005-02	6.1875	0.75	177.78	90	100	1.50	200	100	100	0.50	0.89	0.90	1.00	0.34	0.25	0.22	0.19	78.29	中度利用
R006-01	15.3751	0.40	136.58	100	100	1.10	200	100	100	0.36	0.68	1.00	1.00	0.34	0.25	0.22	0.19	70.53	中度利用
R006-02	4.9448	0.42	161.79	96	100	1.10	200	100	100	0.38	0.81	0.96	1.00	0.34	0.25	0.22	0.19	73.58	中度利用
R007-01	6.3982	1.83	578.29	100	100	2.30	300	100	100	0.80	1.00	1.00	1.00	0.34	0.25	0.22	0.19	93.30	集约利用
R007-02	25.1787	1.35	361.42	100	100	2.30	300	100	100	0.59	1.00	1.00	1.00	0.34	0.25	0.22	0.19	86.26	集约利用
R008-01	15.1295	1.78	601.47	100	100	2.10	350	100	100	0.85	1.00	1.00	1.00	0.34	0.25	0.22	0.19	94.97	集约利用
R008-02	24.2355	2.04	660.19	100	100	2.50	350	100	100	0.82	1.00	1.00	1.00	0.34	0.25	0.22	0.19	93.97	集约利用
R009-01	6.0316	0.60	215.53	100	50	1.10	200	100	50	0.55	1.00	1.00	0.50	0.34	0.25	0.22	0.19	75.23	中度利用
R009-02	5.2044	0.60	211.36	100	50	1.10	200	100	50	0.55	1.00	1.00	0.50	0.34	0.25	0.22	0.19	75.23	中度利用
R010-01	8.7498	2.51	662.87	100	100	3.30	300	100	100	0.76	1.00	1.00	1.00	0.34	0.25	0.22	0.19	100.00	集约利用
R010-02	8.3040	2.21	710.50	100	100	3.20	350	100	100	0.69	1.00	1.00	1.00	0.34	0.25	0.22	0.19	97.32	集约利用
R011-01	9.9117	2.21	706.24	100	100	3.00	350	100	100	0.74	1.00	1.00	1.00	0.34	0.25	0.22	0.19	91.29	集约利用
R012-01	7.0085	2.14	684.88	100	100	2.80	600	100	100	0.76	0.86	1.00	1.00	0.34	0.25	0.22	0.19	100.00	集约利用
R012-02	14.4692	2.41	449.23	100	100	2.90	800	100	100	0.83	0.75	1.00	1.00	0.34	0.25	0.22	0.19	96.49	中度利用
R013-01	21.8734	1.64	502.89	100	100	2.45	600	100	100	0.67	1.00	1.00	1.00	0.34	0.25	0.22	0.19	88.94	中度利用
R014-01	5.0722	2.35	729.47	100	100	1.60	300	100	100	1.00	1.00	1.00	1.00	0.34	0.25	0.22	0.19	100.00	过度利用
R014-02	4.7156	2.52	848.25	100	100	3.50	400	100	100	0.72	1.00	1.00	1.00	0.34	0.25	0.22	0.19	100.00	集约利用

片区编码	土地面积	指标实际值				指标理想值				指标标准化值				指标权重值				土地集约度	土地集约利用类型
		综合容积率	基础设施完备度	生活服务设施完备度	人口密度	综合容积率	基础设施完备度	生活服务设施完备度	人口密度	综合容积率	人口密度	基础设施完备度	生活服务设施完备度	综合容积率	人口密度	基础设施完备度	生活服务设施完备度		
R015-01	8.3987	1.61	100	100	511.98	1.95	100	100	600	0.83	0.85	1.00	1.00	0.34	0.25	0.22	0.19	93.05	集约利用
R015-02	5.3877	1.80	100	100	612.51	2.20	100	100	300	0.82	1.00	1.00	1.00	0.34	0.25	0.22	0.19	93.97	集约利用
R016-01	26.2017	1.10	100	100	351.12	1.30	100	100	300	0.85	1.00	1.00	1.00	0.34	0.25	0.22	0.19	94.97	集约利用
R016-02	26.0207	1.23	100	100	392.00	1.70	100	100	300	0.72	1.00	1.00	1.00	0.34	0.25	0.22	0.19	90.62	集约利用
R017-01	18.0210	1.61	100	50	516.06	2.00	100	50	500	0.81	1.00	1.00	0.50	0.34	0.25	0.22	0.19	100.00	集约利用
R017-02	23.9088	1.68	100	50	539.55	2.40	100	50	300	0.70	1.00	1.00	0.50	0.34	0.25	0.22	0.19	100.00	集约利用
R018-01	37.2066	1.79	88	50	569.79	2.00	100	50	300	0.90	1.00	0.88	0.50	0.34	0.25	0.22	0.19	83.97	集约利用
R018-02	17.9600	1.88	88	50	601.34	2.00	100	50	350	0.94	1.00	0.88	0.50	0.34	0.25	0.22	0.19	85.65	集约利用
R019-01	39.8680	2.28	100	100	589.45	2.80	100	100	350	0.81	1.00	1.00	1.00	0.34	0.25	0.22	0.19	100.00	集约利用
R020-01	7.7888	2.97	100	86.67	911.57	3.80	100	100	600	0.78	1.00	1.00	0.87	0.34	0.25	0.22	0.19	97.14	集约利用
R021-01	27.5664	0.83	100	83.33	264.82	2.90	100	100	350	0.29	0.76	1.00	0.83	0.34	0.25	0.22	0.19	66.89	中度利用
R022-01	18.1552	1.04	100	90	330.48	5.00	100	100	300	0.21	1.00	1.00	0.90	0.34	0.25	0.22	0.19	71.60	中度利用
R023-01	37.0565	1.65	100	90	501.94	2.35	100	100	300	0.70	1.00	1.00	0.90	0.34	0.25	0.22	0.19	88.01	集约利用
R024-01	16.9977	1.22	100	86.67	329.46	2.40	100	100	300	0.51	1.00	1.00	0.87	0.34	0.25	0.22	0.19	81.06	集约利用
R025-01	52.3219	1.36	100	90	433.85	1.70	100	100	300	0.80	1.00	1.00	0.90	0.34	0.25	0.22	0.19	91.36	集约利用
R026-01	43.3749	1.69	100	100	539.48	4.00	100	100	350	0.42	1.00	1.00	1.00	0.34	0.25	0.22	0.19	80.57	集约利用
R027-01	90.9275	0.75	100	93.33	221.06	3.00	100	100	300	0.25	0.74	1.00	0.93	0.34	0.25	0.22	0.19	66.99	中度利用
R028-01	11.5165	1.53	100	90	390.74	1.80	100	100	300	0.85	1.00	1.00	0.90	0.34	0.25	0.22	0.19	93.03	集约利用
R028-02	5.6287	2.23	100	96.67	568.51	2.50	100	100	600	0.89	0.95	1.00	0.97	0.34	0.25	0.22	0.19	94.48	集约利用
R029-01	40.3911	1.55	100	100	413.46	2.10	100	100	350	0.74	1.00	1.00	1.00	0.34	0.25	0.22	0.19	91.29	集约利用
R029-02	29.9671	1.29	100	76.67	427.14	1.55	100	100	300	0.83	1.00	1.00	0.77	0.34	0.25	0.22	0.19	94.31	集约利用
R030-01	19.5109	1.35	100	70	410.03	1.80	100	100	300	0.75	1.00	1.00	0.70	0.34	0.25	0.22	0.19	87.16	集约利用
R030-02	15.9782	1.60	100	90	506.94	2.30	100	100	350	0.70	1.00	1.00	0.90	0.34	0.25	0.22	0.19	84.13	集约利用
R031-01	26.0239	1.78	88	90	534.12	3.50	100	100	600	0.51	0.89	0.88	0.90	0.34	0.25	0.22	0.19	76.24	中度利用
R032-01	6.4725	1.72	100	93.33	494.40	1.80	100	100	600	0.96	0.82	1.00	0.93	0.34	0.25	0.22	0.19	92.78	集约利用
R032-02	14.5601	0.95	100	90	302.20	1.30	100	100	300	0.73	1.00	1.00	0.90	0.34	0.25	0.22	0.19	89.01	集约利用
R033-01	33.1775	0.71	100	83.33	144.68	1.95	100	100	200	0.36	0.72	1.00	0.83	0.34	0.25	0.22	0.19	68.23	中度利用

片区编码	指标实际值					指标理想值				指标标准化值				指标权重值				土地集约度	土地集约利用类型
	土地面积	综合容积率	人口密度	基础设施完备度	生活服务设施完备度	综合容积率	人口密度	基础设施完备度	生活服务设施完备度	综合容积率	人口密度	基础设施完备度	生活服务设施完备度	综合容积率	人口密度	基础设施完备度	生活服务设施完备度		
R034-01	28.8220	1.28	385.12	96	90	2.50	300	100	100	0.51	1.00	0.96	0.90	0.34	0.25	0.22	0.19	80.76	集约利用
R035-01	11.7929	1.42	423.98	100	100	2.30	300	100	100	0.62	1.00	1.00	1.00	0.34	0.25	0.22	0.19	87.27	集约利用
R035-02	14.1050	1.28	425.38	100	100	2.40	300	100	100	0.53	1.00	1.00	1.00	0.34	0.25	0.22	0.19	84.25	集约利用
R036-01	11.2302	1.97	240.42	100	93.33	2.30	300	100	100	0.86	0.80	1.00	0.93	0.34	0.25	0.22	0.19	88.93	集约利用
R036-02	16.1090	1.10	248.31	100	100	2.00	300	100	100	0.55	0.83	1.00	1.00	0.34	0.25	0.22	0.19	80.66	集约利用
R037-01	61.9918	0.47	111.31	100	96.67	2.50	300	100	100	0.19	0.37	1.00	0.97	0.34	0.25	0.22	0.19	56.47	低度利用
R038-01	27.2746	1.71	542.63	100	100	2.80	300	100	100	0.61	1.00	1.00	1.00	0.34	0.25	0.22	0.19	95.31	集约利用
R038-02	8.1705	2.35	587.49	100	100	3.10	650	100	100	0.76	0.90	1.00	1.00	0.34	0.25	0.22	0.19	100.00	集约利用
R039-01	7.5288	1.02	318.78	100	93.33	3.00	300	100	100	0.34	1.00	1.00	0.93	0.34	0.25	0.22	0.19	76.53	中度利用
R039-02	5.4242	0.89	202.79	100	93.33	2.00	200	100	100	0.45	1.00	1.00	0.93	0.34	0.25	0.22	0.19	79.88	集约利用
R040-01	8.9307	1.14	369.51	100	90	2.00	300	100	100	0.57	1.00	1.00	0.90	0.34	0.25	0.22	0.19	83.65	集约利用
R040-02	10.3785	1.24	501.04	100	96.67	1.55	300	100	100	0.80	1.00	1.00	0.97	0.34	0.25	0.22	0.19	92.72	集约利用
R041-01	19.2853	0.68	67.41	96	90	4.30	200	100	100	0.16	0.34	0.96	0.90	0.34	0.25	0.22	0.19	52.47	低度利用
R042-01	15.5637	1.65	353.39	100	100	2.20	350	100	100	0.75	1.00	1.00	1.00	0.34	0.25	0.22	0.19	91.63	集约利用
R043-01	12.5543	1.35	270.82	100	90	3.10	300	100	100	0.44	0.90	1.00	0.90	0.34	0.25	0.22	0.19	78.73	中度利用
R044-01	10.0849	1.28	406.55	100	90	1.60	300	100	100	0.80	1.00	1.00	0.90	0.34	0.25	0.22	0.19	91.36	集约利用
R044-02	12.5715	1.43	445.45	100	90	1.60	300	100	100	0.89	1.00	1.00	0.90	0.34	0.25	0.22	0.19	94.37	集约利用
R045-01	28.6655	1.89	603.51	100	90	2.40	300	100	100	0.79	1.00	1.00	0.90	0.34	0.25	0.22	0.19	98.06	集约利用
R045-02	17.7026	1.53	480.16	100	93.33	2.40	300	100	100	0.64	1.00	1.00	0.93	0.34	0.25	0.22	0.19	97.30	集约利用
R046-01	21.6299	1.17	374.48	92	100	2.10	350	100	100	0.56	1.00	0.92	1.00	0.34	0.25	0.22	0.19	83.50	集约利用
R046-02	33.2172	1.42	454.58	100	90	2.00	350	100	100	0.71	1.00	1.00	0.90	0.34	0.25	0.22	0.19	88.34	集约利用
R047-01	21.5276	1.56	501.68	100	96.67	2.00	350	100	100	0.78	1.00	1.00	0.97	0.34	0.25	0.22	0.19	92.05	集约利用
R047-02	5.2320	1.64	516.06	100	90	2.00	350	100	100	0.82	1.00	1.00	0.90	0.34	0.25	0.22	0.19	92.03	集约利用
R048-01	42.2391	1.50	461.66	100	90	3.00	600	100	100	0.50	0.77	1.00	0.90	0.34	0.25	0.22	0.19	75.54	中度利用
R048-02	6.9595	0.62	172.43	100	90	1.10	200	100	100	0.56	0.86	1.00	0.90	0.34	0.25	0.22	0.19	79.81	中度利用
R049-01	8.8276	0.29	90.62	100	100	1.10	200	100	100	0.26	0.45	1.00	1.00	0.34	0.25	0.22	0.19	61.40	中度利用
R049-02	6.5654	0.60	167.55	100	80	1.10	200	100	100	0.55	0.84	1.00	0.80	0.34	0.25	0.22	0.19	77.03	中度利用

片区编码	指标实际值					指标理想值				指标标准化值				指标权重值				土地集约度	土地集约利用类型
	土地面积	综合容积率	人口密度	基础设施完备度	生活服务设备完备度	综合容积率	人口密度	基础设施完备度	生活服务设备完备度	综合容积率	人口密度	基础设施完备度	生活服务设备完备度	综合容积率	人口密度	基础设施完备度	生活服务设备完备度		
R050-01	20.4877	1.35	434.41	100	90	1.60	300	100	100	0.84	1.00	1.00	0.90	0.34	0.25	0.22	0.19	92.70	集约利用
R050-02	20.3761	1.28	206.12	100	90	1.60	300	100	100	0.80	0.69	1.00	0.90	0.34	0.25	0.22	0.19	83.58	集约利用
R051-01	9.5912	0.97	312.79	100	90	1.60	300	100	100	0.61	1.00	1.00	0.90	0.34	0.25	0.22	0.19	85.00	集约利用
R051-02	8.9044	1.72	550.29	92	90	2.00	350	100	100	0.86	1.00	0.92	0.90	0.34	0.25	0.22	0.19	91.61	集约利用
R052-01	3.5532	2.30	731.73	100	100	3.00	350	100	100	0.77	1.00	1.00	1.00	0.34	0.25	0.22	0.19	100.00	集约利用
R052-02	17.8061	1.92	617.77	88	100	2.60	350	100	100	0.74	1.00	0.88	1.00	0.34	0.25	0.22	0.19	97.36	集约利用
R053-01	11.9339	1.26	402.22	100	100	2.10	300	100	100	0.60	1.00	1.00	1.00	0.34	0.25	0.22	0.19	86.60	集约利用
R053-02	26.6497	0.97	311.45	92	100	1.70	300	100	100	0.57	1.00	0.92	1.00	0.34	0.25	0.22	0.19	83.83	集约利用
R054-01	16.7754	2.31	733.22	100	80	2.80	350	100	100	0.83	1.00	1.00	0.80	0.34	0.25	0.22	0.19	96.12	集约利用
R054-02	14.5431	1.87	598.22	100	73.33	2.40	300	100	100	0.78	1.00	1.00	0.73	0.34	0.25	0.22	0.19	100.00	集约利用
R055-01	30.7561	0.58	178.83	100	90	1.10	200	100	100	0.53	0.89	1.00	0.90	0.34	0.25	0.22	0.19	79.55	中度利用
R055-02	58.7175	0.55	175.42	100	96.67	1.10	200	100	100	0.50	0.88	1.00	0.97	0.34	0.25	0.22	0.19	79.66	中度利用
R056-01	14.7375	1.70	95.00	100	90	1.80	100	100	100	0.94	0.95	1.00	0.90	0.34	0.25	0.22	0.19	100.00	集约利用
R056-02	14.5551	1.70	405.36	100	100	2.40	300	100	100	0.71	1.00	1.00	1.00	0.34	0.25	0.22	0.19	100.00	集约利用
R057-01	36.6483	1.31	414.75	100	90	1.60	300	100	100	0.82	1.00	1.00	0.90	0.34	0.25	0.22	0.19	92.03	集约利用
R057-02	7.7777	0.96	270.00	100	90	1.60	300	100	100	0.60	0.90	1.00	0.90	0.34	0.25	0.22	0.19	82.16	集约利用
R058-01	161.4169	0.94	301.70	80	80	1.60	300	100	100	0.59	1.00	0.80	0.80	0.34	0.25	0.22	0.19	82.39	集约利用
R058-02	23.2272	1.40	365.95	100	90	1.60	300	100	100	0.87	1.00	1.00	0.90	0.34	0.25	0.22	0.19	94.04	集约利用
R059-01	12.4040	1.79	346.66	100	93.33	2.00	350	100	100	0.90	0.99	1.00	0.93	0.34	0.25	0.22	0.19	94.71	集约利用
R059-02	53.3765	1.00	318.49	100	96.67	2.00	350	100	100	0.50	0.91	1.00	0.97	0.34	0.25	0.22	0.19	80.41	集约利用
R060-01	56.7920	0.79	253.56	88	100	1.50	350	100	100	0.53	0.72	0.88	1.00	0.34	0.25	0.22	0.19	74.59	中度利用
R061-01	31.5671	1.12	357.97	92	100	2.00	300	100	100	0.56	1.00	0.92	1.00	0.34	0.25	0.22	0.19	83.50	集约利用
R062-01	74.2790	1.60	531.78	100	100	1.90	350	100	100	0.84	1.00	1.00	1.00	0.34	0.25	0.22	0.19	94.64	集约利用
R062-02	28.4806	1.88	600.41	100	100	2.30	300	100	100	0.82	1.00	1.00	1.00	0.34	0.25	0.22	0.19	93.97	集约利用
R063-01	19.9800	2.01	595.60	100	100	3.10	600	100	100	0.65	0.99	1.00	1.00	0.34	0.25	0.22	0.19	95.39	集约利用
R063-02	23.2869	2.61	828.79	100	100	3.25	350	100	100	0.80	1.00	1.00	1.00	0.34	0.25	0.22	0.19	100.00	集约利用
R064-01	45.5098	1.11	353.77	100	100	1.68	300	100	100	0.66	1.00	1.00	1.00	0.34	0.25	0.22	0.19	88.61	集约利用

片区编码	指标实际值					指标理想值				指标标准化值				指标权重值				土地集约度	土地利用集约类型
	土地面积	综合容积率	人口密度	基础设施完备度	生活服务设施完备度	综合容积率	人口密度	基础设施完备度	生活服务设施完备度	综合容积率	人口密度	基础设施完备度	生活服务设施完备度	综合容积率	人口密度	基础设施完备度	生活服务设施完备度		
R064-02	14.9845	1.70	607.29	100	100	2.10	300	100	100	0.81	1.00	1.00	1.00	0.34	0.25	0.22	0.19	93.64	集约利用
R065-01	41.0559	1.45	460.35	100	100	2.00	300	100	100	0.72	1.00	1.00	1.00	0.34	0.25	0.22	0.19	90.96	集约利用
R065-02	52.7805	0.86	267.14	100	100	1.67	300	100	100	0.51	0.89	1.00	1.00	0.34	0.25	0.22	0.19	80.82	集约利用
R066-01	16.0266	2.67	854.83	100	100	3.10	1000	100	100	0.86	0.85	1.00	1.00	0.34	0.25	0.22	0.19	100.00	集约利用
R066-02	12.2215	1.40	335.47	100	100	2.40	300	100	100	0.58	1.00	1.00	1.00	0.34	0.25	0.22	0.19	95.98	集约利用
R067-01	16.5460	1.52	441.19	100	100	2.10	300	100	100	0.72	1.00	1.00	1.00	0.34	0.25	0.22	0.19	90.62	集约利用
R067-02	14.4455	1.34	429.20	100	100	2.60	300	100	100	0.52	1.00	1.00	1.00	0.34	0.25	0.22	0.19	83.92	集约利用
R068-01	6.5098	1.54	491.57	100	100	2.00	300	100	100	0.77	1.00	1.00	1.00	0.34	0.25	0.22	0.19	92.29	集约利用
R068-02	10.2849	1.19	359.75	100	100	1.80	300	100	100	0.66	1.00	1.00	1.00	0.34	0.25	0.22	0.19	88.61	集约利用
R069-01	7.6666	2.00	639.14	100	100	2.80	300	100	100	0.71	1.00	1.00	1.00	0.34	0.25	0.22	0.19	100.00	集约利用
R069-02	22.6887	1.91	493.64	100	100	2.90	300	100	100	0.66	1.00	1.00	1.00	0.34	0.25	0.22	0.19	96.99	集约利用
R070-01	9.7004	1.09	350.50	100	100	1.30	300	100	100	0.84	1.00	1.00	1.00	0.34	0.25	0.22	0.19	94.64	集约利用
R070-02	26.0697	1.15	368.24	100	100	1.65	300	100	100	0.70	1.00	1.00	1.00	0.34	0.25	0.22	0.19	89.95	集约利用
R071-01	40.4557	1.57	501.78	100	100	3.40	200	100	100	0.46	1.00	1.00	1.00	0.34	0.25	0.22	0.19	81.91	集约利用
R072-01	26.1471	1.89	604.27	100	100	2.60	350	100	100	0.73	1.00	1.00	1.00	0.34	0.25	0.22	0.19	90.96	集约利用
R073-01	17.6414	2.16	680.22	100	100	3.20	350	100	100	0.68	1.00	1.00	1.00	0.34	0.25	0.22	0.19	89.28	集约利用
R074-01	10.5852	1.31	406.23	100	100	1.70	300	100	100	0.77	1.00	1.00	1.00	0.34	0.25	0.22	0.19	92.29	集约利用
R074-02	17.7722	1.51	545.80	100	100	1.80	350	100	100	0.84	1.00	1.00	1.00	0.34	0.25	0.22	0.19	94.64	集约利用
R075-01	7.2391	2.65	848.34	96	90	2.65	300	100	0.90	1.00	1.00	0.96	0.90	0.34	0.25	0.22	0.19	97.18	过度利用
R075-02	4.2854	2.00	630.05	92	90	2.40	300	100	0.90	0.83	1.00	0.92	0.90	0.34	0.25	0.22	0.19	96.30	集约利用
R075-03	12.9921	1.84	584.97	84	90	2.40	300	100	0.90	0.77	1.00	0.84	0.90	0.34	0.25	0.22	0.19	100.00	集约利用
R076-01	27.9002	1.44	465.95	100	100	2.20	350	100	100	0.65	1.00	1.00	1.00	0.34	0.25	0.22	0.19	100.00	集约利用
R076-02	17.2515	1.47	469.52	100	100	2.20	300	100	100	0.67	1.00	1.00	1.00	0.34	0.25	0.22	0.19	100.00	集约利用
R077-01	9.1812	0.17	54.46	100	100	1.80	600	100	100	0.09	0.09	1.00	1.00	0.34	0.25	0.22	0.19	44.73	低度利用
R077-02	15.6241	0.24	76.80	100	100	1.80	600	100	100	0.13	0.13	1.00	1.00	0.34	0.25	0.22	0.19	47.08	低度利用
R078-01	15.7016	1.39	445.81	100	100	1.70	300	100	100	0.82	1.00	1.00	1.00	0.34	0.25	0.22	0.19	93.97	集约利用
R078-02	22.3244	1.34	492.73	100	100	1.60	300	100	100	0.84	1.00	1.00	1.00	0.34	0.25	0.22	0.19	94.64	集约利用

片区编码	土地面积	指标实际值				指标理想值				指标标准化值				指标权重值				土地集约度	土地利用集约利用类型
		人口密度	基础设施完备度	生活服务设备完备度	综合容积率	人口密度	基础设施完备度	生活服务设备完备度	综合容积率	人口密度	基础设施完备度	生活服务设备完备度	综合容积率	人口密度	基础设施完备度	生活服务设备完备度	综合容积率		
R079-01	11.0120	490.37	84	90	1.53	300	100	100	1.60	1.00	0.84	0.90	0.96	0.25	0.22	0.19	0.34	93.20	集约利用
R080-01	10.0213	119.74	76	40	0.33	200	100	100	1.10	0.60	0.76	0.40	0.30	0.25	0.22	0.19	0.34	49.59	低度利用
R080-02	3.8132	104.90	76	80	0.33	200	100	100	1.10	0.52	0.76	0.80	0.30	0.25	0.22	0.19	0.34	55.34	低度利用
R080-03	6.3447	110.33	76	90	0.33	200	100	100	1.10	0.55	0.76	0.90	0.30	0.25	0.22	0.19	0.34	58.03	低度利用
R081-01	8.9288	593.58	100	100	1.85	600	100	100	2.60	0.99	1.00	1.00	0.71	0.25	0.22	0.19	0.34	100.00	集约利用
R081-02	19.5066	625.43	100	100	1.98	600	100	100	2.60	1.00	1.00	1.00	0.76	0.25	0.22	0.19	0.34	100.00	集约利用
R082-01	2.4333	246.58	96	50	0.71	200	100	100	1.50	1.00	0.96	0.50	0.47	0.25	0.22	0.19	0.34	71.66	中度利用
R082-02	11.8144	194.68	100	63.33	0.60	200	100	100	1.50	0.97	1.00	0.63	0.40	0.25	0.22	0.19	0.34	71.97	中度利用
R082-03	30.5110	278.59	100	73.33	0.86	300	100	100	1.50	0.93	1.00	0.73	0.57	0.25	0.22	0.19	0.34	78.60	中度利用
R083-01	16.4956	242.49	100	100	0.75	200	100	100	2.50	1.00	1.00	1.00	0.30	0.25	0.22	0.19	0.34	76.55	中度利用
R083-02	12.0014	199.98	100	100	0.62	200	100	100	2.30	1.00	1.00	1.00	0.27	0.25	0.22	0.19	0.34	75.54	中度利用
R084-01	7.0962	169.10	100	86.67	0.49	200	100	100	1.10	0.85	1.00	0.87	0.45	0.25	0.22	0.19	0.34	75.29	中度利用
R084-02	9.1930	97.90	100	86.67	0.33	200	100	100	1.10	0.49	1.00	0.87	0.30	0.25	0.22	0.19	0.34	61.21	中度利用
R085-01	11.9439	443.43	100	90	1.46	300	100	100	2.40	1.00	1.00	0.90	0.61	0.25	0.22	0.19	0.34	95.04	集约利用
R085-02	29.8365	1504.87	100	83.33	4.70	300	100	100	1.60	1.00	1.00	0.83	1.00	0.25	0.22	0.19	0.34	96.70	过度利用
R086-01	7.9472	1044.39	100	80	3.27	300	100	100	1.60	1.00	1.00	0.80	1.00	0.25	0.22	0.19	0.34	96.12	过度利用
R087-01	41.5728	339.16	100	83.33	1.24	600	100	100	2.90	0.57	1.00	0.83	0.43	0.25	0.22	0.19	0.34	66.81	中度利用
R088-01	68.8626	419.68	100	80	1.34	300	100	100	1.70	1.00	1.00	0.80	0.79	0.25	0.22	0.19	0.34	89.09	集约利用
R089-01	30.9411	31.29	100	100	0.35	50	100	100	0.43	0.63	1.00	1.00	0.81	0.25	0.22	0.19	0.34	100.00	集约利用
R089-02	44.6264	20.17	96	100	0.25	28	100	100	0.38	0.72	0.96	1.00	0.66	0.25	0.22	0.19	0.34	100.00	集约利用
R090-01	5.4175	265.67	100	100	2.27	300	100	100	3.00	0.89	1.00	1.00	0.76	0.25	0.22	0.19	0.34	91.85	集约利用
R090-02	5.3753	1796.00	100	100	3.37	600	100	100	4.30	1.00	1.00	1.00	0.78	0.25	0.22	0.19	0.34	100.00	集约利用
R091-01	21.3152	265.67	100	100	1.75	300	100	100	2.00	0.89	1.00	1.00	0.88	0.25	0.22	0.19	0.34	92.94	集约利用
R091-02	6.7227	582.50	100	100	0.61	200	100	100	1.96	1.00	1.00	1.00	0.31	0.25	0.22	0.19	0.34	76.93	中度利用
R092-01	8.2122	823.26	100	100	1.90	350	100	100	2.30	1.00	1.00	1.00	0.83	0.25	0.22	0.19	0.34	94.17	集约利用
R092-02	6.9896	715.07	100	100	1.90	350	100	100	2.30	1.00	1.00	1.00	0.83	0.25	0.22	0.19	0.34	94.17	集约利用
R093-01	16.9473	578.26	100	100	1.80	600	100	100	2.60	0.96	1.00	1.00	0.69	0.25	0.22	0.19	0.34	99.09	集约利用

续表

片区编码	指标实际值					指标理想值				指标标准化值				指标权重值				土地集约度	土地利用集约类型
	土地面积	综合容积率	人口密度	基础设施完备度	生活服务设备完备度	综合容积率	人口密度	基础设施完备度	生活服务设备完备度	综合容积率	人口密度	基础设施完备度	生活服务设备完备度	综合容积率	人口密度	基础设施完备度	生活服务设备完备度		
R093-02	18.3740	3.99	703.85	100	100	2.50	600	100	100	1.00	1.00	1.00	1.00	0.34	0.25	0.22	0.19	100.00	过度利用
R093-03	14.7662	1.60	497.66	100	100	2.50	300	100	100	0.64	1.00	1.00	1.00	0.34	0.25	0.22	0.19	98.03	集约利用
R094-01	24.6815	0.45	24.31	100	100	1.10	200	100	100	0.41	0.12	1.00	1.00	0.34	0.25	0.22	0.19	58.16	低度利用
R094-02	29.0607	0.37	30.70	100	100	5.20	200	100	100	0.07	0.15	1.00	1.00	0.34	0.25	0.22	0.19	47.64	低度利用
R094-03	27.5193	0.45	24.64	100	100	2.10	200	100	100	0.21	0.12	1.00	1.00	0.34	0.25	0.22	0.19	51.67	低度利用
R095-01	16.1015	2.14	391.06	100	100	2.20	600	100	100	0.97	0.65	1.00	1.00	0.34	0.25	0.22	0.19	90.35	集约利用
R095-02	16.0779	2.79	321.31	100	100	3.80	400	100	100	0.73	0.80	1.00	1.00	0.34	0.25	0.22	0.19	100.00	集约利用
R096-01	5.4118	1.04	582.06	100	100	1.60	300	100	100	0.65	1.00	1.00	1.00	0.34	0.25	0.22	0.19	88.28	集约利用
R096-02	11.0940	1.97	504.78	100	100	2.40	300	100	100	0.82	1.00	1.00	1.00	0.34	0.25	0.22	0.19	100.00	集约利用
R097-01	60.0158	1.43	248.93	100	76.67	1.45	600	100	100	0.99	0.41	1.00	0.77	0.34	0.25	0.22	0.19	80.33	集约利用
R097-02	12.3580	3.26	300.20	100	70	1.60	600	100	100	1.00	0.50	1.00	0.70	0.34	0.25	0.22	0.19	100.00	过度利用
R098-01	6.4825	2.51	362.78	100	100	1.60	300	100	100	1.00	1.00	1.00	1.00	0.34	0.25	0.22	0.19	100.00	过度利用
R098-02	5.3401	2.37	1027.68	100	100	1.60	300	100	100	1.00	1.00	1.00	1.00	0.34	0.25	0.22	0.19	100.00	过度利用
R099-01	52.2706	1.57	427.90	100	100	2.40	350	100	100	0.65	1.00	1.00	1.00	0.34	0.25	0.22	0.19	88.41	集约利用
R100-01	9.7098	2.45	726.48	100	100	3.10	800	100	100	0.79	0.91	1.00	1.00	0.34	0.25	0.22	0.19	100.00	集约利用
R100-02	9.2181	2.18	861.13	100	100	2.60	300	100	100	0.84	1.00	1.00	1.00	0.34	0.25	0.22	0.19	100.00	集约利用
R101-01	4.9532	2.60	302.83	100	100	1.70	300	100	100	1.00	1.00	1.00	1.00	0.34	0.25	0.22	0.19	100.00	过度利用
R101-02	5.5289	2.33	339.09	100	100	1.60	350	100	100	1.00	0.97	1.00	1.00	0.34	0.25	0.22	0.19	100.00	过度利用
R102-01	7.4590	2.90	670.33	100	93.33	3.30	350	100	100	0.88	1.00	1.00	0.93	0.34	0.25	0.22	0.19	100.00	集约利用
R102-02	11.2754	2.80	112.68	100	93.33	3.30	200	100	100	0.85	0.56	1.00	0.93	0.34	0.25	0.22	0.19	100.00	集约利用
R103-01	4.3909	2.09	876.81	100	100	2.50	350	100	100	0.84	1.00	1.00	1.00	0.34	0.25	0.22	0.19	100.00	集约利用
R103-02	11.9173	3.30	323.06	100	100	3.80	350	100	100	0.87	0.92	1.00	1.00	0.34	0.25	0.22	0.19	100.00	集约利用
R104-01	11.8280	1.60	801.91	100	100	2.50	350	100	100	0.64	1.00	1.00	1.00	0.34	0.25	0.22	0.19	98.03	集约利用
R104-02	11.4415	2.34	2075.63	100	100	1.70	350	100	100	1.00	1.00	1.00	1.00	0.34	0.25	0.22	0.19	100.00	过度利用
R105-01	15.5784	2.21	240.57	100	100	1.60	300	100	100	1.00	0.80	1.00	1.00	0.34	0.25	0.22	0.19	100.00	过度利用
R106-01	28.7700	1.32	234.55	100	100	1.60	300	100	100	0.82	0.78	1.00	1.00	0.34	0.25	0.22	0.19	88.66	集约利用
R107-01	13.3589	1.50	239.73	100	100	1.50	300	100	100	1.00	0.80	1.00	1.00	0.34	0.25	0.22	0.19	94.96	集约利用

片区编码	指标实际值					指标理想值				指标标准化值				指标权重值				土地集约度	土地利用集约类型
	土地面积	综合容积率	人口密度	基础设施完备度	生活服务设备完备度	综合容积率	人口密度	基础设施完备度	生活服务设备完备度	综合容积率	人口密度	基础设施密度完备度	生活服务设备完备度	综合容积率	人口密度	基础设施密度完备度	生活服务设备完备度		
R107-02	8.6606	2.28	623.51	100	100	3.00	300	100	100	0.76	1.00	1.00	1.00	0.34	0.25	0.22	0.19	100.00	集约利用
R108-01	8.0862	1.60	954.40	100	100	2.40	300	100	100	0.67	1.00	1.00	1.00	0.34	0.25	0.22	0.19	100.00	集约利用
R108-02	9.1238	0.86	212.27	100	100	2.12	200	100	100	0.41	1.00	1.00	1.00	0.34	0.25	0.22	0.19	80.09	集约利用
R109-01	4.4760	0.54	678.62	100	100	2.87	200	100	100	0.19	1.00	1.00	1.00	0.34	0.25	0.22	0.19	72.80	中度利用
R109-02	4.1860	0.39	486.74	100	100	2.02	200	100	100	0.19	1.00	1.00	1.00	0.34	0.25	0.22	0.19	72.97	中度利用
R110-01	5.2508	3.50	5925.59	100	100	4.20	300	100	100	0.83	1.00	1.00	1.00	0.34	0.25	0.22	0.19	100.00	集约利用
R110-02	8.0188	3.18	3268.32	100	100	4.40	400	100	100	0.72	1.00	1.00	1.00	0.34	0.25	0.22	0.19	100.00	集约利用
R111-01	4.1055	4.80	540.74	100	100	2.00	600	100	100	1.00	0.90	1.00	1.00	0.34	0.25	0.22	0.19	100.00	过度利用
R111-02	6.3136	2.20	538.84	100	100	3.00	600	100	100	0.73	0.90	1.00	1.00	0.34	0.25	0.22	0.19	100.00	集约利用
R112-01	4.4002	2.30	887.69	100	100	3.00	400	100	100	0.77	1.00	1.00	1.00	0.34	0.25	0.22	0.19	100.00	集约利用
R112-02	8.2763	2.08	398.06	100	100	4.20	300	100	100	0.50	1.00	1.00	1.00	0.34	0.25	0.22	0.19	83.09	集约利用
R113-01	72.4032	1.14	147.43	100	96.67	1.40	300	100	100	0.81	0.49	1.00	0.97	0.34	0.25	0.22	0.19	80.37	集约利用
R113-02	4.4458	1.75	771.51	100	60	2.20	300	100	100	0.80	1.00	1.00	0.60	0.34	0.25	0.22	0.19	100.00	集约利用
R114-01	6.3360	2.06	273.84	100	100	2.40	300	100	100	0.86	0.91	1.00	1.00	0.34	0.25	0.22	0.19	100.00	集约利用
R114-02	5.0016	2.92	1343.57	100	100	3.50	350	100	100	0.83	1.00	1.00	1.00	0.34	0.25	0.22	0.19	100.00	集约利用
R115-01	6.9806	2.56	854.37	100	100	3.65	300	100	100	0.70	1.00	1.00	1.00	0.34	0.25	0.22	0.19	96.59	集约利用
R115-02	19.5499	2.43	534.91	100	100	2.87	300	100	100	0.85	1.00	1.00	1.00	0.34	0.25	0.22	0.19	100.00	集约利用
R116-01	8.9917	2.40	438.17	100	100	3.00	600	100	100	0.80	0.73	1.00	1.00	0.34	0.25	0.22	0.19	86.53	集约利用
R117-01	6.0084	2.85	891.25	100	100	2.00	350	100	100	1.00	1.00	1.00	1.00	0.34	0.25	0.22	0.19	100.00	过度利用
R117-02	6.7218	2.58	1924.48	100	100	1.70	350	100	100	1.00	1.00	1.00	1.00	0.34	0.25	0.22	0.19	100.00	过度利用
R118-01	19.2560	2.79	1871.05	100	100	1.86	350	100	100	1.00	1.00	1.00	1.00	0.34	0.25	0.22	0.19	100.00	过度利用
R118-02	8.2766	4.20	559.47	100	100	1.80	600	100	100	1.00	0.93	1.00	1.00	0.34	0.25	0.22	0.19	100.00	过度利用
R119-01	10.2415	1.34	204.96	100	100	1.60	300	100	100	0.84	0.68	1.00	1.00	0.34	0.25	0.22	0.19	86.60	集约利用
R119-02	6.3058	2.12	720.96	100	100	3.20	300	100	100	0.66	1.00	1.00	1.00	0.34	0.25	0.22	0.19	96.09	集约利用
R120-01	24.4551	0.51	23.29	100	93.33	1.98	300	100	100	0.26	0.08	1.00	0.93	0.34	0.25	0.22	0.19	50.68	低度利用
R121-01	15.1932	2.38	230.33	100	100	2.40	600	100	100	0.99	0.38	1.00	1.00	0.34	0.25	0.22	0.19	84.26	集约利用
R122-01	14.7619	2.50	901.44	100	100	1.50	350	100	100	1.00	1.00	1.00	1.00	0.34	0.25	0.22	0.19	100.00	过度利用

片区编码	指标实际值					指标理想值				指标标准化值				指标权重值				土地集约度	土地利用集约类型
	土地面积	综合容积率	人口密度	基础设施完备度	生活服务设施完备度	综合容积率	人口密度	基础设施完备度	生活服务设施完备度	综合容积率	人口密度	基础设施完备度	生活服务设施完备度	综合容积率	人口密度	基础设施完备度	生活服务设施完备度		
R122-02	17.0471	1.65	251.07	100	93.33	2.30	300	100	100	0.72	0.84	1.00	0.93	0.34	0.25	0.22	0.19	85.14	集约利用
R123-01	27.8077	2.32	279.96	100	90	2.80	350	100	100	0.83	0.80	1.00	0.90	0.34	0.25	0.22	0.19	87.29	集约利用
R123-02	12.6083	2.16	433.05	100	90	3.48	300	100	100	0.62	1.00	1.00	0.90	0.34	0.25	0.22	0.19	85.35	集约利用
R124-01	28.9281	2.12	300.81	100	100	2.23	350	100	100	0.95	0.86	1.00	1.00	0.34	0.25	0.22	0.19	94.82	集约利用
R124-02	30.8958	2.13	319.83	100	100	2.33	350	100	100	0.91	0.91	1.00	1.00	0.34	0.25	0.22	0.19	94.96	集约利用
R125-01	10.9223	2.07	400.10	100	100	2.70	350	100	100	0.77	1.00	1.00	1.00	0.34	0.25	0.22	0.19	100.00	集约利用
R125-02	5.2541	2.50	559.55	100	100	3.90	350	100	100	0.64	1.00	1.00	1.00	0.34	0.25	0.22	0.19	87.97	集约利用
R126-01	13.5101	1.73	221.78	100	100	1.80	350	100	100	0.96	0.63	1.00	1.00	0.34	0.25	0.22	0.19	89.50	集约利用
R127-01	19.7312	1.67	299.02	100	90	2.00	350	100	100	0.83	1.00	1.00	0.90	0.34	0.25	0.22	0.19	92.45	集约利用
R127-02	39.6180	1.18	288.22	100	100	1.80	600	100	100	0.66	0.48	1.00	0.90	0.34	0.25	0.22	0.19	73.48	中度利用
R128-01	23.4248	0.52	105.99	100	60	2.10	200	100	100	0.25	0.53	1.00	0.60	0.34	0.25	0.22	0.19	55.24	低度利用
R128-02	28.2516	0.49	94.72	100	53.33	1.80	200	100	100	0.27	0.47	1.00	0.53	0.34	0.25	0.22	0.19	53.35	低度利用
R129-01	7.9069	2.09	627.92	100	70	2.30	600	100	100	0.91	1.00	1.00	0.70	0.34	0.25	0.22	0.19	94.02	集约利用
R129-02	5.7088	2.77	315.30	100	73.33	2.90	600	100	100	0.96	0.53	1.00	0.73	0.34	0.25	0.22	0.19	100.00	集约利用
R130-01	13.3441	1.18	296.01	100	100	1.40	300	100	100	0.84	0.99	1.00	1.00	0.34	0.25	0.22	0.19	94.40	集约利用
R130-02	12.9748	1.93	323.70	100	100	2.50	350	100	100	0.77	0.92	1.00	1.00	0.34	0.25	0.22	0.19	100.00	集约利用
R130-03	14.5394	1.28	295.75	100	100	1.50	300	100	100	0.85	0.99	1.00	1.00	0.34	0.25	0.22	0.19	94.73	集约利用
R131-01	6.2298	1.78	444.96	100	100	1.90	600	100	100	0.94	0.74	1.00	1.00	0.34	0.25	0.22	0.19	91.40	集约利用
R131-02	9.4719	1.86	316.73	100	100	2.40	300	100	100	0.78	1.00	1.00	1.00	0.34	0.25	0.22	0.19	100.00	集约利用
R132-01	28.3807	2.89	172.64	100	100	3.00	350	100	100	0.96	0.49	1.00	1.00	0.34	0.25	0.22	0.19	100.00	集约利用
R133-01	15.1061	1.48	664.96	100	100	1.80	350	100	100	0.82	1.00	1.00	1.00	0.34	0.25	0.22	0.19	94.02	集约利用
R133-02	6.4611	1.56	358.14	100	100	2.00	500	100	100	0.78	0.72	1.00	1.00	0.34	0.25	0.22	0.19	100.00	集约利用
R134-01	54.7451	1.34	169.00	100	100	1.90	600	100	100	0.71	0.28	1.00	1.00	0.34	0.25	0.22	0.19	72.12	中度利用
R134-02	54.4031	1.10	195.06	100	96.67	1.80	600	100	100	0.61	0.33	1.00	0.97	0.34	0.25	0.22	0.19	69.39	中度利用
R135-01	13.6314	1.26	293.62	100	100	1.60	300	100	100	0.79	0.98	1.00	1.00	0.34	0.25	0.22	0.19	92.25	集约利用
R135-02	18.2818	1.15	279.13	100	100	1.80	300	100	100	0.64	0.93	1.00	1.00	0.34	0.25	0.22	0.19	86.14	集约利用
R136-01	39.7986	1.54	364.61	76	40	1.60	300	100	100	0.96	1.00	0.76	0.40	0.34	0.25	0.22	0.19	81.87	集约利用

片区编码	指标实际值					指标理想值				指标标准化值				指标权重值				土地集约度	土地利用集约类型
	土地面积	综合容积率	人口密度	基础设施完备度	生活服务设备完备度	综合容积率	人口密度	基础设施完备度	生活服务设备完备度	综合容积率	人口密度	基础设施完备度	生活服务设备完备度	综合容积率	人口密度	基础设施完备度	生活服务设备完备度		
R136-02	11.2802	2.31	819.58	88	46.67	3.00	600	100	100	0.77	1.00	0.88	0.47	0.34	0.25	0.22	0.19	79.31	中度利用
R137-01	32.6562	1.47	638.07	88	40	3.00	600	100	100	0.49	1.00	0.88	0.40	0.34	0.25	0.22	0.19	68.60	中度利用
R137-02	55.6545	1.87	352.62	76	40	3.00	600	100	100	0.62	0.59	0.76	0.40	0.34	0.25	0.22	0.19	60.16	中度利用
R138-01	7.2039	0.19	0.00	100	50	1.10	200	100	100	0.17	0.00	1.00	0.50	0.34	0.25	0.22	0.19	37.53	低度利用
R138-02	13.6633	0.50	0.00	100	40	1.10	200	100	100	0.45	0.00	1.00	0.40	0.34	0.25	0.22	0.19	45.02	中度利用
R139-01	14.4993	0.41	0.00	92	40	1.10	200	100	100	0.37	0.00	0.92	0.40	0.34	0.25	0.22	0.19	40.60	低度利用
R139-02	31.0420	0.10	0.00	92	40	1.10	200	100	100	0.09	0.00	0.92	0.40	0.34	0.25	0.22	0.19	31.00	低度利用
R140-01	36.7765	1.20	252.96	100	73.33	1.60	350	100	100	0.75	0.72	1.00	0.73	0.34	0.25	0.22	0.19	79.44	中度利用
R140-02	4.8667	1.15	445.89	100	40	1.60	300	100	100	0.72	1.00	1.00	0.40	0.34	0.25	0.22	0.19	78.87	中度利用
R141-01	7.6130	0.53	52.28	88	40	1.10	200	100	100	0.48	0.26	0.88	0.40	0.34	0.25	0.22	0.19	49.96	低度利用
R141-02	5.4823	0.56	45.89	88	40	1.10	200	100	100	0.51	0.23	0.88	0.40	0.34	0.25	0.22	0.19	49.82	低度利用
R142-01	11.2205	1.43	401.32	100	40	3.00	300	100	100	0.48	1.00	1.00	0.40	0.34	0.25	0.22	0.19	70.88	中度利用
R142-02	20.5789	1.71	495.41	100	40	3.00	600	100	100	0.57	0.83	1.00	0.40	0.34	0.25	0.22	0.19	69.61	中度利用
R143-01	10.4038	1.40	317.26	100	73.33	2.10	300	100	100	0.67	1.00	1.00	0.73	0.34	0.25	0.22	0.19	83.59	集约利用
R143-02	15.5563	1.11	295.70	100	70	2.20	300	100	100	0.50	0.99	1.00	0.70	0.34	0.25	0.22	0.19	77.23	集约利用
R144-01	22.8472	1.20	406.57	100	90	1.90	300	100	100	0.63	1.00	1.00	0.90	0.34	0.25	0.22	0.19	85.78	集约利用
R144-02	25.6186	1.10	369.93	100	90	1.70	300	100	100	0.65	1.00	1.00	0.90	0.34	0.25	0.22	0.19	86.24	集约利用
R144-03	20.2760	1.07	395.54	100	100	1.70	300	100	100	0.63	1.00	1.00	1.00	0.34	0.25	0.22	0.19	87.54	集约利用
R145-01	26.7907	0.66	170.29	100	90	1.70	350	100	100	0.39	0.49	1.00	0.90	0.34	0.25	0.22	0.19	64.66	中度利用
R145-02	12.2581	0.86	215.37	100	60	1.40	300	100	100	0.61	0.72	1.00	0.60	0.34	0.25	0.22	0.19	72.23	中度利用
R145-03	13.0832	1.00	202.24	100	60	1.40	300	100	100	0.71	0.67	1.00	0.60	0.34	0.25	0.22	0.19	74.59	中度利用
R146-01	13.1942	1.42	291.79	100	90	1.50	350	100	100	0.95	0.83	1.00	0.90	0.34	0.25	0.22	0.19	92.10	集约利用
R146-02	29.5452	1.65	233.81	100	90	2.00	600	100	100	0.82	0.39	1.00	0.90	0.34	0.25	0.22	0.19	76.86	中度利用
R147-01	19.6928	2.94	295.21	100	100	1.70	600	100	100	1.00	0.49	1.00	1.00	0.34	0.25	0.22	0.19	100.00	过度利用
R148-01	12.6594	1.71	248.83	100	100	2.00	300	100	100	0.85	0.83	1.00	1.00	0.34	0.25	0.22	0.19	90.83	集约利用
R148-02	9.9742	1.15	305.79	100	100	2.00	350	100	100	0.57	0.87	1.00	1.00	0.34	0.25	0.22	0.19	82.63	集约利用
R149-01	22.9913	1.77	472.00	100	100	2.70	300	100	100	0.66	1.00	1.00	1.00	0.34	0.25	0.22	0.19	97.74	集约利用

片区编码	土地面积	综合容积率	指标实际值			指标理想值				指标标准化值				指标权重值				土地集约度	土地利用类型
			人口密度	基础设施完备度	生活服务设施完备度	综合容积率	人口密度	基础设施完备度	生活服务设施完备度	综合容积率	人口密度	基础设施完备度	生活服务设施完备度	综合容积率	人口密度	基础设施完备度	生活服务设施完备度		
R149-02	6.5732	1.54	231.62	100	100	1.90	300	100	100	0.81	0.77	1.00	1.00	0.34	0.25	0.22	0.19	87.98	集约利用
R150-01	13.5204	1.51	253.76	100	100	1.90	300	100	100	0.79	0.85	1.00	1.00	0.34	0.25	0.22	0.19	100.00	集约利用
R150-02	17.9491	1.56	421.14	100	100	1.80	300	100	100	0.87	1.00	1.00	1.00	0.34	0.25	0.22	0.19	91.42	集约利用
R150-03	23.4437	1.51	207.73	100	100	1.80	300	100	100	0.84	0.69	1.00	1.00	0.34	0.25	0.22	0.19	86.96	集约利用
R151-01	29.6098	1.71	481.56	100	100	2.30	300	100	100	0.74	1.00	1.00	1.00	0.34	0.25	0.22	0.19	100.00	集约利用
R152-01	10.9304	1.04	353.14	100	60	1.50	300	100	100	0.69	1.00	1.00	0.60	0.34	0.25	0.22	0.19	81.89	集约利用
R152-02	32.5059	1.39	287.82	100	100	1.60	300	100	100	0.87	0.96	1.00	1.00	0.34	0.25	0.22	0.19	94.51	集约利用
R153-01	53.8079	1.06	260.18	100	86.67	1.30	300	100	100	0.82	0.87	1.00	0.87	0.34	0.25	0.22	0.19	87.79	集约利用
R153-02	9.9432	1.19	364.07	100	80	1.80	300	100	100	0.66	1.00	1.00	0.80	0.34	0.25	0.22	0.19	84.71	集约利用
R154-01	11.4531	1.06	339.82	100	100	1.50	300	100	100	0.71	1.00	1.00	1.00	0.34	0.25	0.22	0.19	90.13	集约利用
R155-01	28.7459	1.06	317.71	100	100	1.50	300	100	100	0.71	1.00	1.00	1.00	0.34	0.25	0.22	0.19	90.27	集约利用
R156-01	10.9225	0.44	105.75	64	40	1.10	200	100	100	0.40	0.53	0.64	0.40	0.34	0.25	0.22	0.19	48.54	低度利用
R156-02	13.8625	0.22	70.69	64	40	1.10	200	100	100	0.20	0.35	0.64	0.40	0.34	0.25	0.22	0.19	37.33	低度利用
R157-01	32.4768	0.52	103.50	68	70	0.60	110	100	100	0.87	0.94	0.68	0.70	0.34	0.25	0.22	0.19	81.28	集约利用
R157-02	14.7628	1.16	371.27	80	70	1.60	300	100	100	0.72	1.00	0.80	0.70	0.34	0.25	0.22	0.19	80.40	集约利用
R158-01	4.5195	1.17	317.51	88	50	1.43	265	100	100	0.82	1.00	0.88	0.50	0.34	0.25	0.22	0.19	81.63	集约利用
R158-02	12.0487	1.57	732.03	88	46.67	1.60	300	100	100	0.98	1.00	0.88	0.47	0.34	0.25	0.22	0.19	86.41	集约利用
R159-01	2.6535	0.26	138.68	88	56.67	1.10	200	100	100	0.24	0.69	0.88	0.57	0.34	0.25	0.22	0.19	55.78	低度利用
R159-02	1.6920	0.40	106.38	88	60	1.10	200	100	100	0.36	0.53	0.88	0.60	0.34	0.25	0.22	0.19	56.36	低度利用
R160-01	32.2733	1.33	356.36	92	46.67	1.69	318	100	100	0.79	1.00	0.92	0.47	0.34	0.25	0.22	0.19	80.92	集约利用
R161-01	18.8871	1.41	392.12	64	60	1.60	303	100	100	0.88	1.00	0.64	0.60	0.34	0.25	0.22	0.19	80.34	集约利用
R161-02	12.0869	1.49	682.81	64	60	1.60	300	100	100	0.93	1.00	0.64	0.60	0.34	0.25	0.22	0.19	81.97	集约利用
R162-01	4.8057	0.74	162.31	76	40	1.10	200	100	100	0.67	0.81	0.76	0.40	0.34	0.25	0.22	0.19	67.26	中度利用
R162-02	3.1468	0.45	194.48	76	40	1.10	200	100	100	0.41	0.97	0.76	0.40	0.34	0.25	0.22	0.19	62.56	中度利用
R163-01	11.4030	1.12	294.66	100	53.33	1.60	300	100	100	0.70	0.98	1.00	0.53	0.34	0.25	0.22	0.19	80.33	集约利用
R163-02	9.7463	1.34	497.42	88	50	1.60	300	100	100	0.84	1.00	0.88	0.50	0.34	0.25	0.22	0.19	82.30	集约利用
R164-01	27.3545	1.12	620.30	88	60	1.50	300	100	100	0.75	1.00	0.88	0.60	0.34	0.25	0.22	0.19	81.22	集约利用

片区编码	指标实际值					指标理想值				指标标准化值				指标权重值				土地集约度	土地集约利用类型
	土地面积	综合容积率	人口密度	基础设备完备度	生活服务设施完备度	综合容积率	人口密度	基础设施完备度	生活服务设施完备度	综合容积率	人口密度	基础设备完备度	生活服务设施完备度	综合容积率	人口密度	基础设施完备度	生活服务设施完备度		
R164-02	18.6741	2.43	647.76	88	50	3.00	600	100	100	0.81	1.00	0.88	0.50	0.34	0.25	0.22	0.19	81.29	集约利用
R165-01	18.2743	2.31	521.28	84	50	3.00	600	100	100	0.77	0.87	0.84	0.50	0.34	0.25	0.22	0.19	75.81	中度利用
R165-02	7.1397	0.73	89.22	88	50	1.10	200	100	100	0.66	0.45	0.88	0.50	0.34	0.25	0.22	0.19	62.47	中度利用
R166-01	2.1803	0.27	110.44	88	46.67	1.10	200	100	100	0.25	0.55	0.88	0.47	0.34	0.25	0.22	0.19	49.30	低度利用
R166-02	1.7677	0.19	92.78	88	46.67	1.10	200	100	100	0.17	0.46	0.88	0.47	0.34	0.25	0.22	0.19	45.72	低度利用
R167-01	1.6404	0.49	117.54	84	60	1.10	200	100	100	0.45	0.59	0.84	0.60	0.34	0.25	0.22	0.19	60.00	中度利用
R167-02	4.8638	0.54	111.42	84	60	1.10	200	100	100	0.49	0.56	0.84	0.60	0.34	0.25	0.22	0.19	60.59	中度利用
R168-01	8.7703	1.58	505.11	100	93.33	1.90	300	100	100	0.83	1.00	1.00	0.93	0.34	0.25	0.22	0.19	93.06	集约利用
R168-02	7.1536	1.28	550.49	100	90	1.90	300	100	100	0.67	1.00	1.00	0.90	0.34	0.25	0.22	0.19	87.13	集约利用
R169-01	26.4169	1.85	591.43	100	100	2.30	350	100	100	0.80	1.00	1.00	1.00	0.34	0.25	0.22	0.19	93.45	集约利用
R170-01	8.3826	1.86	978.28	100	100	3.30	300	100	100	0.56	1.00	1.00	1.00	0.34	0.25	0.22	0.19	85.38	集约利用
R170-02	7.2006	1.98	626.54	100	100	3.30	300	100	100	0.60	1.00	1.00	1.00	0.34	0.25	0.22	0.19	86.60	集约利用
R171-01	4.7767	1.73	888.79	100	100	2.80	300	100	100	0.62	1.00	1.00	1.00	0.34	0.25	0.22	0.19	95.48	集约利用
R171-02	5.2432	1.72	549.98	100	100	2.80	300	100	100	0.61	1.00	1.00	1.00	0.34	0.25	0.22	0.19	95.31	集约利用
R172-01	4.7939	3.60	1151.03	100	100	4.50	1000	100	100	0.80	1.00	1.00	1.00	0.34	0.25	0.22	0.19	100.00	集约利用
R173-01	11.1011	5.46	86.07	92	100	5.50	300	92	100	0.99	0.86	0.92	1.00	0.34	0.25	0.22	0.19	88.97	集约利用
R174-01	17.7133	2.90	454.86	100	93.33	2.50	600	100	100	1.00	0.76	1.00	0.93	0.34	0.25	0.22	0.19	85.39	过度利用
R174-02	12.1396	4.10	941.05	90	100	4.00	600	90	100	1.00	1.00	0.90	1.00	0.34	0.25	0.22	0.19	92.33	过度利用
R175-01	13.5602	2.12	205.75	92	100	3.40	300	92	100	0.62	0.69	0.92	1.00	0.34	0.25	0.22	0.19	77.74	中度利用
R176-01	5.3241	5.10	657.39	100	100	3.40	600	100	100	1.00	1.00	1.00	1.00	0.34	0.25	0.22	0.19	100.00	过度利用
R176-02	4.1998	2.56	416.69	100	100	3.40	350	100	100	0.75	1.00	1.00	1.00	0.34	0.25	0.22	0.19	91.72	集约利用
R177-01	8.5761	1.11	356.45	100	93.33	3.00	300	100	100	0.37	1.00	1.00	0.93	0.34	0.25	0.22	0.19	77.60	中度利用
R178-01	15.0169	2.54	812.02	100	100	3.20	350	100	100	0.79	1.00	1.00	1.00	0.34	0.25	0.22	0.19	93.09	集约利用
R179-01	6.7760	1.85	497.93	100	100	3.20	300	100	100	0.58	1.00	1.00	1.00	0.34	0.25	0.22	0.19	85.87	集约利用
R179-02	3.9080	1.76	429.89	100	100	3.20	300	100	100	0.55	1.00	1.00	1.00	0.34	0.25	0.22	0.19	84.93	集约利用
R180-01	12.2169	1.82	581.84	100	100	3.50	300	100	100	0.52	1.00	1.00	1.00	0.34	0.25	0.22	0.19	83.92	集约利用
R180-02	4.7220	2.18	696.92	100	100	2.80	300	100	100	0.78	1.00	1.00	1.00	0.34	0.25	0.22	0.19	100.00	集约利用

片区编码	土地面积	指标实际值				指标理想值				指标标准化值				指标权重值				土地集约度	土地利用集约类型
		综合容积率	人口密度	基础设施完备度	生活服务设施完备度	综合容积率	人口密度	基础设施完备度	生活服务设施完备度	综合容积率	人口密度	基础设施完备度	生活服务设施完备度	综合容积率	人口密度	基础设施完备度	生活服务设施完备度		
R181-01	23.6399	1.88	601.02	100	100	2.30	300	100	100	0.82	1.00	1.00	1.00	0.34	0.25	0.22	0.19	93.88	集约利用
R181-02	15.7332	1.79	572.25	97	100	2.20	300	100	100	0.81	1.00	0.97	1.00	0.34	0.25	0.22	0.19	93.02	集约利用
R181-03	16.4239	1.81	578.64	100	100	3.30	300	100	100	0.55	1.00	1.00	1.00	0.34	0.25	0.22	0.19	84.87	集约利用
R182-01	7.5522	2.12	210.40	100	100	3.00	300	100	100	0.71	0.70	1.00	1.00	0.34	0.25	0.22	0.19	82.68	集约利用
R183-01	7.2381	1.86	594.50	100	100	2.50	300	100	100	0.74	1.00	1.00	1.00	0.34	0.25	0.22	0.19	91.42	集约利用
R183-02	4.4649	2.12	678.07	100	100	2.50	300	100	100	0.85	1.00	1.00	1.00	0.34	0.25	0.22	0.19	94.91	集约利用
R184-01	3.7519	2.16	317.17	100	100	3.80	300	100	100	0.57	1.00	1.00	1.00	0.34	0.25	0.22	0.19	85.54	集约利用
R184-02	4.8896	1.59	680.01	100	100	3.20	200	100	100	0.50	1.00	1.00	1.00	0.34	0.25	0.22	0.19	83.15	过度利用
R185-01	4.1937	2.12	677.70	100	100	1.50	300	100	100	1.00	1.00	1.00	1.00	0.34	0.25	0.22	0.19	100.00	集约利用
R185-02	4.0371	1.53	489.39	100	100	2.30	200	100	100	0.67	1.00	1.00	1.00	0.34	0.25	0.22	0.19	100.00	集约利用
R186-01	5.1091	1.82	220.93	100	100	2.00	300	100	100	0.91	0.74	1.00	1.00	0.34	0.25	0.22	0.19	90.37	集约利用
R186-02	7.2236	1.97	629.77	100	100	2.80	300	100	100	0.70	1.00	1.00	1.00	0.34	0.25	0.22	0.19	99.50	集约利用
R187-01	12.5223	2.63	840.80	100	100	5.30	300	100	100	0.50	1.00	1.00	1.00	0.34	0.25	0.22	0.19	83.12	集约利用
R188-01	9.9317	2.30	735.29	100	100	2.80	800	100	100	0.82	0.92	1.00	1.00	0.34	0.25	0.22	0.19	100.00	集约利用
R188-02	3.6638	3.25	511.33	100	100	4.60	350	100	100	0.71	1.00	1.00	1.00	0.34	0.25	0.22	0.19	90.17	集约利用
R189-01	22.6847	2.30	735.31	100	100	2.70	300	100	100	0.85	1.00	1.00	1.00	0.34	0.25	0.22	0.19	100.00	集约利用
R190-01	19.2527	2.16	690.54	100	100	2.70	300	100	100	0.80	1.00	1.00	1.00	0.34	0.25	0.22	0.19	100.00	集约利用
R191-01	6.7605	1.65	527.27	100	100	2.20	300	100	100	0.75	1.00	1.00	1.00	0.34	0.25	0.22	0.19	91.63	集约利用
R191-02	10.6290	1.50	788.64	100	100	2.70	300	100	100	0.56	1.00	1.00	1.00	0.34	0.25	0.22	0.19	85.11	集约利用
R192-01	7.5442	2.03	648.78	100	100	2.60	300	100	100	0.78	1.00	1.00	1.00	0.34	0.25	0.22	0.19	92.66	集约利用
R192-02	10.2083	1.54	451.54	100	100	2.60	200	100	100	0.59	1.00	1.00	1.00	0.34	0.25	0.22	0.19	86.34	集约利用
R193-01	6.0158	2.12	677.56	100	100	4.00	300	100	100	0.53	1.00	1.00	1.00	0.34	0.25	0.22	0.19	84.25	集约利用
R193-02	4.1566	2.02	252.61	100	100	4.00	300	100	100	0.51	0.84	1.00	1.00	0.34	0.25	0.22	0.19	79.45	集约利用
R194-01	23.7775	1.79	105.98	100	100	1.81	300	100	100	0.99	0.35	1.00	1.00	0.34	0.25	0.22	0.19	83.40	集约利用
R194-02	6.2036	1.79	572.26	100	100	2.74	300	100	100	0.65	1.00	1.00	1.00	0.34	0.25	0.22	0.19	88.39	集约利用
R195-01	7.1443	1.60	477.65	100	100	2.50	300	100	100	0.64	1.00	1.00	1.00	0.34	0.25	0.22	0.19	87.94	集约利用
R195-02	6.3576	3.30	454.18	100	100	3.50	600	100	100	0.94	0.76	1.00	1.00	0.34	0.25	0.22	0.19	100.00	集约利用

片区编码	土地面积	指标实际值				指标理想值				指标标准化值				指标权重值				土地集约度	土地利用集约型
		综合容积率	人口密度	基础设施完备度	生活服务设备完备度	综合容积率	人口密度	基础设施完备度	生活服务设备完备度	综合容积率	人口密度	基础设施完备度	生活服务设备完备度	综合容积率	人口密度	基础设施完备度	生活服务设备完备度		
R196-01	5.6371	1.86	594.35	100	100	3.01	300	100	100	0.62	1.00	1.00	1.00	0.34	0.25	0.22	0.19	100.00	集约利用
R196-02	10.3960	2.00	336.67	100	100	3.01	300	100	100	0.66	1.00	1.00	1.00	0.34	0.25	0.22	0.19	96.82	集约利用
R197-01	11.9851	1.80	1051.31	100	100	2.90	300	100	100	0.62	1.00	1.00	1.00	0.34	0.25	0.22	0.19	95.21	集约利用
R197-02	10.1049	1.42	706.59	100	100	2.10	200	100	100	0.68	1.00	1.00	1.00	0.34	0.25	0.22	0.19	89.15	集约利用
R198-01	15.8940	1.69	540.28	100	100	2.70	300	100	100	0.63	1.00	1.00	1.00	0.34	0.25	0.22	0.19	96.30	集约利用
R199-01	7.3446	1.83	585.01	100	100	2.50	300	100	100	0.73	1.00	1.00	1.00	0.34	0.25	0.22	0.19	100.00	集约利用
R199-02	5.6574	1.95	804.26	100	100	2.50	300	100	100	0.78	1.00	1.00	1.00	0.34	0.25	0.22	0.19	100.00	集约利用
R200-01	6.7168	2.48	792.95	100	100	3.50	350	100	100	0.71	1.00	1.00	1.00	0.34	0.25	0.22	0.19	97.27	集约利用
R200-02	3.7457	4.70	702.67	100	100	4.90	900	100	100	0.96	0.78	1.00	1.00	0.34	0.25	0.22	0.19	100.00	集约利用
R201-01	4.4211	1.90	607.41	100	100	2.24	300	100	100	0.85	1.00	1.00	1.00	0.34	0.25	0.22	0.19	100.00	集约利用
R201-02	3.2664	1.07	340.60	100	100	1.44	300	100	100	0.74	1.00	1.00	1.00	0.34	0.25	0.22	0.19	91.39	集约利用
R202-01	7.5919	1.78	568.90	100	100	4.00	300	100	100	0.45	1.00	1.00	1.00	0.34	0.25	0.22	0.19	81.41	集约利用
R202-02	10.3469	1.82	581.84	100	100	4.00	300	100	100	0.46	1.00	1.00	1.00	0.34	0.25	0.22	0.19	81.74	集约利用
R203-01	9.2197	2.15	873.13	100	100	2.60	350	100	100	0.83	1.00	1.00	1.00	0.34	0.25	0.22	0.19	100.00	集约利用
R204-01	3.8865	1.70	977.10	88	100	2.60	300	100	100	0.65	1.00	0.88	1.00	0.34	0.25	0.22	0.19	85.76	集约利用
R204-02	6.4850	3.15	763.69	100	100	3.80	350	100	100	0.83	1.00	1.00	1.00	0.34	0.25	0.22	0.19	100.00	集约利用
R205-01	7.0683	1.75	928.44	100	100	2.74	300	100	100	0.64	1.00	1.00	1.00	0.34	0.25	0.22	0.19	87.90	集约利用
R205-02	10.3680	1.66	773.05	100	100	2.74	300	100	100	0.61	1.00	1.00	1.00	0.34	0.25	0.22	0.19	86.80	集约利用
R206-01	17.2780	2.07	303.85	100	100	2.50	300	100	100	0.83	1.00	1.00	1.00	0.34	0.25	0.22	0.19	100.00	集约利用
R206-02	11.8208	2.17	444.13	100	100	2.70	300	100	100	0.80	1.00	1.00	1.00	0.34	0.25	0.22	0.19	100.00	集约利用
R207-01	36.4299	1.62	192.15	100	100	2.10	300	100	100	0.77	0.64	1.00	1.00	0.34	0.25	0.22	0.19	83.32	集约利用
R208-01	7.1829	1.30	487.27	100	100	2.40	200	100	100	0.54	1.00	1.00	1.00	0.34	0.25	0.22	0.19	84.65	集约利用
R208-02	6.1182	1.57	501.76	100	100	2.40	350	100	100	0.65	1.00	1.00	1.00	0.34	0.25	0.22	0.19	88.41	集约利用
R209-01	6.4357	1.05	335.68	100	90	1.50	200	100	100	0.70	1.00	1.00	0.90	0.34	0.25	0.22	0.19	88.01	集约利用
R209-02	7.4955	3.80	575.45	100	96.67	1.00	300	100	100	1.00	1.00	1.00	0.97	0.34	0.25	0.22	0.19	100.00	过度利用
R209-03	5.8774	1.75	559.46	100	93.33	2.30	300	100	100	0.76	1.00	1.00	0.93	0.34	0.25	0.22	0.19	100.00	集约利用
R210-01	18.0696	2.17	693.72	100	100	3.20	600	100	100	0.68	1.00	1.00	1.00	0.34	0.25	0.22	0.19	96.79	集约利用

片区编码	指标实际值					指标理想值				指标标准化值				指标权重值				土地集约度	土地利用集约类型
	土地面积率	综合容积率	人口密度	基础设施完备度	生活服务设施完备度	综合容积率	人口密度	基础设施完备度	生活服务设施完备度	综合容积率	人口密度	基础设施完备度	生活服务设施完备度	综合容积率	人口密度	基础设施完备度	生活服务设施完备度		
R210-02	10.0708	2.17	693.62	100	100	3.20	600	100	100	0.68	1.00	1.00	1.00	0.34	0.25	0.22	0.19	96.79	集约利用
R211-01	12.1264	1.43	584.18	100	100	2.20	300	100	100	0.65	1.00	1.00	1.00	0.34	0.25	0.22	0.19	88.28	集约利用
R211-02	6.4305	2.13	680.94	100	100	3.00	300	100	100	0.71	1.00	1.00	1.00	0.34	0.25	0.22	0.19	98.93	集约利用
R212-01	4.5010	1.22	389.94	100	100	1.90	200	100	100	0.64	1.00	1.00	1.00	0.34	0.25	0.22	0.19	100.00	集约利用
R212-02	10.7225	1.40	447.57	100	70	1.60	300	100	100	0.87	1.00	1.00	0.70	0.34	0.25	0.22	0.19	89.99	集约利用
R213-01	18.6347	1.30	452.17	96	70	1.60	300	100	100	0.81	1.00	0.96	0.70	0.34	0.25	0.22	0.19	87.02	集约利用
R213-02	7.5351	1.30	452.17	100	63.33	1.60	300	100	100	0.81	1.00	1.00	0.63	0.34	0.25	0.22	0.19	86.60	集约利用
R214-01	11.5244	2.10	723.16	100	100	3.90	300	100	100	0.54	1.00	1.00	1.00	0.34	0.25	0.22	0.19	84.54	集约利用
R214-02	14.0118	1.55	495.53	100	100	2.00	300	100	100	0.78	1.00	1.00	1.00	0.34	0.25	0.22	0.19	92.46	集约利用
R214-03	17.1191	1.20	548.98	100	93.33	2.50	200	100	100	0.48	1.00	1.00	0.93	0.34	0.25	0.22	0.19	81.29	集约利用
R215-01	19.5524	2.13	740.87	100	63.33	2.40	350	100	100	0.89	1.00	1.00	0.63	0.34	0.25	0.22	0.19	100.00	集约利用
R215-02	6.8181	1.40	486.96	88	70	2.00	300	100	100	0.70	1.00	0.88	0.70	0.34	0.25	0.22	0.19	81.49	集约利用
R216-01	5.5258	3.10	991.06	100	70	3.80	600	100	100	0.82	1.00	1.00	0.70	0.34	0.25	0.22	0.19	95.30	集约利用
R216-02	11.9350	0.75	239.77	100	90	1.10	200	100	100	0.68	1.00	1.00	0.90	0.34	0.25	0.22	0.19	87.40	集约利用
R216-03	7.1009	0.85	271.74	100	70	1.10	200	100	100	0.77	1.00	1.00	0.70	0.34	0.25	0.22	0.19	86.57	集约利用
R217-01	6.0562	1.78	569.05	100	90	2.20	300	100	100	0.81	1.00	1.00	0.90	0.34	0.25	0.22	0.19	91.66	集约利用
R217-02	4.2022	2.34	748.08	100	90	2.80	350	100	100	0.84	1.00	1.00	0.90	0.34	0.25	0.22	0.19	100.00	集约利用
R218-01	15.1053	0.73	233.12	100	73.33	1.10	200	100	100	0.66	1.00	1.00	0.73	0.34	0.25	0.22	0.19	83.56	集约利用
R218-02	15.1331	1.12	287.98	100	66.67	1.60	300	100	100	0.70	0.96	1.00	0.67	0.34	0.25	0.22	0.19	82.48	集约利用
R219-01	11.6476	1.21	874.43	100	90	1.60	300	100	100	0.76	1.00	1.00	0.90	0.34	0.25	0.22	0.19	89.89	集约利用
R219-02	8.6550	2.12	711.73	100	86.67	2.40	300	100	100	0.88	1.00	1.00	0.87	0.34	0.25	0.22	0.19	100.00	集约利用
R220-01	7.3139	2.30	735.30	100	100	3.00	350	100	100	0.77	1.00	1.00	1.00	0.34	0.25	0.22	0.19	100.00	集约利用
R220-02	6.0058	1.91	610.73	100	100	2.80	300	100	100	0.68	1.00	1.00	1.00	0.34	0.25	0.22	0.19	89.35	集约利用
R221-01	8.3760	2.25	719.46	100	96.67	2.90	350	100	100	0.78	1.00	1.00	0.97	0.34	0.25	0.22	0.19	100.00	集约利用
R221-02	5.0308	3.53	1128.60	100	90	1.90	350	100	100	1.00	1.00	1.00	0.90	0.34	0.25	0.22	0.19	100.00	过度利用
R222-01	5.9606	2.72	435.11	100	100	4.10	300	100	100	0.66	1.00	1.00	1.00	0.34	0.25	0.22	0.19	88.72	集约利用
R222-02	4.2747	2.12	677.75	100	100	4.10	200	100	100	0.52	1.00	1.00	1.00	0.34	0.25	0.22	0.19	83.82	集约利用

片区编码	土地面积	综合容积率	人口密度	基础设施完备度	生活服务设备完备度	综合容积率	人口密度	基础设施完备度	生活服务设备完备度	综合容积率	人口密度	基础设施完备度	生活服务设备完备度	综合容积率	人口密度	基础设施完备度	生活服务设备完备度	土地集约度	土地利用集约类型
		指标实际值				指标理想值				指标标准化值				指标权重值					
R223-01	5.3947	2.08	197.23	100	100	3.00	200	100	100	0.69	0.99	1.00	1.00	0.34	0.25	0.22	0.19	89.38	集约利用
R223-02	3.8913	1.30	342.69	100	100	3.00	200	100	100	0.43	1.00	1.00	1.00	0.34	0.25	0.22	0.19	81.02	集约利用
R224-01	4.5690	2.41	766.03	100	100	3.50	300	100	100	0.69	1.00	1.00	1.00	0.34	0.25	0.22	0.19	89.57	集约利用
R225-01	10.7248	1.90	221.26	100	100	3.00	300	100	100	0.63	0.74	1.00	1.00	0.34	0.25	0.22	0.19	81.13	集约利用
R226-01	7.2029	3.20	728.87	100	90	4.00	600	100	100	0.80	1.00	1.00	0.90	0.34	0.25	0.22	0.19	91.36	集约利用
R226-02	6.2471	2.41	770.69	100	100	5.50	600	100	100	0.44	1.00	1.00	1.00	0.34	0.25	0.22	0.19	81.18	集约利用
R227-01	8.0908	1.80	410.96	100	100	2.30	300	100	100	0.78	1.00	1.00	1.00	0.34	0.25	0.22	0.19	92.72	集约利用
R227-02	9.6549	2.40	408.91	100	100	3.10	300	100	100	0.77	1.00	1.00	1.00	0.34	0.25	0.22	0.19	100.00	集约利用
R228-01	3.8262	1.63	1138.86	100	100	3.10	300	100	100	0.53	1.00	1.00	1.00	0.34	0.25	0.22	0.19	84.11	集约利用
R228-02	5.5166	2.00	228.40	100	100	2.60	300	100	100	0.65	0.76	1.00	1.00	0.34	0.25	0.22	0.19	82.12	集约利用
R229-01	6.8419	1.90	607.34	100	100	4.50	600	100	100	0.73	1.00	1.00	1.00	0.34	0.25	0.22	0.19	90.98	集约利用
R229-02	7.2099	3.47	1109.41	100	100	3.60	1000	100	100	0.77	1.00	1.00	1.00	0.34	0.25	0.22	0.19	100.00	集约利用
R230-01	6.6726	2.47	788.32	88	100	2.15	300	100	100	0.69	1.00	0.88	1.00	0.34	0.25	0.22	0.19	86.84	集约利用
R231-01	49.0518	0.99	315.71	80	93.33	1.60	350	100	100	0.46	0.90	0.80	0.93	0.34	0.25	0.22	0.19	73.77	中度利用
R232-01	21.8056	1.37	476.52	100	40	2.00	300	100	100	0.86	1.00	1.00	0.40	0.34	0.25	0.22	0.19	83.54	集约利用
R232-02	18.5100	1.57	502.15	100	40	1.10	300	100	100	0.79	1.00	1.00	0.40	0.34	0.25	0.22	0.19	81.16	集约利用
R233-01	16.9545	1.00	347.83	100	40	1.60	200	100	100	0.91	1.00	1.00	0.40	0.34	0.25	0.22	0.19	85.31	集约利用
R233-02	23.0214	1.31	455.65	100	63.33	1.80	300	100	100	0.82	1.00	1.00	0.63	0.34	0.25	0.22	0.19	86.81	集约利用
R234-01	45.9023	1.35	431.59	100	100	1.60	350	100	100	0.75	1.00	1.00	1.00	0.34	0.25	0.22	0.19	91.63	集约利用
R235-01	26.8703	2.34	395.19	100	100	2.20	350	100	100	1.00	1.00	1.00	1.00	0.34	0.25	0.22	0.19	100.00	过度利用
R235-02	16.3956	2.30	358.63	100	100	2.60	600	100	100	1.00	0.60	1.00	1.00	0.34	0.25	0.22	0.19	100.00	过度利用
R236-01	34.4761	1.64	529.64	100	100	2.40	300	100	100	0.68	1.00	1.00	1.00	0.34	0.25	0.22	0.19	100.00	集约利用
R237-01	74.6691	1.62	175.78	100	100	1.80	350	100	100	0.90	0.50	1.00	1.00	0.34	0.25	0.22	0.19	84.16	集约利用
R238-01	32.3767	1.43	409.49	100	100	2.20	300	100	100	0.65	1.00	1.00	1.00	0.34	0.25	0.22	0.19	88.28	集约利用
R239-01	3.9057	1.50	479.54	88	100	2.60	300	100	100	0.58	1.00	0.88	1.00	0.34	0.25	0.22	0.19	83.19	集约利用
R239-02	11.5717	2.03	648.98	100	100	3.10	300	100	100	0.65	1.00	1.00	1.00	0.34	0.25	0.22	0.19	96.07	集约利用
R240-01	6.4011	2.30	656.14	100	100	3.00	350	100	100	0.77	1.00	1.00	1.00	0.34	0.25	0.22	0.19	100.00	集约利用

片区编码	指标实际值					指标理想值				指标标准化值				指标权重值				土地集约度	土地集约利用类型
	土地面积	综合容积率	人口密度	基础设施完备度	生活服务设施完备度	综合容积率	人口密度	基础设施完备度	生活服务设施完备度	综合容积率	人口密度	基础设施完备度	生活服务设施完备度	综合容积率	人口密度	基础设施完备度	生活服务设施完备度		
R240-02	11.9841	1.63	1019.85	100	100	2.10	300	100	100	0.78	1.00	1.00	1.00	0.34	0.25	0.22	0.19	92.50	集约利用
R241-01	6.5691	1.24	396.42	100	100	1.80	300	100	100	0.69	1.00	1.00	1.00	0.34	0.25	0.22	0.19	89.58	集约利用
R241-02	5.9592	0.70	223.79	100	100	1.60	200	100	100	0.44	1.00	1.00	1.00	0.34	0.25	0.22	0.19	95.81	集约利用
R242-01	13.5842	2.80	895.14	100	93.33	3.90	300	100	100	0.72	1.00	1.00	0.93	0.34	0.25	0.22	0.19	95.46	集约利用
R242-02	2.1123	1.50	479.54	100	100	2.80	300	100	100	0.54	1.00	1.00	1.00	0.34	0.25	0.22	0.19	84.45	集约利用
R243-01	4.6492	1.25	399.61	100	100	2.00	300	100	100	0.63	1.00	1.00	1.00	0.34	0.25	0.22	0.19	87.44	集约利用
R243-02	9.5244	1.82	581.84	100	100	2.20	300	100	100	0.83	1.00	1.00	1.00	0.34	0.25	0.22	0.19	94.21	集约利用
R244-01	14.7865	1.77	734.99	100	100	2.80	300	100	100	0.63	1.00	1.00	1.00	0.34	0.25	0.22	0.19	96.15	集约利用
R244-02	25.1399	1.87	597.81	100	100	2.80	300	100	100	0.67	1.00	1.00	1.00	0.34	0.25	0.22	0.19	97.82	集约利用
R245-01	8.7532	1.54	492.33	100	100	2.60	300	100	100	0.59	1.00	1.00	1.00	0.34	0.25	0.22	0.19	95.16	集约利用
R245-02	4.4073	1.25	432.01	100	100	1.70	300	100	100	0.74	1.00	1.00	1.00	0.34	0.25	0.22	0.19	91.13	集约利用
R246-01	9.7751	1.76	428.23	100	100	2.50	300	100	100	0.70	1.00	1.00	1.00	0.34	0.25	0.22	0.19	100.00	集约利用
R246-02	7.1414	0.97	677.75	100	100	1.70	300	100	100	0.57	1.00	1.00	1.00	0.34	0.25	0.22	0.19	85.61	集约利用
R247-01	17.2281	1.63	521.10	100	100	2.80	300	100	100	0.58	1.00	1.00	1.00	0.34	0.25	0.22	0.19	86.00	集约利用
R247-02	24.4220	1.71	546.67	100	100	2.20	300	100	100	0.78	1.00	1.00	1.00	0.34	0.25	0.22	0.19	92.54	集约利用
R248-01	5.8146	1.66	530.70	100	96.67	2.10	300	100	100	0.79	1.00	1.00	0.97	0.34	0.25	0.22	0.19	92.33	集约利用
R248-02	6.3828	1.08	345.27	100	96.67	2.10	200	100	100	0.51	1.00	1.00	0.97	0.34	0.25	0.22	0.19	83.08	集约利用
R249-01	4.7952	1.82	581.84	100	100	2.50	300	100	100	0.73	1.00	1.00	1.00	0.34	0.25	0.22	0.19	100.00	集约利用
R249-02	5.2603	1.93	617.00	100	90	2.50	350	100	100	0.77	1.00	1.00	0.90	0.34	0.25	0.22	0.19	100.00	集约利用
R250-01	4.0087	3.00	959.39	100	100	2.10	300	100	100	1.00	1.00	1.00	1.00	0.34	0.25	0.22	0.19	100.00	过度利用
R250-02	3.9653	1.40	447.57	100	100	2.00	200	100	100	0.70	1.00	1.00	1.00	0.34	0.25	0.22	0.19	89.95	集约利用
R251-01	17.3288	1.81	670.56	100	90	2.50	300	100	100	0.72	1.00	1.00	0.90	0.34	0.25	0.22	0.19	100.00	集约利用
R251-02	7.0087	1.93	617.01	100	90	2.90	600	100	100	0.67	1.00	1.00	0.90	0.34	0.25	0.22	0.19	86.85	集约利用
R252-01	11.6435	2.16	690.54	100	100	2.90	300	100	100	0.74	1.00	1.00	1.00	0.34	0.25	0.22	0.19	91.45	集约利用
R252-02	7.6709	1.90	1147.19	100	96.67	2.90	300	100	100	0.66	1.00	1.00	0.97	0.34	0.25	0.22	0.19	87.80	集约利用
R253-01	7.5235	1.10	604.77	100	100	2.30	300	100	100	0.48	1.00	1.00	1.00	0.34	0.25	0.22	0.19	82.52	集约利用
R253-02	14.4288	1.82	733.53	100	100	3.40	350	100	100	0.54	1.00	1.00	1.00	0.34	0.25	0.22	0.19	84.43	集约利用

片区编码	指标实际值					指标理想值				指标标准化值				指标权重值				土地集约度	土地利用集约类型
	土地面积	综合容积率	人口密度	基础设施完备度	生活服务设备完备度	综合容积率	人口密度	基础设施完备度	生活服务设备完备度	综合容积率	人口密度	基础设施完备度	生活服务设备完备度	综合容积率	人口密度	基础设施完备度	生活服务设备完备度		
R254-01	10.7687	1.64	524.28	100	100	2.80	300	100	100	0.59	1.00	1.00	1.00	0.34	0.25	0.22	0.19	86.12	集约利用
R254-02	7.7149	1.25	399.62	100	100	1.60	200	100	100	0.78	1.00	1.00	1.00	0.34	0.25	0.22	0.19	92.67	集约利用
R255-01	9.3967	3.30	1055.02	100	100	4.00	450	100	100	0.82	1.00	1.00	1.00	0.34	0.25	0.22	0.19	100.00	集约利用
R256-01	2.1808	1.87	597.83	100	100	3.00	300	100	100	0.62	1.00	1.00	1.00	0.34	0.25	0.22	0.19	87.38	集约利用
R257-01	4.2243	3.50	1118.91	100	100	2.10	600	100	100	1.00	1.00	1.00	1.00	0.34	0.25	0.22	0.19	100.00	过度利用
R258-01	2.0256	1.22	390.24	100	100	2.24	300	100	100	0.54	1.00	1.00	1.00	0.34	0.25	0.22	0.19	100.00	集约利用
R259-01	2.3669	3.57	1140.24	100	100	5.30	600	100	100	0.67	1.00	1.00	1.00	0.34	0.25	0.22	0.19	89.07	集约利用

附表 8　商业功能区指标实际值、理想值、标准化值对比表

片区编码	土地面积	指标实际值			指标理想值			指标标准化值			指标权重值			土地集约度	土地利用集约类型
		综合容积率	基础设施完备度	商业地价实现水平	综合容积率	基础设施完备度	商业地价实现水平	综合容积率	基础设施完备度	商业地价实现水平	综合容积率	基础设施完备度	商业地价实现水平		
C001-01	13.0000	2.04	100	2.24	2.33	100	2.35	0.88	1.00	0.95	0.39	0.27	0.34	93.65	集约利用
C002-01	1.7414	4.70	100	2.35	2.51	100	2.35	1.00	1.00	1.00	0.39	0.27	0.34	100.00	过度利用
C002-02	1.9193	4.77	100	2.35	2.51	100	2.35	1.00	1.00	1.00	0.39	0.27	0.34	100.00	过度利用
C003-01	1.5857	4.77	100	2.02	4.70	100	2.35	1.00	1.00	0.86	0.39	0.27	0.34	100.00	过度利用
C003-02	1.1354	11.17	100	2.02	4.70	100	2.35	1.00	1.00	0.86	0.39	0.27	0.34	100.00	过度利用
C004-01	9.8143	0.45	100	2.76	4.70	100	2.35	0.10	1.00	1.00	0.39	0.27	0.34	70.50	中度利用
C004-02	6.5903	0.53	100	2.77	4.70	100	2.35	0.11	1.00	1.00	0.39	0.27	0.34	71.22	中度利用
C005-01	3.9168	3.01	100	1.96	4.70	100	2.35	0.64	1.00	0.83	0.39	0.27	0.34	80.33	集约利用
C006-01	2.7221	3.34	100	2.21	3.80	100	2.35	0.88	1.00	0.94	0.39	0.27	0.34	93.27	集约利用
C007-01	12.71	0.31	100	2.3	10.15	100	2.35	0.03	1	0.98	0.39	0.27	0.34	61.39	中度利用
C008-01	11.9574	7.97	100	1.28	8.70	100	2.35	0.92	1.00	0.54	0.39	0.27	0.34	81.47	集约利用
C009-01	4.7318	2.56	100	1.69	3.80	100	2.35	0.67	1.00	0.72	0.39	0.27	0.34	77.85	集约利用
C010-01	38.5488	1.13	100	2.43	3.10	100	2.35	0.36	1.00	1.00	0.39	0.27	0.34	75.16	集约利用
C011-01	2.3943	1.34	100	1.75	1.84	100	2.62	0.73	1.00	0.67	0.39	0.27	0.34	78.22	集约利用
C012-01	5.9758	0.77	100	2.62	8.70	100	2.62	0.09	1.00	1.00	0.39	0.27	0.34	64.36	中度利用
C013-01	7.4761	1.84	100	2.24	4.50	100	2.62	0.41	1.00	0.86	0.39	0.27	0.34	72.01	中度利用
C013-02	4.6089	0.05	100	1.87	4.50	100	2.62	0.01	1.00	0.71	0.39	0.27	0.34	51.72	低度利用
C014-01	3.3787	0.81	100	1.80	2.20	100	2.09	0.37	1.00	0.86	0.39	0.27	0.34	70.66	中度利用
C014-02	6.1318	1.12	100	1.80	2.20	100	2.09	0.51	1.00	0.86	0.39	0.27	0.34	76.21	集约利用
C015-01	3.9867	1.99	100	1.87	3.00	100	2.09	0.66	1.00	0.90	0.39	0.27	0.34	83.42	集约利用
C015-02	11.7022	3.12	100	1.87	4.00	100	2.09	0.78	1.00	0.90	0.39	0.27	0.34	87.91	集约利用
C016-01	2.3559	1.69	100	1.70	3.03	100	2.09	0.56	1.00	0.82	0.39	0.27	0.34	76.46	集约利用

续表

片区编码	土地面积	指标实际值			指标理想值			指标标准化值			指标权重值			土地集约度	土地利用集约类型
		综合容积率	基础设施完备度	商业地价实现水平	综合容积率	基础设施完备度	商业地价实现水平	综合容积率	基础设施完备度	商业地价实现水平	综合容积率	基础设施完备度	商业地价实现水平		
C017-01	40.6593	0.42	100	2.73	3.55	100	2.09	0.12	1.00	1.00	0.39	0.27	0.34	65.48	中度利用
C018-01	8.0755	0.41	100	3.60	0.80	100	3.46	0.51	1.00	1.00	0.39	0.27	0.34	80.84	集约利用
C019-01	1.9168	4.62	100	1.68	2.50	100	1.68	1.00	1.00	1.00	0.39	0.27	0.34	100.00	过度利用
C019-02	6.8556	4.90	100	1.55	3.10	100	1.68	0.94	1.00	0.92	0.39	0.27	0.34	100.00	过度利用
C020-01	2.2709	2.50	100	1.55	4.20	100	1.68	0.60	1.00	0.92	0.39	0.27	0.34	81.57	集约利用
C020-02	4.5940	1.16	100	1.55	3.46	100	1.68	0.34	1.00	0.92	0.39	0.27	0.34	71.41	中度利用
C021-01	3.9250	0.13	100	1.55	3.46	100	1.68	0.04	1.00	0.92	0.39	0.27	0.34	59.77	中度利用
C022-01	31.6022	2.99	100	1.55	5.00	100	1.68	0.60	1.00	0.92	0.39	0.27	0.34	81.68	集约利用
C023-01	1.4796	6.39	100	1.53	5.50	100	1.68	1.00	1.00	0.91	0.39	0.27	0.34	100.00	过度利用
C023-02	2.1463	5.58	100	1.53	5.50	100	1.68	1.00	1.00	0.91	0.39	0.27	0.34	100.00	过度利用
C024-01	1.5760	5.24	100	1.68	5.10	100	1.68	1.00	1.00	1.00	0.39	0.27	0.34	100.00	过度利用
C024-02	1.4832	5.65	100	1.53	5.10	100	1.68	1.00	1.00	0.91	0.39	0.27	0.34	100.00	过度利用
C025-01	1.4944	4.50	100	1.68	5.00	100	2.35	0.90	1.00	0.71	0.39	0.27	0.34	86.51	集约利用
C025-02	2.0153	2.10	100	1.68	3.00	100	1.68	0.70	1.00	1.00	0.39	0.27	0.34	88.27	集约利用
C026-01	1.9871	4.35	100	1.50	4.80	100	2.35	0.91	1.00	0.64	0.39	0.27	0.34	84.18	集约利用
C027-01	3.0165	3.25	100	1.59	3.60	100	2.35	0.90	1.00	0.68	0.39	0.27	0.34	85.33	集约利用
C028-01	16.0877	1.70	100	1.59	4.10	100	1.68	0.41	1.00	0.95	0.39	0.27	0.34	75.31	集约利用
C029-01	1.9431	2.47	100	1.90	3.90	100	1.68	0.63	1.00	1.00	0.39	0.27	0.34	85.66	集约利用
C030-01	9.7363	1.38	100	1.80	2.90	100	1.68	0.48	1.00	1.00	0.39	0.27	0.34	79.51	集约利用
C030-02	4.9034	1.11	100	1.80	2.90	100	1.68	0.38	1.00	1.00	0.39	0.27	0.34	75.87	集约利用
C031-01	5.1423	4.60	100	1.59	4.80	100	2.35	0.96	1.00	0.68	0.39	0.27	0.34	87.50	集约利用
C032-01	6.5873	2.83	100	1.53	4.10	100	1.68	0.69	1.00	0.91	0.39	0.27	0.34	84.89	集约利用

片区编码	土地面积	指标实际值			指标理想值			指标标准化值			指标权重值			土地集约度	土地利用集约类型
		综合容积率	基础设施完备度	商业地价实现水平	综合容积率	基础设施完备度	商业地价实现水平	综合容积率	基础设施完备度	商业地价实现水平	综合容积率	基础设施完备度	商业地价实现水平		
C032-02	1.9800	2.49	100	1.53	4.60	100	1.68	0.54	1.00	0.91	0.39	0.27	0.34	79.07	集约利用
C032-03	15.7077	3.38	100	1.53	4.60	100	1.68	0.73	1.00	0.91	0.39	0.27	0.34	86.63	集约利用
C033-01	1.3255	1.30	100	1.90	4.60	100	1.68	0.28	1.00	1.00	0.39	0.27	0.34	71.95	中度利用
C034-01	1.7100	2.20	100	1.55	3.80	100	1.68	0.58	1.00	0.92	0.39	0.27	0.34	80.94	集约利用
C035-01	1.4202	4.43	100	1.55	5.00	100	1.68	0.89	1.00	0.92	0.39	0.27	0.34	92.94	集约利用
C035-02	1.6952	3.11	100	1.68	5.00	100	1.68	0.62	1.00	1.00	0.39	0.27	0.34	85.22	集约利用
C036-01	1.2315	2.04	100	1.55	2.80	100	1.68	0.73	1.00	1.00	0.39	0.27	0.34	77.95	集约利用
C037-01	5.1518	1.55	100	1.55	7.10	100	2.35	0.22	1.00	0.66	0.39	0.27	0.34	66.84	中度利用
C037-02	1.3450	4.04	100	1.55	7.10	100	1.68	0.57	1.00	0.92	0.39	0.27	0.34	80.55	集约利用
C037-03	4.7956	2.60	100	1.55	7.10	100	1.68	0.37	1.00	0.92	0.39	0.27	0.34	72.62	中度利用
C038-01	2.0601	2.71	100	1.68	3.40	100	1.68	0.80	1.00	1.00	0.39	0.27	0.34	92.07	集约利用
C038-02	3.6548	2.10	100	1.68	3.40	100	1.68	0.62	1.00	1.00	0.39	0.27	0.34	85.05	集约利用
C039-01	2.6880	2.71	100	1.55	4.20	100	1.68	0.65	1.00	0.92	0.39	0.27	0.34	83.53	集约利用
C040-01	3.6187	2.77	100	1.90	5.75	100	1.68	0.48	1.00	1.00	0.39	0.27	0.34	79.74	集约利用
C041-01	1.9141	4.83	100	1.55	6.30	100	1.68	0.77	1.00	0.92	0.39	0.27	0.34	88.28	集约利用
C042-01	17.3172	5.45	100	1.68	7.70	100	1.68	0.71	1.00	1.00	0.39	0.27	0.34	88.57	集约利用
C043-01	3.1556	1.05	100	1.90	3.30	100	1.68	0.32	1.00	1.00	0.39	0.27	0.34	73.34	中度利用
C044-01	2.9854	2.68	100	1.55	5.00	100	1.68	0.54	1.00	0.92	0.39	0.27	0.34	79.26	集约利用

附表 9　工业功能区指标实际值、理想值、标准化值对比表

片区编码	指标实际值				指标理想值				指标标准化值				指标权重值				土地集约度	土地利用集约类型
	综合容积率	单位用地固定资产总额	基础设施完备度	单位用地工业总产值	综合容积率	单位用地固定资产总额	基础设施完备度	单位用地工业总产值	综合容积率	单位用地固定资产总额	基础设施完备度	单位用地工业总产值	综合容积率	单位用地固定资产总额	基础设施完备度	单位用地工业总产值		
I001-01	1.89	1049.15	100	2336.61	0.81	1090.03	100	2403.40	1.00	0.96	1	0.97	0.22	0.25	0.25	0.28	98.16	过度利用
I002-01	0.65	1049.15	100	2336.61	0.81	1090.03	100	2403.40	0.80	0.96	1	0.97	0.22	0.25	0.25	0.28	93.76	集约利用
I003-01	0.29	1653.88	100	2968.34	0.90	1951.36	100	3410.01	0.32	0.85	1	0.87	0.22	0.25	0.25	0.28	77.65	集约利用
I003-02	0.24	2556.70	100	3838.99	0.70	3793.47	100	3777.37	0.34	0.67	1	1.00	0.22	0.25	0.25	0.28	77.23	集约利用
I004-01	0.29	2065.88	100	2703.33	0.80	2730.73	100	3626.63	0.36	0.76	1	0.75	0.22	0.25	0.25	0.28	72.92	中度利用
I005-01	0.65	1041.14	100	1098.37	0.70	1611.35	100	4350.60	0.93	0.65	1	0.25	0.22	0.25	0.25	0.28	68.71	中度利用
I005-02	0.28	1649.97	100	1394.05	0.70	2138.61	100	4350.60	0.40	0.77	1	0.32	0.22	0.25	0.25	0.28	62.01	中度利用
I006-01	0.46	1014.66	100	1394.05	0.70	1611.35	100	2472.93	0.66	0.63	1	0.56	0.22	0.25	0.25	0.28	70.95	中度利用
I007-01	0.41	1761.73	100	1159.20	0.80	2393.75	100	4350.60	0.51	0.74	1	0.27	0.22	0.25	0.25	0.28	62.28	中度利用
I007-02	0.68	846.59	100	2336.61	0.85	2811.30	100	3410.01	0.80	0.30	1	0.69	0.22	0.25	0.25	0.28	69.42	中度利用
I008-01	0.23	1501.44	100	1935.67	0.80	2138.61	100	2472.93	0.29	0.70	1	0.78	0.22	0.25	0.25	0.28	70.72	中度利用
I009-01	0.44	2237.53	100	4015.88	0.79	2640	100	4614.02	0.56	0.85	1	0.87	0.22	0.25	0.25	0.28	82.93	集约利用
I009-02	0.35	2237.53	100	4015.88	0.79	2640	100	4614.02	0.44	0.85	1	0.87	0.22	0.25	0.25	0.28	80.29	集约利用
I010-01	0.37	2237.53	100	4015.88	0.80	2640	100	4614.02	0.46	0.85	1	0.87	0.22	0.25	0.25	0.28	80.73	集约利用
I011-01	0.82	2237.53	100	4015.88	1.09	2640	100	4614.02	0.75	0.85	1	0.87	0.22	0.25	0.25	0.28	87.11	集约利用
I012-01	0.54	2237.53	100	4015.88	0.79	2640	100	4614.02	0.68	0.85	1	0.87	0.22	0.25	0.25	0.28	85.57	集约利用
I013-01	0.47	2313.88	100	3301.83	0.70	1951.36	100	3410.01	0.67	1.00	1	0.97	0.22	0.25	0.25	0.28	91.90	集约利用
I013-02	0.52	2038.35	100	3775.84	0.70	1951.36	100	3410.01	0.74	1.00	1	1.00	0.22	0.25	0.25	0.28	94.28	集约利用
I014-01	0.36	2866.15	100	3564.31	1.00	8387.75	100	6960.95	0.36	0.34	1	0.51	0.22	0.25	0.25	0.28	55.70	中度利用
I014-02	0.33	2722.13	100	1614.48	1.00	2792.75	100	4350.60	0.33	0.97	1	0.37	0.22	0.25	0.25	0.28	66.87	中度利用
I015-01	0.27	1981.01	100	1845.61	2.67	7799.75	100	4350.60	0.10	0.25	1	0.42	0.22	0.25	0.25	0.28	45.21	低度利用

片区编码	指标实际值				指标理想值				指标标准化值				指标权重值				土地集约度	土地利用集约类型
	综合容积率	单位用地固定资产总额	基础设施完备度	单位工业地总产值	综合容积率	单位用地固定资产总额	基础设施完备度	单位用地工业总产值	综合容积率	单位用地固定资产总额	基础设施完备度	单位用地工业总产值	综合容积率	单位用地固定资产总额	基础设施完备度	单位用地工业总产值		
I016-01	1.39	1590.43	100	1776.89	2.00	7799.96	100	4350.60	0.70	0.20	1	0.41	0.22	0.25	0.25	0.28	56.66	中度利用
I017-01	0.55	3620.04	100	4357.04	2.85	3499.35	100	6960.95	0.19	1.00	1	0.63	0.22	0.25	0.25	0.28	71.82	中度利用
I018-01	0.30	1049.15	100	2336.61	0.81	1090.03	100	2403.40	0.37	0.96	1	0.97	0.22	0.25	0.25	0.28	84.30	集约利用
I019-01	0.17	5459.75	100	5541.18	0.70	7799.96	100	6960.95	0.24	0.70	1	0.80	0.22	0.25	0.25	0.28	70.18	中度利用
I020-01	0.48	2173.79	100	2132.62	0.75	3914.07	100	3410.01	0.64	0.56	1	0.63	0.22	0.25	0.25	0.28	70.72	中度利用
I020-02	0.60	3204.85	100	3516.11	0.70	4519.20	100	6701.19	0.86	0.71	1	0.52	0.22	0.25	0.25	0.28	76.23	集约利用
I021-01	0.82	2447.31	100	2476.25	1.05	2813.27	100	4177.71	0.78	0.87	1	0.59	0.22	0.25	0.25	0.28	80.53	集约利用
I022-01	0.17	968.06	100	1148.00	0.70	5881.53	100	4350.60	0.24	0.16	1	0.26	0.22	0.25	0.25	0.28	41.56	低度利用
I023-01	0.47	3621.08	100	3384.19	0.70	5881.53	100	6222.63	0.67	0.62	1	0.54	0.22	0.25	0.25	0.28	70.36	中度利用
I024-01	0.36	2822.16	100	3397.04	0.71	6012.77	100	8452.47	0.51	0.47	1	0.40	0.22	0.25	0.25	0.28	59.14	中度利用
I024-02	0.66	4335.88	100	7455.40	0.82	6012.77	100	8452.47	0.80	0.72	1	0.88	0.22	0.25	0.25	0.28	76.38	集约利用
I025-01	0.57	2668.36	100	3354.01	0.80	6012.77	100	8452.47	0.71	0.44	1	0.40	0.22	0.25	0.25	0.28	62.88	中度利用
I025-02	0.18	863.70	100	2133.24	0.84	6012.77	100	8452.47	0.21	0.14	1	0.25	0.22	0.25	0.25	0.28	40.37	低度利用
I025-03	0.77	1376.54	100	4916.22	0.93	6012.77	100	8452.47	0.83	0.23	1	0.58	0.22	0.25	0.25	0.28	65.22	中度利用
I026-01	0.35	7155.16	100	14484.50	0.75	6012.77	100	8452.47	0.47	1.00	1	1.00	0.22	0.25	0.25	0.28	88.27	集约利用
I027-01	0.23	6031	100	1468.00	2.42	6012.77	100	8452.47	0.10	1.00	1	0.17	0.22	0.25	0.25	0.28	56.95	中度利用
I027-02	1.34	6031	100	1468.00	2.81	6012.77	100	8452.47	0.48	1.00	1	0.17	0.22	0.25	0.25	0.28	65.35	中度利用
I028-01	0.88	4855.04	100	3734.65	1.87	6012.77	100	8452.47	0.47	0.81	1	0.44	0.22	0.25	0.25	0.28	67.91	中度利用
I028-02	1.01	6031	100	1468.00	2.00	6012.77	100	8452.47	0.51	1.00	1	0.17	0.22	0.25	0.25	0.28	66.05	中度利用
I029-01	1.50	436.24	100	2798.18	1.60	512.77	100	5452.47	0.94	0.85	1	0.51	0.22	0.25	0.25	0.28	81.26	集约利用
I030-01	0.66	6437.13	100	601.50	0.70	6012.77	100	8452.47	0.94	1.00	1	0.07	0.22	0.25	0.25	0.28	74.49	中度利用
I030-02	0.54	1095.65	100	0.00	0.60	6012.77	100	8452.47	0.90	0.18	1	0.00	0.22	0.25	0.25	0.28	49.36	低度利用

片区编码	指标实际值				指标理想值				指标标准化值				指标权重值				土地集约度	土地利用集约类型
	综合容积率	单位用地固定资产总额	基础设施完备度	单位用地工业总产值	综合容积率	单位用地固定资产总额	基础设施完备度	单位用地工业总产值	综合容积率	单位用地固定资产总额	基础设施完备度	单位用地工业总产值	综合容积率	单位用地固定资产总额	基础设施完备度	单位用地工业总产值		
I1030-03	0.74	989.18	100	2206.95	1.00	6012.77	100	8452.47	0.74	0.16	1	0.26	0.22	0.25	0.25	0.28	52.70	中度利用
I1031-01	0.67	2152.66	100	16952.19	1.00	6012.77	100	8452.47	0.67	0.36	1	1.00	0.22	0.25	0.25	0.28	76.69	集约利用
I1031-02	1.02	1970.57	100	7445.41	0.70	6012.77	100	8452.47	1.00	0.33	1	0.88	0.22	0.25	0.25	0.28	100.00	过度利用
I1032-01	1.14	4264	100	15998.03	0.80	5000	100	8500	1.00	0.85	1	1.00	0.22	0.25	0.25	0.28	100.00	过度利用
I1033-01	0.52	1627.99	100	2792.97	0.54	2400	100	3200	0.96	0.68	1	0.87	0.22	0.25	0.25	0.28	87.68	集约利用
I1033-02	0.54	1355.52	100	1665.10	0.54	2400	100	3200	1.00	0.56	1	0.52	0.22	0.25	0.25	0.28	75.49	集约利用
I1034-01	0.51	1848.43	100	2270.58	0.54	3600	100	3200	0.94	0.51	1	0.71	0.22	0.25	0.25	0.28	78.33	集约利用
I1034-02	0.54	1478.75	100	1816.47	0.54	2880	100	3200	1.00	0.51	1	0.57	0.22	0.25	0.25	0.28	75.60	集约利用
I1035-01	0.35	924.22	100	1135.29	0.54	1800	100	2400	0.65	0.51	1	0.47	0.22	0.25	0.25	0.28	65.53	中度利用
I1035-02	0.46	1047.44	100	1286.66	0.54	2040	100	2720	0.85	0.51	1	0.47	0.22	0.25	0.25	0.28	69.79	中度利用
I1036-01	0.53	1232.29	100	1513.72	0.54	2400	100	3200	0.98	0.51	1	0.47	0.22	0.25	0.25	0.28	72.78	中度利用
I1036-02	0.54	1355.52	100	1665.10	0.54	2200	100	3520	1.00	0.62	1	0.47	0.22	0.25	0.25	0.28	75.46	集约利用
I1037-01	0.76	0	100	0	4.19	2625	100	5627.93	0.18	0.00	1	0.00	0.22	0.25	0.25	0.28	28.97	低度利用
I1037-02	0.84	0	100	0.00	4.19	2495	100	5627.93	0.20	0.00	1	0.00	0.22	0.25	0.25	0.28	29.39	低度利用
I1038-01	0.81	0	100	0	2.87	2410	100	5627.93	0.28	0.00	1	0.00	0.22	0.25	0.25	0.28	31.17	低度利用
I1038-02	0.58	1070.93	100	1645.36	3.53	2625	100	5627.93	0.16	0.41	1	0.29	0.22	0.25	0.25	0.28	46.98	低度利用
I1039-01	0.97	2017.96	100	3536.18	2.60	2425	100	4800	0.37	0.83	1	0.74	0.22	0.25	0.25	0.28	74.67	中度利用
I1039-02	0.29	985.83	100	1210.98	2.40	1805	100	2560	0.12	0.55	1	0.47	0.22	0.25	0.25	0.28	54.52	中度利用
I1040-01	0.61	2175.02	100	5100.04	3.03	2175.02	100	5100	0.20	1.00	1	1.00	0.22	0.25	0.25	0.28	82.40	集约利用
I1041-01	0.15	1224.50	100	853.91	3.80	1645	100	3200	0.04	0.74	1	0.27	0.22	0.25	0.25	0.28	51.96	中度利用
I1042-01	0.45	3100	100	8136.83	0.70	4550	100	12200	0.64	0.68	1	0.67	0.22	0.25	0.25	0.28	74.84	中度利用
I1042-02	0.42	2900	100	7449.14	0.70	4280	100	11900	0.60	0.68	1	0.63	0.22	0.25	0.25	0.28	72.84	中度利用

片区编码	指标实际值				指标理想值				指标标准化值				指标权重值				土地集约度	土地利用集约类型
	综合容积率	单位用地固定资产总额	基础设施完备度	单位工业地总产值	综合容积率	单位用地固定资产总额	基础设施完备度	单位工业地总产值	综合容积率	单位用地固定资产总额	基础设施完备度	单位工业地总产值	综合容积率	单位用地固定资产总额	基础设施完备度	单位工业地总产值		
I043-01	0.45	7327.46	100	16564.08	0.72	6750	100	15200	0.63	1.00	1	1.00	0.22	0.25	0.25	0.28	91.64	集约利用
I044-01	1.81	12313.92	100	24002.94	0.72	6750	100	15200	1.00	1.00	1	1.00	0.22	0.25	0.25	0.28	100.00	过度利用
I044-02	0.48	10566	100	22152.78	0.72	6750	100	15200	0.67	1.00	1	1.00	0.22	0.25	0.25	0.28	92.74	集约利用
I045-01	0.52	8355.11	100	17788.61	0.72	6750	100	15200	0.72	1.00	1	1.00	0.22	0.25	0.25	0.28	93.84	集约利用
I045-02	0.51	7300	100	13966.46	0.72	6750	100	15200	0.71	1.00	1	0.92	0.22	0.25	0.25	0.28	91.38	集约利用
I045-03	0.29	6680	100	13234.62	0.72	6750	100	15200	0.40	0.99	1	0.87	0.22	0.25	0.25	0.28	82.91	集约利用
I046-01	1.04	3980	100	10342.67	0.72	6750	100	15200	1.00	0.59	1	0.68	0.22	0.25	0.25	0.28	100.00	过度利用
I046-02	1.16	3500	100	10156.31	0.72	6750	100	15200	1.00	0.52	1	0.67	0.22	0.25	0.25	0.28	100.00	过度利用
I046-03	1.98	3350	100	9985.67	0.72	6750	100	15200	1.00	0.50	1	0.66	0.22	0.25	0.25	0.28	100.00	过度利用
I046-04	0.47	3400	100	13674.98	0.72	6750	100	15200	0.65	0.50	1	0.90	0.22	0.25	0.25	0.28	77.00	集约利用
I047-01	0.53	6050	100	14973.85	0.72	6750	100	15200	0.74	0.90	1	0.99	0.22	0.25	0.25	0.28	91.50	集约利用
I047-02	0.29	5890	100	12858.12	0.70	5500	100	11680	0.41	1.00	1	1.00	0.22	0.25	0.25	0.28	87.02	集约利用
I048-01	0.47	3900	100	10135.86	0.70	6360	100	14890	0.67	0.61	1	0.68	0.22	0.25	0.25	0.28	74.03	中度利用
I048-02	0.46	3900	100	9135.86	0.70	6360	100	14890	0.66	0.61	1	0.61	0.22	0.25	0.25	0.28	71.85	中度利用
I049-01	1.29	2536.75	100	1213.60	1.59	3325	100	1774.82	0.81	0.76	1	0.68	0.22	0.25	0.25	0.28	81.07	集约利用
I050-01	1.48	1953.25	100	37.41	1.68	2325	100	102.26	0.88	0.84	1	0.37	0.22	0.25	0.25	0.28	75.63	集约利用
I050-02	1.81	8064.83	100	101.92	1.50	7725.87	100	215.09	1.00	1.00	1	0.47	0.22	0.25	0.25	0.28	100.00	过度利用
I051-01	0.70	717.23	100	274.86	1.57	3325	100	826.57	0.45	0.22	1	0.33	0.22	0.25	0.25	0.28	49.51	中度利用
I051-02	1.57	1695.64	100	629.45	1.87	3325	100	826.57	0.84	0.51	1	0.76	0.22	0.25	0.25	0.28	77.54	集约利用
I051-03	0.69	1059.83	100	547.31	1.57	3325	100	826.57	0.44	0.32	1	0.66	0.22	0.25	0.25	0.28	61.18	中度利用
I051-04	1.36	4151.75	100	262.36	1.50	7725.87	100	215.09	0.91	0.54	1	1.00	0.22	0.25	0.25	0.28	86.38	集约利用
I052-01	0.61	2760.50	100	365.79	1.00	5374.81	100	282.29	0.61	0.51	1	1.00	0.22	0.25	0.25	0.28	79.26	集约利用

片区编码	指标实际值				指标理想值				指标标准化值				指标权重值				土地集约度	土地利用集约类型
	综合容积率	单位用地工业总产值	基础设施完备度	单位用地固定资产额	综合容积率	单位用地固定资产额	基础设施完备度	单位用地工业总产值	综合容积率	单位用地固定资产额	基础设施完备度	单位用地工业总产值	综合容积率	单位用地固定资产额	基础设施完备度	单位用地工业总产值		
I053-01	0.46	10.93	100	26.63	1.00	1645	100	30	0.46	0.02	1	0.36	0.22	0.25	0.25	0.28	45.49	低度利用
I054-01	0.27	2571.86	100	2212.91	1.00	2895	100	2571.86	0.27	0.76	1	1.00	0.22	0.25	0.25	0.28	78.05	集约利用
I054-02	0.64	107.92	100	4653.54	1.00	3325	100	282.26	0.64	1.00	1	0.38	0.22	0.25	0.25	0.28	74.79	集约利用
I054-03	0.70	203.33	100	1325.42	1.00	2895	100	203.33	0.70	0.46	1	1.00	0.22	0.25	0.25	0.28	79.85	集约利用
I055-01	1.12	1560.81	100	7004.50	1.50	8905.11	100	9615.05	0.75	0.79	1	0.16	0.22	0.25	0.25	0.28	65.64	中度利用
I055-02	0.95	40.70	100	1223.85	1.48	3325	100	282.26	0.64	0.37	1	0.14	0.22	0.25	0.25	0.28	52.36	中度利用
I056-01	1.71	1716.64	100	1677.36	2.40	1677.36	100	1716.64	0.71	1.00	1	1.00	0.22	0.25	0.25	0.28	93.67	集约利用
I057-01	1.50	12299.80	100	9538.64	2.00	8905.11	100	9615.05	0.75	1.00	1	1.00	0.22	0.25	0.25	0.28	94.50	集约利用
I058-01	1.38	11566.33	100	17648.83	1.40	35267.83	100	18437.39	0.99	0.50	1	0.63	0.22	0.25	0.25	0.28	76.76	集约利用
I058-02	1.62	20727.74	100	41140.83	2.10	35267.83	100	18437.39	0.77	1.00	1	1.00	0.22	0.25	0.25	0.28	94.97	集约利用
I059-01	1.50	73.29	100	8917.24	1.80	7725.87	100	215.09	0.83	1.00	1	0.34	0.22	0.25	0.25	0.28	77.87	集约利用
I059-02	1.57	282.26	100	2005.61	1.78	3325	100	282.26	0.88	0.60	1	1.00	0.22	0.25	0.25	0.28	87.48	集约利用
I060-01	0.89	24953.13	100	1311.02	1.90	3325	100	282.26	0.47	0.39	1	1.00	0.22	0.25	0.25	0.28	73.16	中度利用
I060-02	0.34	1961.89	100	729.61	2.20	3325	100	282.26	0.15	0.22	1	1.00	0.22	0.25	0.25	0.28	61.89	中度利用
I061-01	1.12	826.57	100	1811.76	1.57	3325	100	826.57	0.71	0.54	1	1.00	0.22	0.25	0.25	0.28	82.32	集约利用
I061-02	1.24	4502.33	100	1934.01	1.57	3325	100	826.57	0.79	0.58	1	1.00	0.22	0.25	0.25	0.28	84.92	集约利用
I062-01	1.47	1734.42	100	1148.62	1.77	2410	100	1734.42	0.83	0.48	1	1.00	0.22	0.25	0.25	0.28	83.19	集约利用
I062-02	1.67	31.77	100	6246.25	1.80	6374.81	100	122.29	0.93	0.98	1	0.26	0.22	0.25	0.25	0.28	77.18	集约利用
I063-01	1.20	140.72	100	369.44	1.30	1005	100	150	0.92	0.37	1	0.94	0.22	0.25	0.25	0.28	80.77	集约利用
I063-02	0.39	7752.91	100	4188.93	0.80	4188.93	100	7752.91	0.49	1.00	1	1.00	0.22	0.25	0.25	0.28	88.73	集约利用
I064-01	1.00	39287.04	100	3078.90	1.30	3079	100	39287.04	0.77	1.00	1	1.00	0.22	0.25	0.25	0.28	94.92	集约利用

附表 10 教育功能区指标实际值、理想值、标准化值对比表

片区编码	指标实际值					指标理想值				指标标准化值				指标权重值				土地集约度	土地利用集约类型
	土地面积	综合容积率	建筑密度	单位用地服务学生数	基础设施完备度	综合容积率	建筑密度	单位用地服务学生数	基础设施完备度	综合容积率	建筑密度	单位用地服务学生数	基础设施完备度	综合容积率	建筑密度	单位用地服务学生数	基础设施完备度		
E008-01	10.2283	1.15	47.03	782.14	100	1.80	25	382.12	100	0.64	1.00	1.00	1	0.34	0.24	0.21	0.22	87.87	集约利用
E007-01	63.0242	0.72	19.01	261.07	100	0.90	40	431.59	100	0.80	0.48	0.60	1	0.34	0.24	0.21	0.22	72.61	中度利用
E010-01	22.4953	2.76	36.05	914.95	100	2.80	50	383.88	100	0.99	0.72	1.00	1	0.34	0.24	0.21	0.22	92.91	集约利用
E009-01	65.8500	0.71	24.33	258.16	100	1.00	30	378.64	100	0.71	0.81	0.68	1	0.34	0.24	0.21	0.22	79.19	中度利用
E003-01	91.6375	0.63	24.95	174.60	100	1.18	47	244.53	100	0.53	0.53	0.71	1	0.34	0.24	0.21	0.22	67.11	中度利用
E004-01	6.3099	1.18	36.61	633.92	100	1.18	47	414.24	100	1.00	0.78	1.00	1	0.34	0.24	0.21	0.22	94.67	集约利用
E001-01	57.7968	0.96	37.15	363.34	100	1.10	25	386.20	100	0.87	1.00	0.94	1	0.34	0.24	0.21	0.22	94.47	集约利用
E002-01	19.8567	0.82	47.24	805.77	100	1.10	25	320.83	100	0.75	1.00	1.00	1	0.34	0.24	0.21	0.22	91.58	集约利用
E011-01	396.4546	0.42	10.64	159.74	100	0.60	20	213.00	100	0.70	0.53	0.75	1	0.34	0.24	0.21	0.22	73.55	中度利用
E012-01	185.4835	0.28	9.79	129.52	100	0.60	20	213.00	100	0.47	0.49	0.61	1	0.34	0.24	0.21	0.22	61.71	中度利用
E013-01	60.7473	2.10	55.33	98.77	100	2.30	60	213.00	100	0.91	0.92	0.46	1	0.34	0.24	0.21	0.22	83.92	集约利用
E014-01	122.4154	0.67	18.45	254.40	100	1.10	25	213.00	100	0.61	0.74	1.00	1	0.34	0.24	0.21	0.22	80.66	集约利用
E015-01	383.0926	3.30	55.59	128.86	100	3.50	60	213.00	100	0.94	0.93	0.61	1	0.34	0.24	0.21	0.22	88.00	集约利用
E016-01	19.4728	4.34	67.12	462.18	100	1.30	20	213.00	100	1.00	1.00	1.00	1	0.34	0.24	0.21	0.22	100.00	过度利用
E017-01	27.7444	3.32	82.90	360.43	100	3.80	60	400.00	100	0.87	1.00	0.90	1	0.34	0.24	0.21	0.22	93.67	集约利用
E018-01	16.1842	1.31	22.12	542.07	100	1.50	25	213.00	100	0.87	0.88	1.00	1	0.34	0.24	0.21	0.22	93.01	集约利用
E005-01	7.1540	1.86	0.37	601.06	100	1.90	1	213.00	100	0.98	0.37	1.00	1	0.34	0.24	0.21	0.22	84.36	集约利用
E006-01	36.4748	2.48	0.41	24.67	100	0.60	25	213.00	100	1.00	0.02	0.12	1	0.34	0.24	0.21	0.22	100.00	过度利用

附表 11 特别功能区指标实际值、理想值、标准化值对比表

| 片区编码 | 土地面积 | 指标实际值 | | 指标理想值 | | 指标标准化值 | | 指标权重值 | | 土地集约度 | 土地利用集约类型 |
		综合容积率	建筑密度	综合容积率	建筑密度	综合容积率	建筑密度	综合容积率	建筑密度		
S001-01	50.0717	1.61	38.62	2.18	47.09	0.74	0.82	0.5	0.5	77.88	集约利用
S002-01	140.22	0.99	33	1.1	38	0.9	0.87	0.5	0.5	88.42	集约利用

后　记

　　进行城市土地集约利用潜力评价，对于促进城市土地合理利用，防止用地浪费，使城市经济发展与城市用地扩展之间走上一条良性循环的轨道具有重要意义。天津作为两次节约集约评价的试点城市，而且是为数不多的几个特大城市和唯一的直辖市，在评价工作的过程中，从基础理论研究、指标体系设计、技术手段运用到具体的工作成果表现等各个方面，都有所突破和创新，丰富和完善了城市土地集约利用潜力评价技术体系。正因为如此，我们希望通过全面总结天津市评价工作中的经验与教训，能够为类似城市今后开展此项工作提供或多或少的借鉴、参考，使本次工作更好地发挥示范意义。

　　全书以两次建设用地评价工作成果为基础，天津市国土资源和房屋管理研究中心曹林主任、南开大学经济学院江曼琦教授指导设计了书稿的主要内容与框架、并编排写作，

　　本书能够顺利的出版，还得益于市局和相关单位领导、专家的帮助、支持以及南开大学出版社的精心组织，谨在此表达真诚的谢意！

南开大学出版社网址：http://www.nkup.com.cn

投稿电话及邮箱：　022-23504636　　QQ：1760493289
　　　　　　　　　　　　　　　　　　QQ：2046170045(对外合作)
邮购部：　　　　　022-23507092
发行部：　　　　　022-23508339　　Fax：022-23508542

南开教育云：http://www.nkcloud.org

App：南开书店 app

　　南开教育云由南开大学出版社、国家数字出版基地、天津市多媒体教育技术研究会共同开发，主要包括数字出版、数字书店、数字图书馆、数字课堂及数字虚拟校园等内容平台。数字书店提供图书、电子音像产品的在线销售；虚拟校园提供 360 校园实景；数字课堂提供网络多媒体课程及课件、远程双向互动教室和网络会议系统。在线购书可免费使用学习平台，视频教室等扩展功能。